转变建设领域发展方式的思考
（第二版）

王铁宏 著

中国建筑工业出版社

图书在版编目（CIP）数据

转变建设领域发展方式的思考/王铁宏著.—2版.—北京：中国建筑工业出版社，2013.10
ISBN 978-7-112-16006-8

Ⅰ.①转… Ⅱ.①王… Ⅲ.①基本建设经济-经济发展-中国-文集 Ⅳ.①F282-53

中国版本图书馆CIP数据核字（2013）第250487号

　　本书收录了王铁宏在担任建设部总工程师以及住房和城乡建设部总工程师期间的部分调研报告、会议讲话和工作研究文章。在第一版的基础上，第二版增加了作者在我国住房制度和房地产市场方面的最新研究成果，并在部分文章后面增加了PPT课件，以生动翔实的素材，帮助读者更好地掌握相关文章的主旨思想。全书分为上、中、下篇，上篇为"对转变发展方式的思考"，中篇为"用全面辩证的思维分析问题"，下篇题目为"对发展节能省地环保型建筑的研究"，凝结了作者对建设领域转变发展方式的研究、分析与思考。

　　本书可供住房城乡建设系统相关人员阅读借鉴。

特约编辑：古春晓
责任编辑：王　梅　封　毅
装帧设计：边　琨
责任校对：肖　剑　王雪竹

转变建设领域发展方式的思考（第二版）
王铁宏　著
*
中国建筑工业出版社出版、发行（北京西郊百万庄）
各地新华书店、建筑书店经销
北京嘉泰利德公司制版
北京盛通印刷股份有限公司印刷
*
开本：787×960毫米　1/16　印张：28½　字数：380千字
2013年11月第二版　　2013年11月第二次印刷
定价：108.00元
ISBN 978-7-112-16006-8
　　　　（24783）

版权所有　翻印必究
如有印装质量问题，可寄本社退换
（邮政编码100037）

自 序

基本建设作为国民经济的重要组成部分，近年来其拉动相关产业发展的作用日益凸显，已逐步成为带动我国国民经济发展的龙头。2008年全社会固定资产投资约占国内生产总值的57.3%左右，而基本建设占固定资产投资的比例一般约为40%左右。从我国人多地少、资源紧缺的实际国情出发，基本建设模式应该建立在节能、节地、节水、节材和环境保护的基础上。但当前我国的基本建设仍未摆脱粗放型的增长方式，"三高一低"（高投入、高消耗、高污染、低效益）的发展模式尚未从根本上转变。作者正是围绕这个思路，开展调研，并结合工作实践中的思考，撰写文章并汇编形成本书。

本书共收集作者在担任建设部总工程师及住房和城乡建设部总工程师期间的各种文章、报告、演讲36篇，分为上、中、下篇。上篇题目为"对转变发展方式的思考"，共13篇文章，主要是作者对基本建设领域转变发展方式的思考。作者认为，要实现基本建设领域经济发展方式的转变，须体现科学发展、和谐发展、安全发展的要求，在论述科学发展内涵时，作者认为，根本性转变在于建设模式转变，关键性转变在于市场模式转变，基础性转变在于企业经营管理模式转变，保障性转变在于政府监管模式转变。在分析和谐发展的要求时，作者深入调研并剖析了政府构建多层次住房保障体系需要破解的四道体制机制障碍，即一些地方政府职责一强一弱问题亟须改进，住房保障与房地产市场需求利益格局交织混淆的状况必须加以理清，住房的消费模式亟待引导，转变观念与经济社会条件的关系亦需辩证处理。作者透过对辽宁省棚户区改造和广州市建立多层次住房保障体系的成功经验的调研，认为棚户区改造促使当地取得"构建和谐社会，促进社会稳定"的主观预期目标已基本实现、"优化住房供应结构，形成多层次住房保障体系进而稳定房价"的客观效果超乎想象、"集约节约土地，促进经济社会可持续发展"的战略目标正在落实和实现的"三重功效"。广州市通过一手抓构建政府住房保障体系，切实解决好低收入家庭住房困难问题，一手抓运用市场规律和调节机制维护房地产市场的健康稳定发展，努力抑制商品房价格过快增长，也收到了明显成效。关于转变市场模式，作者着力分析了在当前形势下其对转变我国建设领域发展方式的重要性，并深入调研分析了深圳市地铁5号线采用设计施工总承包模式建设的经验，认为设计施工总承包模式在客观上表现出"三个有利于"，即有利于又好又快建设，有利于建筑业企业核心能力的提升和做强做大，有利于公共投资项目监管方式创新有效杜绝腐败。从理论上分析，按照微观经济学的基本原理，总承包模式是属于花自己的钱办自己的事，总包企业有动因来优化设计、降低成本、缩短工期，以节约投资、提高效益。深圳市地铁5号线通过总承包模式建设，可实现节省投资15%、缩短工期38%～56%的效果。作者还介绍了深圳市和万科集团推进建筑工业化，使建筑生产活动走上专业化道路，实现科技含量高、资源消耗低、环境影响小的可持续发展；河南固始县积极推进城乡统筹，壮大劳务经济，培育新型农民，引导产业集聚，优化创业环境，迅速突出"穷围"，具备了社会主义新农村的雏形等经验的调研情况，并提出了应将"按照科学发展观和宏观调控政策，全面贯彻适用、经济、在可能条件下注意美观的建筑原则"作为新时期建筑方针，以及如何推进建筑业改革、建设科技进步、工程咨询设计业等方面的一些观点，这些观点都被放置在科学发展观思维下按照转变发展方式的视角来加以分析研究。

中篇题目为"用全面辩证的思维分析问题",共15篇文章,主要体现了作者运用全面辩证的思维,来认识问题、分析问题和解决问题,既有认识论层面,又有方法论层面。作者强调,一是要从认识论层面解决"为什么"的问题,二是要从方法论层面解决"如何做"的问题。在"如何做"这个层面,把握好全面辩证的思维十分重要。"5·12"地震发生后,业内和社会普遍关注我国的建筑标准规范是否满足抗震要求等问题。作者认为房屋震害研究不可或缺,但应突出把握好全面和辩证分析,即做好房屋破坏原因、房屋破坏状态、城镇房屋与农村房屋的震害对比、正常设计施工与非正常设计施工房屋的震害对比、超过与没有超过设防标准情况的对比分析等,通过科学、理性、实事求是的研究来回答一些若干重大科学技术的基本问题,进而引伸至技术标准和相关政策的调整。通过对汉旺镇等灾区房屋震害的分析,作者归纳出以下结论:按现行《01版规范》进行设计修建的房屋(多为2000年以后建设的),基本未出现整体倒塌或局部倒塌,仅为破坏甚至严重破坏;按《89版规范》进行设计修建的房屋(多为1990~2000年间建设的),一般未出现整体倒塌但严重破坏,或局部倒塌加严重破坏;按《78版规范》进行设计修建的房屋(多为1980~1990年间建设的),约有40%~50%整体倒塌,其余为局部倒塌加严重破坏;按《74版规范》进行设计修建的房屋(基本为80年代以前建设的),80%以上整体倒塌。在研究城乡规划督察这项具有重要意义的创新性工作时,作者提出督察员一定要把握好四个辩证关系,即把握好城乡规划的科学性、严肃性和权威性的关系,把握好事前事中与事后监督的关系,把握好督察与被督察的关系,把握好全局与局部的关系。在研究2008年我国70个大中城市的房价涨幅持续趋缓、商品房成交量萎缩的现象时,作者则提出要做四个层面的全面而辩证的分析,即要分析成交量的真实下降幅度,要分析成交量下降对城市经济的影响,要分析成交量下降对基本建设的影响和要研拟对策建议。作者还介绍了对如何抓好稽查工作体制机制创新、地铁安全生产管理、建设工程质量管理、改革工程建设组织实施方式、工程质量监督体制机制创新、建筑抗震等工作的措施建议。

下篇题目为"对发展节能省地环保型建筑的研究",共15篇文章,主要是作者对如何发展节能省地环保型建筑,做好建筑节能工作的思考。作者认为,要大力发展节能省地环保型建筑,最核心的是要抓好四个层面的工作,一是法律法规,二是标准规范,三是政策制度,四是科技进步。由于世界各国经济发展水平、地理位置和人均能源资源条件不同,对绿色建筑、生态建筑和可持续建筑的研究与理解也存在较大差异。我国提出了发展"节能省地环保型建筑"这一概念,主要内涵是节能、节地、节水、节材和环境保护(即"四节一环保"),注重以人为本,强调可持续发展。作者对比了节能省地环保型建筑与绿色建筑、生态建筑、可持续建筑的内涵及关系,认为它们的基本内涵是相通的,具有某种一致性,是具有中国特色的可持续建筑理念。作者认为,建筑节能工作需要解决两个"实实在在"的问题,即节能的效果如何实实在在体现?节能的好处如何实实在在惠及人民群众?并提出推进建筑节能工作要全面辩证和不断创新,用全面、全方位、全过程和创新发展的工作思路来继续推进。对于如何抓好北方供热采暖地区建筑节能工作,作者认为要着力破解三道难题,即设计建造节能与检测验收节能相一致、检测验收节能与实际运行节能相一致、如何运用市场机制调控超标准用能。作者还介绍了青岛热计量收费改革、远大合同能源管理创新、天津发展节能省地环保型建筑、黑龙江省推广应用节能省地环保新型墙体体系、太原以绿色建筑带动绿色转型、推广应用高强钢筋和高性能混凝土的经验,以及北京奥运场馆、国家大剧院"四节一环保"的情况。

此外,作者在后续访谈中,畅谈了对抗震减灾注重报还是注重防;城市天际线、建筑轮廓线与交通路网;加快推进实施北京市再生水应用战略的思考。作者在第二版中增加了近期与有关同志共同研究的文章《用历史唯物主义和辩证唯物主义观点分析住房制度的主要矛盾》。

综上，本书集中展现了作者在担任部总工程师期间，研究思考基本建设领域如何转变发展方式、如何用全面辩证的思维分析解决问题、如何抓好节能省地环保型建筑工作的思考和研究成果，也是作者努力提高战略思维能力、辩证思维能力和创新思维能力的学习体会，可供住房城乡建设系统有关同志借鉴，作者衷心希望能对读者有所裨益。受时间和作者学识所限，书中一些数据和观点难免有不足和偏颇，恳请批评斧正。作者要真诚地感谢在思考和研究期间的各位合作的同志！正是由于他们的无私帮助，本书才得以完成和出版，在此作者借自序再次表达谢意！

王铁宏

2013 年 10 月·北京

目 录

上篇　对转变发展方式的思考

对基本建设领域转变经济发展方式的调研与思考……………………… 13
对基本建设领域转变发展方式的研究（PPT）…………………………… 25
破解体制机制障碍　构建多层次住房保障体系…………………………… 48
实现科学发展社会和谐的重大举措………………………………………… 54
　　——辽宁省棚户区改造的三重功效与启示
以市场模式转变促进建设领域发展方式转变……………………………… 61
　　——对深圳市地铁5号线采用总承包模式的调研
推行总承包模式是转变基本建设领域发展方式的重要内涵 …………… 68
　　——对工程总承包模式案例的分析与思考（摘要）
推动建筑工业化是转变建设模式的重要内涵…………………………… 73
　　——对深圳市和万科集团积极推进建筑工业化情况的调研
构建多层次住房保障体系贵在求真务实………………………………… 79
　　——对广州市建立多层次住房保障体系的调研与思考
抓好劳务经济　加强城乡规划　注重城乡统筹………………………… 89
　　——关于河南省固始县社会主义新农村建设经验的调研
关于新时期建筑方针的若干意见………………………………………… 96
建筑业改革发展的若干问题研究………………………………………… 104
在可持续发展战略思维下对建设科技进步的建议……………………… 117
以现代化的工程咨询设计为经济建设的现代化服务…………………… 134

中篇　用全面辩证的思维分析问题

用全面和辩证的思维做好房屋震害研究分析……………………… 147
　　——对三个地震灾害严重的县镇房屋倒塌毁损情况的调研与思考
后续访谈：抗震减灾——关于注重报还是注重防的思考……………… 159
用全面和辩证的思维做好房屋震害研究分析（PPT）………………… 163
用历史唯物主义和辩证唯物主义观点分析住房制度的主要矛盾…… 177
建筑抗震工作应着力做好八个转变………………………………… 184
努力做好稽查工作的体制机制创新………………………………… 195
把握辩证统一　扎实做好城乡规划督察工作……………………… 203
后续访谈：关于城市天际线、建筑轮廓线与交通路网的思考………… 211
关于城市总体规划和城市建设的思考（PPT）……………………… 221
分析来龙　把握去脉　及时准确地提出对策建议………………… 237
齐心协力抓好地铁安全生产管理…………………………………… 240
抓好建设工程质量管理的几项重要工作…………………………… 246
切实改革工程建设组织实施方式…………………………………… 254
新形势下工程质量监督体制机制创新……………………………… 261
关于甘肃、陕西两省灾后农民过冬房建设工作的调研报告………… 268

下篇　对发展节能省地环保型建筑的研究

对发展节能省地型住宅和公共建筑的研究与思考………………… 277
　　——建设部发展节能省地型住宅和公共建筑工作研究小组报告
节能省地环保型建筑与绿色、生态、可持续建筑的内涵及关系……… 302
建筑节能向纵深发展迫切需要解决两个"实实在在"的问题 ……… 307
　　——对当前建筑节能工作中突出问题的调研思考
节能减排科技支撑绿色奥运………………………………………… 313

北方供热采暖地区建筑节能不得不破解的三道难题……………… 324
引入能源服务公司　推动供热体制改革………………………… 329
　　——青岛市供热计量收费改革的情况报告
节能减排的一项重要抓手………………………………………… 334
　　——对合同能源管理创新情况的调研
政府引导和市场机制相结合……………………………………… 340
　　——天津市发展节能省地型住宅和公共建筑调研报告
后续访谈：加快推进实施北京市再生水应用战略……………… 345
加快推进节能省地环保新型墙体体系的应用…………………… 350
　　——对黑龙江省推广应用节能省地环保新型墙体体系情况的调研与思考
大型公共建筑应率先实现"四节一环保"………………………… 356
　　——对国家大剧院应用"四节一环保"技术的调研
太原以绿色建筑带动绿色转型突出在四个层面上求真务实…… 363
促进资源节约利用　发展节能省地环保型建筑………………… 370
推进建筑节能工作要全面辩证和不断创新……………………… 386
　　——对建筑节能工作的哲学思考
推广应用高强钢筋和高性能混凝土……………………………… 391

附　　录

中华人民共和国节约能源法……………………………………… 401
公共机构节能条例………………………………………………… 417
民用建筑节能条例………………………………………………… 425
关于发展节能省地型住宅和公共建筑的指导意见……………… 435
关于加强大型公共建筑工程建设管理的若干意见……………… 442
建设部关于加强稽查工作的指导意见…………………………… 448
建设部关于建立派驻城乡规划督察员制度的指导意见………… 452

上 篇
对转变发展方式的思考

对基本建设领域转变
经济发展方式的调研与思考

  目前,建设领域各方主体都已充分认识到:基本建设转变发展方式是整个国民经济转变发展方式的重要内涵。
  —— 根本性转变取决于建设模式转变;
  —— 关键性转变有赖于市场模式转变;
  —— 基础性转变在于引导和规范企业经营管理模式转变;
  —— 保障性转变要靠政府监管模式的转变。

  基本建设是国民经济的重要组成部分,近年来其拉动相关产业发展的作用日益凸显。基本建设能否做到又好又快,直接关系到国民经济的健康、有序和可持续发展。为了探讨基本建设领域如何转变经济发展方式这一重要课题,近期我们进行了专题调研,先后召开多次座谈会,集思广益,广泛听取了勘察、设计、施工、监理、开发企业和政府主管部门同志的意见。基于调研结果,归纳出以下两方面意见。

一、基本建设领域经济发展方式转变是国民经济发展方式转变的重要内涵

  据国家统计局 2006 年度统计年报显示,全社会固定资产投资约占国内生产总值的 52% 左右。在这次调研的各个省市中,2006 年固定资产投资在国民经济中都占有较大比重。又据 2003 年国家统计局和各省

本文 2007 年 8 月刊登于建设部《工作调研与信息》第 19 期(总第 248 期)

统计局的统计数据显示，基本建设占固定资产投资比例约为40%左右（2004年以后统计年报不再显示基本建设投资数据）。显而易见，基本建设是实现固定资产投资的重要形式，也是拉动相关产业和带动我国国民经济发展的龙头。

我国正处于工业化和城镇化快速发展时期，基本建设领域的发展机遇和挑战并存，一方面它是拉动国民经济发展的重要支柱，另一方面它要消耗大量的资源能源，继续发展受到制约。建筑需要占用大量土地，在建造和使用过程中直接消耗的能源占全社会总能耗近30%，建材生产能耗占全社会总能耗的16.7%，两项相加几近50%。建筑用水占城市用水的47%，用钢占全国钢产量的30%，水泥占25%，建筑"四节一环保"（节能、节材、节水、节地和环境保护）的形势非常严峻。基于我国人多地少、人均资源能源禀赋不足的基本国情，要实现国民经济又好又快的发展，改变基本建设领域"三高一低"（高投入、高消耗、高污染、低效益）的粗放式发展模式，基本建设领域转变经济发展方式不可或缺。为此，党中央国务院高度重视基本建设领域转变经济发展方式的工作，胡锦涛总书记在2004年的中央经济工作会议上就明确要求大力发展节能省地环保型建筑，全面推广和普及节能技术，制定并强制推行更严格的节能节材节水标准。2005年以后的政府工作报告、"十一五"规划都对基本建设领域转变经济发展方式提出了具体的要求。住房和城乡建设部对发展节能省地型建筑工作非常重视，2005年出台了《关于发展节能省地型住宅和公共建筑的指导意见》，全面推动建设领域转变经济发展方式工作，并开始取得明显的阶段性成效。一是法律法规逐渐完善，新修订的《节约能源法》已将建筑节能作为国家重点节能领域，国务院《民用建筑节能条例》已经颁布实施，对建筑节能相关的制度和重点均做出了明确的规定；二是标准规范日臻健全，目前已初步建立起以节能50%为目标的

国家康居示范工程——大连大有恬园住宅产业化示范

建筑节能设计标准体系，形成了覆盖全国三个气候区，包括居住和公共建筑，从设计、施工、竣工验收到测评标识的比较完整的标准体系；三是北方地区城镇供热体制改革正在积极推进，先后颁布了国务院八部委《关于进一步推进城镇供热体制改革的意见》等文件，对采暖费"暗补"变"明补"、实施按用热量计量收费等工作进行了部署，供热体制改革工作已在我国北方15个省、区、市全面展开，热改的省份已占北方采

图片提供：大连市城乡建设委员会

暖地区的60%；四是新建建筑执行节能标准情况成效显著，2007年全国城镇新建建筑在设计阶段执行节能标准的比例为97%，施工阶段执行节能标准的比例为71%；五是既有建筑节能改造试点示范取得新进展，推动北方采暖区既有居住建筑供热计量及节能改造1.5亿平方米的工作任务，在24个示范省市开展国家机关办公建筑和大型公共建筑能耗统计、能源审计、能效公示工作；六是可再生能源建筑应用越来越广泛，我国太阳能建筑光热应用面积达7亿平方米，浅层热能建筑应用面积近8000万平方米；七是对利用市场机制推动建筑节能进行有益探索，有关部门对合同能源管理模式进行了研究，对支持建筑节能的融资模式等方面工作进行了调研。

尽管建筑节能工作取得了明显的阶段性成效，但形势依然严峻，问题仍然突出。节能的效果如何实实在在体现？节能的好处如何实实在在惠及人民群众？针对这两个"实实在在"的问题，近日我们对建筑节能工作情况进行了专题调研，就如何把建筑节能工作向纵深推进提出意见建议。目前，建设领域的各方主体都已充分认识到基本建设转变发展方式是整个国民经济转变发展方式的重要内涵。

二、基本建设领域转变经济发展方式的四点思考

思考一：根本性转变取决于建设模式转变。

转变建设模式，首先要体现科学发展的要求。一是随着节能减排工作的深入开展，建筑节能工作从法律法规、标准规范、政策制度和科技进步等四个层面全方位推进。沈阳、大连两市率先在住宅建设中执行节能65%的设计标准。辽宁省积极推广新型可再生能源的应用，其中地源热泵技术应用面积已经达到了410万平方米。大连市还率先试点示范海水源热泵技术，并制定了该技术实施的"十一五"规划，预计规划实施后，

大连市通过海水源热泵技术一项，每年就可节约标准煤 5 万吨，减少烟尘排放量 615 吨、二氧化硫 573 吨、氮化物 480 吨、二氧化碳 1.3 万吨。我国具有丰富的海水资源，海水源热泵具有广阔的应用空间，这项技术在全国其他地方也有推广意义。二是要引导合理、适度的消费模式。《国务院办公厅转发建设部等部门关于调整住房供应结构稳定住房价格意见的通知》明确规定，凡新审批、新开工的商品房建设，套型建筑面积 90 平方米以下住房面积所占比重，必须达到开发建设总面积的 70% 以上。近期出台的《国务院关于解决城市低收入家庭住房困难的若干意见》明确了廉租房面积不大于 50 平方米，经济适用房面积不大于 60 平方米。这些政策的出台，是一个重要的标志，即我国的住房建设模式和消费模式正在向资源节约型、环境友好型方向转变。我们在调研中已经感到行业各界，包括开发企业也对这些政策有了新的认识，并积极执行。据了解，一些城市推出的中小户型楼盘，受到了消费者的普遍欢迎，市场销售状况良好，开发企业从中受到教育，提高了执行该项政策的自觉性。倡导资源能源节约，在住宅建设中推广精装修、取消毛坯房已然成为一种趋势。据有关专家指出，中国是世界上为数不多的几个以销售毛坯房为主的国家，这种模式，容易造成显性的二次污染和浪费，越来越多的消费者呼吁市场能够更多地提供精装修到位的成品房，减少二次装修的烦恼和不必要的浪费。我们在调研中了解到大连"大有恬园"800 套住房实行产业化装修、规模化生产、标准化配套。一次装修到位受到消费者的欢迎，既有经济效益，又有社会效益，还节约了资源。据大连市建设主管部门调查，该项目建设尚未全部竣工已在当地产生较大反响，住户对这种住宅建设理念非常认同，"大有恬园"的住户对一次性装修也普遍感到满意。许多城市已酝酿出台规定，要求今后新建的廉租住房、经济适用住房都要一次装修到位，减少住户二次装修的烦恼和浪费。另据了解，深圳市以及万科集团正在积极推进建筑工业化的创新，推广建

北京平谷区新农村建设利用太阳能

筑部品化的工作,其前期试点示范已经显现了初步成效。有效地节省在建造过程中的能耗、水耗和材料消耗。三是要增强规划的科学性、权威性和严肃性。据有关专家研究,近几年,我国的大拆大建之风有愈演愈烈之势,有些仅仅使用十几年的建筑就被拆掉了。这种现象的发生有一

上图摄影:杨西伟

个结构性矛盾,即新增土地供应与建设冲动的矛盾,这种结构性矛盾是根本。规划在推进建设模式转变上具有重要作用,要从全局和战略高度重视和研究发展过程中的资源能源利用问题,在近期建设规划、控制性详细规划等不同层次的规划中,充分研究论证资源能源对城镇布局、功能分区、基础设施配置及交通组织等方面的影响,确定适宜的城镇规模、运行模式,加强土地、能源、水资源等利用方面的引导与调控,实现资源能源的合理节约利用。四是注重城乡统筹,引导好农民自建房建设,促进城乡协调发展。这方面河南省固始县的做法值得借鉴。固始县原本是一个曾一度被边缘化的偏僻县,该县通过注重村镇规划和村庄整治工作,注重城乡统筹,迅速突出"穷围",具备了社会主义新农村的雏形,其中,建设主管部门在做好规划编制和实施的基础上,转变观念,积极主动做好服务和监管工作,如免费提供12套户型图纸供农民自由选择,帮助农民建房;免费上门提供测量服务和咨询服务;加强村镇建设工程的质量安全检查与巡查等,为新农村建设发挥了重要的作用。在调研中,我们还了解到北京市平谷区在新农村试点村中引导农民建节能环保型住宅,推广太阳能供暖和外墙保温技术。据测算,平均一个采暖季每户农民可以节煤1~2吨,农民非常满意。

转变建设模式,还要体现和谐发展的要求。一是要注重建立和完善我国的多层次住房保障体系。住房问题已经成为人们常说的"三大民生"(就学、医疗、住房)问题之一,甚至之首。这就要求我们高度关注低收入家庭住房问题的解决,建立和完善我国多层次住房保障体系,把最低收入阶层的廉租住房需求、中低收入阶层的经济适用住房需求、普通商品房需求、商品房需求交织混淆问题进行梳理;把解决基本住房保障、基本住房需求、改善住房需求和要求更舒适、面积更大的住房需求甚至投资需求的群体利益交织混淆问题进行分隔;把政府对不同利益群体的保障职责、完善职责、引导职责和规范职责交织混淆问题进行分类。这

.20. 转变建设领域发展方式的思考

深圳地铁5号线施工

些工作正在有序推进。我们在调研中了解到,国务院批准的东北地区棚户区改造项目,就取得了良好的效果。沈阳市采取政府主导、市场运作、公众参与等方式,对棚户区进行改造,既解决了一大批工矿企业职工的住房困难问题,又带动了相关产业发展,使群众的生产生活条件得到了切实改善,客观上还对抑制城市的总体房价起到了调节作用。同时,还集约节约了土地,为城市建设可持续发展提供了新的空间,可谓一举三得,真正做到了"三个满意"。据有关统计资料表明,2007年二季度,沈阳市房价同比增幅在35个省会城市及计划单列市中排在倒数第15位,辽宁省的丹东、锦州市房价的同比增幅在35个中等城市中位于倒数第3位和第6位。二是要继续做好清欠工作。 国务院决定自2004年起,用三年时间基本解决建设领域拖欠工程款和农民工工资等问题。住房和城乡建设部等有关部门经过三年的清欠工作,已基本完成任务,基本清理

图片摄影:中铁南方公司 陈国良

了历史旧欠，初步建立了防止拖欠的长效机制。三是要高度关注农民工的权益问题。"三农"问题的核心在于农民增收。农民工是建筑业的主体，从事建筑及相关工作的约有3000多万人，而每一个建筑农民工背后，其关联人口有4～5个人，也就是全国约有1.5亿到2亿的农民要依靠基本建设领域维持生计和增加收入。可见，做好农民工工作，意义非常重大。因此要抓好三方面的工作，即为农民工创造良好的工作生活环境、保证农民工的合法权益和想方设法提高农民工的收入。河南省是一个农业大省，也是一个建筑业大省，全省的建筑农民工达380万，约占全国的10%左右，全省有1500万到2000万的农民从中受益，约占全省农民的30%。为了让建筑农民工出得去、赚到钱、受保护，河南省委、省政府高度重视建筑业发展，2006年河南省政府专门出台了《关于加快建筑业发展的意见》，提出了加快建筑业发展的7条措施和政策。

转变建设模式，还要体现安全发展的要求。安全发展包括四个层面，即在建工程安全、建筑物全寿命周期使用安全、基础设施运营安全、应对突发事件安全。上海市在安全发展上作了前瞻性研究，如他们对高层建筑玻璃幕墙及附加物等由于硅酮胶老化而存在安全隐患的问题，进行了监管体制机制的研究；为应对建设领域的突发事件，配备了应急队伍、应急设备、应急材料，提前做好包括抗台风、抗洪水等的准备，值得有关地方学习借鉴。

综上所述，基本建设领域建设模式的转变，内涵丰富，工作量大，涉及面广。无论是从科学发展、和谐发展还是安全发展的要求来讲，都还任重道远。

思考二：关键性转变有赖于市场模式转变。

目前，我国基本建设领域有两种市场模式，一种是传统的沿革于计划经济条件下的模式，即建设单位分别对应勘察、设计、施工、监理等多个企业；一种是从1987年推广鲁布革经验开始引入的，国际上也比较普遍采用的总承包模式，即建设单位在工程实施阶段只对应一个设计施工总承包企业。传统模式从微观经济学的基本原理来看，是属于花别人的钱办别人的事，其效果必然是客观上既不讲节约也不讲效率，有悖于经济规律，制度设计上存在明显缺陷。勘察、设计、施工、监理企业从体制机制上普遍缺乏优化设计、缩短工期、降低造价的根本动因。总承包模式从微观经济学的基本原理来看，是属于花自己的钱办自己的事，一旦总承包中标，通过一次性与总包企业定价，总包企业可单独或与业主共享优化设计、缩短工期、降低造价所带来的效益，使得总包企业有动因既讲节约又讲效率。

我国除房屋建筑工程以外的工业项目已普遍采用了总承包模式，特别是石化系统的中国环球化学工程公司，积极推进总承包模式，在国际、国内两个市场都取得了很好的经济收益。深圳地铁一期工程罗湖站及口岸/车站综合交通枢纽土建围护结构工程采用了设计施工总承包模式，实现了设计与施工环节的互相渗透，缩短工期6个月，节约工程投资近2000万元，提高了工程建设整体效益和技术水平。大连"大有恬园"项目建设以开发商为龙头和主导者，通过"一张图纸"设计，整合各个技术环节，将住宅相关企业如规划、设计、施工、部品和材料供应、监理等链接起来，形成"产业联盟"，集各企业的生产优势，在一个平台上完成住宅的产业化配套集成，达到了产品高质量，还节约了多种原材料资源。万科集团也普遍推行了这种建造方式。

因此，从体制机制上转变市场模式，推广总承包模式，是转变建设模式的必然要求。尽管现有的市场模式存在制度上的明显缺陷，但要彻底改变也绝非一朝一夕的事。如果在现行体制下一时难以全面推广总承包模式时，也要注重从机制上去改革和完善现有模式，为市场各方主体营造公平公正的市场环境。目前要突出解决市场上普遍存在的建设单位相对来讲权大责小及与之对应的勘察、设计、施工、监理企业相对来讲责大权小的责权不对等的问题。

思考三：基础性转变在于引导和规范企业经营管理模式转变。

我国基本建设领域市场主体众多，包括勘察、设计、施工、监理企业和建设单位等。要转变建设模式，市场主体转变经营管理模式也是一个客观必然要求。

企业在经营管理中，既可向高端发展，向总承包、资本运作方向发展，也可向低端延伸，将企业专长的技术和产品实现产业化。成功范例很多，不做一一列举。转变企业经营管理模式，就是要从企业定位、发展目标、发展战略等方面进行体制机制创新，改革内部管理机制，逐步建立现代企业制度。

思考四：保障性转变要靠政府监管模式的转变。

政府监管模式的转变，要适应建设模式、市场模式和企业经营管理模式的转变，要从法律法规、标准规范、政策制度、科技进步等方面全方位进行完善。一是要强势推进建设模式转变，注重向建设资源节约型、环境友好型方向发展，制定最严格的土地和能耗控制指标，不断推进供热体制改革，加大力度推进节能省地环保型建筑等。同时，注重城乡统筹，加强对农村住房和基础设施建设的指导，从城乡统筹的发展思路来引导新农村建设。二是要主动推动市场模式转变，最关键的是要解决根本性的体制问题，大力推广工程总承包模式，同时在现有体制一时难以改变的情况下，注重从机制上去完善现有模式，营造公平公正的市场环境。据了解，深圳市长期以来积极推动工程总承包，从罗湖地铁站改扩建项目开始，到3号线的部分标段，再到5号线全线，经验较为丰富，监管方式逐步完善。广东省和深圳市正在就进一步解放思想开展深入讨论，提出改革开放初期全国学习"深圳速度"，现在转变发展方式、实现又好又快，要敢于提出"深圳模式"。深圳市全面推进市场模式转变的开创性经验值得关注。三是要积极引导企业经营管理模式转变，制定相应的鼓励政策，同时，进一步规范市场各方主体的行为。在制度和政策设计时，鼓励有条件的企业上市，引进战略投资者；鼓励企业向相关业务延伸，扩大业务服务范围；鼓励企业向高端发展，占领高端市场；鼓励企业将技术产品产业化，形成产业链。

总之，基本建设作为国民经济的重要组成部分，其经济发展方式的转变是整个国民经济转变发展方式的重要内涵。要实现基本建设领域经济发展方式的转变，建设模式转变是根本，市场模式转变是关键，企业经营管理模式转变是基础，政府监管模式转变是保障。

作者：王铁宏、赵宏彦、韩煜、朱宇玉

上篇：对转变发展方式的思考

对基本建设领域转变发展方式的研究

王铁宏

1

建设部总工的思索

2

认识论

方法论

3

宏观

中观

微观

4

顺应大势

把握大局

制定大策

5

"十二五"规划

主题——科学发展

主线——加快转变经济发展方式

6

转变建设领域发展方式的思考

五个坚持——

- 坚持把经济结构战略性**调整**作为加快转变经济发展方式的主攻方向。
- 坚持把科技进步和**创新**作为加快转变经济发展方式的重要支撑。
- 坚持把保障和改善民生作为加快转变经济发展方式的根本出发点和落脚点。
- 坚持把建设**资源**节约型、环境友好型社会作为加快转变经济发展方式的重要着力点。
- 坚持把**改革**开放作为加快转变经济发展方式的强大动力。

7

当前,世情、国情、党情继续发生深刻变化,我们面临的发展机遇和风险挑战前所未有。

——十八大报告

8

战略思维能力

创新思维能力

辩证思维能力

9

一、基本建设领域经济发展方式转变是国民经济发展方式转变的重要内涵

二、基本建设领域转变经济发展方式的四点思考

10

城市总规与城市建设的结合

11

城市天际线

建筑轮廓线

交 通 路 网

12

13

14

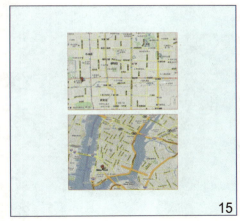

15

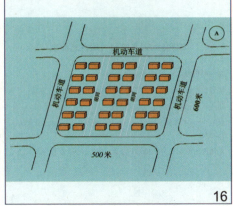

16

500米×600米路网人均占地面积

路网面积为：500×600=30万平方米

如容积率按0.3计算，建筑面积（1层）约为10万平方米

如按每户100平方米，可容纳1000户

如每户按5人计算，可容纳5000人

人均占地面积约为：30万平方米/5000人=60平方米/人

17

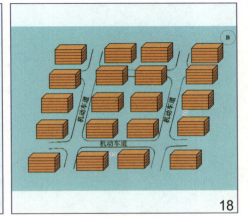

18

28. 转变建设领域发展方式的思考

200米×300米路网人均占地面积

路网面积为：200×300=6万平方米

如容积率按0.3计算，建筑面积（5~6层）约为10万平方米

如按每户100平方米，可容纳1000户

如每户按5人计算，可容纳5000人

人均占地面积约为：6万平方米/5000人=12平方米/人

19

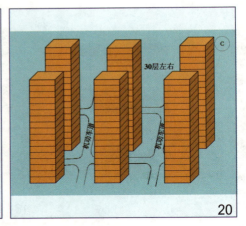

20

50米×60米路网人均占地面积

路网面积为：50×60=3000平方米

如容积率按0.5计算，建筑面积（30层）约为6万平方米

如按每户100平方米，可容纳600户

如每户按5人计算，可容纳3000人。如作为办公楼，可容纳5000人。

人均占地面积约为：3000平方米/3000人=1平方米/人

21

芝加哥

波特兰

22

巴黎

伦敦

23

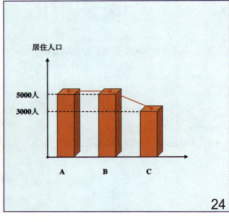

24

上篇：对转变发展方式的思考

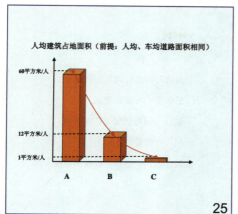

人均建筑占地面积（前提：人均、车均道路面积相同）

25

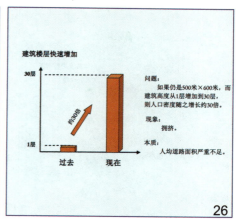

建筑楼层快速增加

问题：
　　如果仍是500米×600米，而建筑高度从1层增加到30层，则人口密度随之增长约30倍。
现象：
　　拥挤。
本质：
　　人均道路面积严重不足。

26

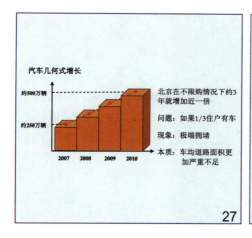

汽车几何式增长

北京在不限购情况下约3年就增加近一倍
问题：如果1/3住户有车
现象：极端拥堵
本质：车均道路面积更加严重不足

27

两大突出矛盾：北京交通拥挤堵的双重压力

一、路网没增加，楼层增加，居住人口明显增加

二、路网没增加，机动车呈几何式增加

28

提出一个思考：

　　国际化大都市交通管理核心问题

　　　——千方百计鼓励公交出行

　　　——千方百计让公交出行快速便捷

29

应以出行人角度设计交通管理办法：

　　——核心是围绕公共交通出行人

　　——关键是让公共交通出行人点到点，
　　　　最快、最方便、最经济

30

.30. 转变建设领域发展方式的思考

北京轨道交通路网图
（含规划线路）

柏林轨道交通路网图

31

思考：
- 总规与标志性建筑的协调
- 低碳城市与低碳建筑
- 城市入口与景观大道的作用
- 城与乡统筹
- 规划的科学性与权威性严肃性

32

归结一点：

把握好总体规划与城市建设的结合

33

一、基本建设领域经济发展方式转变是国民经济发展方式转变的重要内涵

34

- 据国家统计局2012年度统计年报显示，全社会固定资产投资（37.47万亿）约占国内生产总值（51.93万亿）的72.15%左右。
- 据2003年国家统计局和各省统计局的统计数据显示，基本建设占固定资产投资比例约为40%左右（2004年以后统计年报不再显示基本建设投资数据，据此估算2012年基本建设投资约为14.6万亿）。
- 基本建设是实现固定资产投资的重要形式，也是拉动相关产业和带动我国国民经济发展的龙头。

35

- 我国正处于工业化和城镇化快速发展时期，基本建设领域的发展机遇和挑战并存，一方面它是拉动国民经济发展的重要支柱，另一方面它要消耗大量的资源能源，继续发展受到制约。
- 建筑需要占用大量土地，在建造和使用过程中直接消耗大量能源。建筑"四节一环保"（节能、节材、节水、节地和环境保护）的形势非常严峻。改变基本建设领域"三高一低"（高投入、高消耗、高污染、低效益）的粗放式发展模式，基本建设领域转变经济发展方式不可或缺。

36

37

2012年 中国GDP 51.93万亿（8.26万亿美元）。

（2011年 中国GDP 47.16万亿（7.43万亿美元），占世界GDP总量（61.96万亿美元）约1/9（11.99%））

但同时，中国一次性能源生产总量33.3亿吨标煤，占世界约1/5。（早在2007年，中国CO_2总量65.33亿吨，世界第一（占21.3%，1/5））

38

2012年

全国在建房屋约106亿平方米（不含农户），其中房地产类57.3亿平方米；

竣工约24亿平方米（不含农户），其中房地产类约9.9亿平方米。

2012年

全国钢材9.5亿吨（占世界约46%）；

水泥22.1亿吨（占世界约57%）；

其中房屋建筑用钢约2.5～3亿吨，水泥约7～8亿吨。

39

房屋建筑总能耗（以2012年统计数据分析）

建筑运行能耗+建造材料能耗

运行能耗约9亿吨标煤（33.3×27.5%）

建造材料能耗3.5亿吨标煤，其中钢约2.5亿吨标煤，水泥约1亿吨标煤

合计约12.5亿吨标煤。

加上基础设施钢材、水泥用量，再加上农房的用量，全国土木+建筑（含房屋和基础设施）总能耗（运行+建造）应约为50%全社会总能耗。

40

2008年

世界每万美元GDP能源消耗2.94吨标煤。

德国　1.6吨

中国　7.86吨　（2.7倍，4.9倍）

（2012年，中国4.03吨，有明显进步，但仍然偏高，节能潜力仍然很大）

粗放式发展由此可见一斑。

41

建筑节能比重最大，贡献最大。

其他行业节能是算术式节能，充其量15%左右，而建筑运行节能是几何式节能，50%～65%。

42

- 法律法规
- 标准规范
- 政策文件
- 科技创新

43

必须以改善需求结构、优化产业结构、促进区域协调发展、推进城镇化为重点，着力解决制约经济持续健康发展的重大结构性问题。

加快传统产业转型升级。

—— 十八大报告

44

二、基本建设领域转变经济发展方式的四点思考

- 思考一：根本性转变取决于建设模式转变。
- 思考二：关键性转变有赖于市场模式转变。
- 思考三：基础性转变在于引导和规范企业经营管理模式转变。
- 思考四：保障性转变要靠政府监管模式的转变。

45

思考一：根本性转变取决于建设模式转变

- 科学发展
- 和谐发展
- 安全发展

46

已有学者认为，当前全球的低碳经济运动无疑已经是第四次工业革命（胡鞍钢）。

47

低碳经济 → 低碳城市 → 低碳建筑

48

转变建设模式首先体现科学发展

1. 节能，节材

几个概念

节能建筑
绿色建筑
生态建筑
可持续建筑
节能省地环保型建筑（四节一环保）

上篇：对转变发展方式的思考

49

节能建筑 ⟶ 低碳建筑

狭义节能 ⟶ 建筑运行节能

广义节能 ⟶ 运行＋建造＋拆除

50

要节约集约利用资源，推动资源利用方式根本转变，加强全过程节约管理，大幅降低能源、水、土地消耗强度，提高利用效率和效益。

—— 十八大报告

51

广义节能 ⟶ 低碳建筑

趋势一：尽可能节省钢材水泥玻璃等用量。1吨钢消耗1.1吨标准煤排放2.2吨CO_2。

趋势二：尽可能实现建筑工业化（建筑部品化），减少工地消耗和污染。

趋势三：尽可能从方案论证开始排除碳排放高的建筑方案。

52

试点示范（探讨房屋建筑重大技术路径问题）

- 万科模式
- 远大模式
- 哈工大模式

53

远大模式

从"四节一环保"延伸至
"六节一环保"

即从节能、节地、节水、节材延伸至
节钱、节时＋环保

54

新建建筑：✓

- 全部做到节能50%～65%
- 并且"四节一环保"

（全面实行新建筑节能6年，现在每年可节近5000万吨以上标煤，减排1亿吨CO_2，每年拉动经济增长约3000～6000亿）

Slide 55

既有建筑：？

- 如何做到节能50%～65%潜力巨大
- 供热体制改革与合同能源管理

（如果实现所有既有建筑节能，每年可节2～3亿吨标准煤，减排4～6亿吨CO_2；如果5年完成既有建筑节能改造，每年可拉动经济增长约1万亿，改造后3～5年即可收回投资）

Slide 56

2. 节地

土地是稀缺资源，趋势：

- 上天入地 { 关于国际化大都市CBD容积率问题讨论
  关于地下空间开发
- 上山下海 { 山区城市破解土地之困
  沿海城市填海造地成功经验
- 画地为牢 { 长投发展，尽可能多
  现金流与固定资产的关系

Slide 57

土地是稀缺资源：

一方面，18亿亩耕地红线压力。

另一方面很多一线城市（如北京，上海）建设用地已经占到城市面积的48%～50%，而国际上一些著名城市（如香港、新加坡、伦敦）仅占20%～30%。

再一方面，一些地方已经严重依赖"土地财政"。2011年，土地招拍挂达3.15万亿，占地方本级收入的约60%。

Slide 58

成功案例：

- 延安

Slide 59

3. 节水：

- 再生水资源

Slide 60

成功案例：

- 新加坡中水战略
- 天津大中水战略
- 北京再生水资源利用

61

转变建设模式,首先要体现科学发展的要求。
- 一是全方位推进节能减排。
- 二是要引导合理、适度的消费模式。
- 三是要增强规划的科学性、权威性和严肃性。
- 四是注重城乡统筹,引导好农民自建房建设,促进城乡协调发展。

62

住房城乡建设部节能减排总体战略:
- 建筑节能工作体系
- 绿色建筑工作体系
- 供热体制改革工作体系
- 城市水环境与供水安全

63

转变建设模式,还要体现和谐发展的要求。
- 一是注重建立和完善我国的多层次住房保障体系。
- 二是继续做好清欠工作。
- 三是高度关注农民工的权益问题。

64

利益关系的和谐是社会和谐的核心。促进利益关系的和谐,最重要的是切实解决好人民群众最关心、最现实、最直接的利益问题。

65

经济体制深刻变革、社会结构深刻变动、利益格局深刻调整、思想观念深刻变化。

66

转变建设模式,还要体现安全发展的要求。

安全发展包括四个层面
- 在建工程安全
- 建筑物全寿命周期使用安全
- 基础设施运营安全
- 应对突发事件安全

36. 转变建设领域发展方式的思考

67

基本建设领域建设模式的转变，内涵丰富，工作量大，涉及面广。无论是从科学发展、和谐发展还是安全发展的要求来讲，都还任重道远。

68

思考二：关键性转变有赖于市场模式转变

69

我国基本建设领域有两种市场模式：

- 一是传统的沿革于计划经济条件下的模式；
- 二是从1987年推广鲁布革经验开始引入的，国际上也比较普遍采用的总承包模式。

70

近期媒体大量报道（凤凰网、腾讯网等）：

某央企巨亏为"走出去"敲响警钟（2010年11月2日）

某央企进军海外巨亏（2010年11月4日）

某央企沙特工程巨亏41亿背后（2010年11月9日）

71

据文章分析：

按照此次项目的"EPC＋O&M"总承包模式，该央企对项目从设计到最后运营都要负全部责任。但是，该央企选择的设计分包商为法国的索菲特公司和印巴的一家公司担任。

海外工程承包商愿意承接EPC项目，可以利用设计优势和优化设计、设备采购赚取更高的利润。

由于选择设计承包商受限，麦加项目的设计滞后。

72

真正的原因：我们的企业在"走出去"时承担设计施工总承包项目能力和经验不足。

微观经济学

三个假定：经济人假定、资源稀缺假定、保护个人产权假定。

三个原理：利润最大化原理、供求原理、等价交换原理。

三个方法：成本收益分析法、均衡分析法、帕累托标准。

73

传统模式从微观经济学的基本原理来看，属于花别人的钱办别人的事，其效果必然是客观上既不讲节约也不讲效率，有悖于经济规律，企业从体制机制上普遍缺乏优化设计、缩短工期、降低造价的根本动因。

74

总承包模式属于花自己的钱办自己的事，使得总包企业有动因既讲节约又讲效率。

75

我国除房屋建筑工程以外的工业项目已普遍采用了总承包模式。

76

从体制机制上转变市场模式，推广总承包模式，是转变建设模式的必然要求。

77

石化、电力、冶金、水利以及铁道、交通工程项目建设中已普遍推行，一般均可比同类型工程节省投资10％~15％，工期一般可缩短10％~30％，质量也能得到有效控制，在节约资源、节省投资、缩短工期、保证质量安全等方面显示出明显优势。

深圳地铁5号线采用总承包方式，节省投资15％、缩短工期38％~56％，实实在在体现出又好又快的优点。

78

成功的范例经验表明，推行总承包模式：

- 一是有利于又好又快建设。
- 二是有利于建筑业企业核心能力的提升和做强做大。
- 三是有利于公共投资项目监管方式创新有效杜绝腐败。

79

总承包模式在房屋建筑，特别是公共建筑和市政基础设施建设中推行缓慢，究其原因，除了政策和技术方面等方法论层面外，主要矛盾还在于认识论层面。核心就是要不要推进的问题。矛盾的主要方面是地方政府投资管理方式不能适应总承包模式的发展。

80

深化改革是加快转变经济发展方式的关键。经济体制改革的核心问题是处理好政府和市场的关系，必须更加尊重市场规律，更好发挥政府作用。

——十八大报告

81

思考三：基础性转变在于引导和规范企业经营管理模式转变

82

要转变建设模式，市场主体转变经营管理模式也是一个客观必然要求。

转变企业经营管理模式，就是要从企业定位、发展目标、发展战略等方面进行体制机制创新，改革内部管理机制，逐步建立现代企业制度。

83

中国人向来善于**辩证**思维，其与德国人的**逻辑**思维和古希腊人的**理性**思维并称突出的三大民族特点。中国人的辩证思维从《易经》开始到程朱理学的儒家思想发展绵延至今，对任何单位的管理，把握好对管理主客体的辩证分析，就能把握好各种事物的来龙去脉与是非曲直。

84

85

> 心到者，凡事苦心剖析，大条理、小条理、始条理、终条理，理其绪而分之，又比其类而合之也。
> ——曾国藩

86

全面辩证思维与重大技术问题：

- 5·12房屋震害分析
- 建筑节能政策
- 钢筋混凝土技术路径
- 建筑保温技术分歧
- 高铁速度意见分歧
- 国家大剧院方案分歧

87

房屋震害研究，应突出把握好全面和辩证的分析，主要内容包括：

- 要做各种破坏原因分析
- 要做各种破坏状态分析
- 要做城镇房屋与农村房屋的震害对比分析
- 要做正常设计施工与非正常设计施工房屋的震害对比分析
- 要做超过与没有超过设防标准情况的对比分析
- 要做其他有关对比分析

88

提出问题应理性思维

知～行

89

分析问题应逻辑思维

来龙去脉

90

解决问题应辩证思维

把握好度

.40. 转变建设领域发展方式的思考

每出台一项改革措施，持不同价值取向的同志都会持有不同观点。需要通过由表及里、由此及彼的辩证分析。

91

企业绩效增长无外乎：

- 外延（地域扩张）
- 内涵（新的核心能力）
- 结构（跨越式）

92

关于外延（跨国企业地域扩张的常见模式）

- 优点：可以快捷复制现行运作模式，迅速扩张，增大实力和影响力，并获取增量效益。
- 劣势：如何控制质量风险和财务风险是严峻考验。

93

- 适应：质量和财务管理完善的企业。
- 注意：选取文化差异小，选派管控人员容易的地区。
  选择文化背景相近，为人诚实的人员加盟。

94

控制质量和安全风险：
　　——核心是控制关键部位

- 地下隐蔽工程
- 主体工程
- 重要设备
- 关键材料

95

控制财务风险：
　　——核心是预防陷阱

- 合同控制
- 进度款控制
- 验收控制

96

97

关于内涵（在既有核心能力的基础上适当扩展潜在核心能力）

资本运作
↑
市政基础设施
↑
设计施工总承包
↑
设计
施工 ➡ 地域扩张（外延）
监理
↑
专业化（如地基基础、玻璃幕墙、钢结构等）

98

关于跨越式发展：

大型现代企业（包括建筑业企业）核心能力应成三足鼎立态势

99

100

大型企业跨越式发展路径三阶段

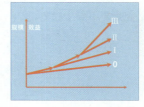

Ⅲ：以上市为标志形成产业链的发展模式
Ⅱ：以设计为核心的总承包发展模式
Ⅰ：注重突出资源节约、技术创新内涵的发展模式
0：传统模式

101

- 跨越一：资源节约、节能减排的发展契机
- 跨越二：设计施工总承包的发展契机
- 跨越三：成功上市向高端市场发展的契机

102

跨越一：

- 建筑节能及相关产业
- 轻钢结构及相关产业
- 合同能源管理
- 污水中水
- 垃圾处理

跨越二：

公共投资项目设计施工总承包

（高端市场）

103

跨越三：

- 上游 —— 高端市场 + 资本运作
- 下游 —— 优势技术产业化
- 平行 —— 凭资金 + 技术优势
  地域扩张

104

建筑业企业要不要上市？

105

2012年，全国固定资产投资37.4676万亿元，涉及工程项目50.5万个（其中新开工35.6万个）

基本建设投资约15万亿元

106

在全国固定资产投资中，全年在施房屋面积106亿平方米，其中住宅51.6亿平方米，房地产类投资7.18万亿元。

房地产类在施房屋面积57.3亿平方米（其中新开工17.73亿平方米）

107

从建筑业企业角度分析：

建筑业总产值13.53万亿元，增加值3.5万亿元。
房屋建筑施工面积98.1亿平方米。
房屋建筑竣工面积35.6亿平方米。

具有资质建筑业企业9621个，从业人员3700万。
其中央962个（总计7.4万家企业，从业人员4200万）。
总承包企业5902个（另有专业公司3669个）。
特级257个。

108

几组大数：

- 新开工项目35.6万个，合同额24.6万亿元。
- 基建投资约15万亿元（其中房地产类占一半，基础设施占一半）。
- 施工企业众多9621个。
  总承包企业5902个。
  特级257个。

109

归纳特点：

- 市场规模大
- 竞争激烈（或称为惨烈）

最大的特点：同质化，中等规模建筑业企业众多。

表现：恶性竞争、不能领先一步、不能胜者全收、不能把买卖关系变成教学关系。

110

建筑业企业领军者均深刻认识到以上特点，关键是破解之道认识不同，有些人还在寄希望于政府出台政策去改变，被动性改变思维将贻误企业发展时机。

111

目前，在内地上市的企业有2434家，其中建筑业企业仅47家（中央建筑业企业12家，浙江省建筑业企业5家）。以建筑业大省江苏省为例，全省有特级企业32家，一级企业1064家，目前只有2家建筑业专业施工企业上市。

112

据了解，一些建筑业大省的特级、一级建筑业企业业绩，企业注册资本金一般在3亿元左右，年产值约为30～60亿元，利润总额约为1～2亿元，甚至更高。这类投资回报率在30% ～50%的建筑业企业在每个建筑业大省都有好几家，甚至十几家。比照已上市的建筑业企业，这些企业上市非常有希望。

113

为什么不愿上市？

- 一是计划经济条件建筑业企业考核观念影响。
- 二是建筑业大省建筑业企业改制不彻底。
- 三是内地上市审批程序复杂冗长。

114

115

成功案例：

- **中建总公司** — 战略性处理好存量和增量核心能力关系 "三大"战略（大市场、大业主、大项目）
- **中铁工** 实现"双跨"（成功上市、设计施工总承包）
- **浙江宝业** 现代版的"小鸭变天鹅"

116

成功经验——

浙江宝业，2003年在香港上市，当年股本5.31亿，营业额29.94亿元，利润总额1.22亿元；2012年实现股本6.63亿，营业额172.76亿元（同比增长4.77倍），利润总额12.02亿元（同比增长8.85倍）。

117

企业发展战略：

战略

定位 ⟹ 目标

118

"战略思维是中国发展奇迹的精髓"

"好公司尤其注重在它们强大时就进行重组，并反思其战略愿景"

——斯蒂芬·罗奇

119

三个跨越

值得思考

120

是否也有中等规模建筑企业陷阱？

121

企业的核心竞争力发展从内涵分析必须紧紧抓住资源节约的发展契机。

（强调转变发展方式的**内涵**）

122

大型企业必须形成产业链。

（注重转变发展方式的**形式**）

123

大型企业必须早做市场模式转变的准备。

（把握转变发展方式的**关键**）

124

比尔·盖茨与微软的三件法宝：

一是深刻改变，把买卖关系变成**教学**关系；

二是深刻体现，技术不如技术**标准**重要；

三是深刻把握，人才**激励**与**约束**机制。

125

现代服务型企业竞争空前激烈，关键是人才竞争，本质是人才的激励与约束机制竞争。

126

一流企业必须依靠一流的人才。

一流人才必须要有一流的人才激励与约束机制。

一流的激励与约束机制必然造就企业内部"高尚的人，脱离了低级趣味的人，全心全意为企业服务的人"。

央企新动态：

- 中石化二级企业上市
- 中建关于期权制度试点

127

对建筑业企业领军者的三建议：

- 把握好战略（非一把手研究不可，具有洞察力，起码看到10年后）
- 制定好激励约束机制（注重人才的经济、社会、技术三个平台）
- 拿握好工作方法（掌握增量与存量，做与说的辩证关系）

128

领军者应由表及里、由此及彼，从纷繁复杂的矛盾中正本清源回答：

1、战略问题：要当谁（定位 →战略→ 目标）？
2、客户问题：谁是客户（特别是潜在客户，或者是新的市场）？
3、对手问题：谁是竞争对手（特别是新对手）？
4、破解之道问题：靠什么？

129

靠什么？

- 资源优势（包括地利优势，值得一提，土地始终是稀缺资源）
- 资金优势（尽可能多当甲方，但资金从何而来）
- 创新优势（引领发展，把买卖关系变成教学关系）
- 人才优势（建筑业本质上是竞争性行业）

130

全面破解上述"靠什么"的问题。
称之为"道"，即战略。

局部、短期解决某个问题。
称之为"术"，非战略即战术。

131

把握机遇，应对挑战！

和中有界

正中有通

精中有果

132

上篇：对转变发展方式的思考 .47.

思考四：保障性转变要靠政府监管模式的转变

133

- 一是要<u>强势</u>推进建设模式转变，注重向建设资源节约型、环境友好型方向发展，制定最严格的土地和能耗控制指标，不断推进供热体制改革，加大力度推进节能省地型建筑等。
- 二是要<u>主动</u>推动市场模式转变，最关键的是要解决根本性的体制问题，大力推广工程总承包模式，真正实现花自己的钱办自己的事的制度设计，解决动因问题。
- 三是要<u>积极</u>引导企业经营管理模式转变，制定相应的鼓励政策，同时，进一步规范市场各方主体的行为。

134

总之，基本建设作为国民经济的重要组成部分，其经济发展方式的转变是整个国民经济转变发展方式的重要内涵。

135

认识论 ＋ 方法论 ⎫
宏观 ＋ 微观   ⎬ 主要思维
理性 ＋ 逻辑 ＋ 辩证 ⎭

136

主要思维：

顺应大势：
　　根本性转变在于**建设模式**转变

把握大局：
　　关键性转变在于**市场模式**转变

制定大策：
　　实质上转变在于企业**发展模式**转变

137

破解体制机制障碍
构建多层次住房保障体系

研究解决住房问题,正在破解四道体制机制上的障碍:
—— 一些地方政府职责一强一弱问题正在改进;
—— 住房保障与房地产市场需求利益格局交织混淆的状况正在理清;
—— 住房的消费模式还需引导;
—— 转变观念与经济社会条件的关系尚需辩证处理。

党中央、国务院历来重视住房保障问题。2005年,"国八条"强调要"加强经济适用房建设,完善廉租房制度"。2006年,"国六条"又再次强调"要重点发展满足当地居民自住需求的中低价位、中小套型普通商品房","有步骤地解决低收入家庭的住房困难,加快城镇廉租房制度建设,规范发展经济适用房"。

在我国构建多层次住房保障体系如此重要,为什么推进情况不能令人满意,一些地区还经常由此引发一些不和谐问题呢?从当前我国住房保障体系存在的问题导向分析,就不难发现其中需要破解四道体制机制上的障碍。

一、一些地方政府职责一强一弱问题正在改进

政府职责应当体现在两个方面:一是制定和执行住房保障制度,针对低收入阶层和中低收入阶层建立一整套完整的住房保障体系,做到居者

本文发表于《学习与研究》2008年第3期

北京首个两限房项目——西三旗两限房小区

北京市委书记刘淇为住户发钥匙

两限房小区业主领到钥匙

西三旗两限房项目奠基

西三旗两限房小区鸟瞰

西三旗两限房小区施工

图片提供：北京住总集团

有其屋；二是引导和规范房地产市场健康有序发展，继续促进国民经济发展，通过市场机制为有条件进一步改善居住条件的阶层提供适宜的商品房，甚或为一部分对房地产有投资需求的单位或个人提供市场。从目前各地政府这两项职责的表现来讲，总体上可归纳为一强一弱。各地政府对引导和促进房地产市场发展充满热情，很多地方的领导同志对此如数家珍，津津乐道。与此同时，许多地方政府对住房保障制度建设却重视不够，甚至轻视、忽视。截至 2006 年 3 月，全国仍有 13 个省（区、市）没有将廉租房制度建设纳入省级人民政府对市、区、县人民政府的目标责任制管理，70 个地级以上城市没有建立廉租房制度，全国有近一半以上的地级城市尚未建立严格的廉租房申请、审批制度。这些情况直至近日在国务院有关部委督办下才有所改善。因此造成廉租房建设没有稳定的资金来源渠道或资金不足，覆盖面小，一些符合条件的低收入家庭不能及时进入该项制度。

需要指出的是，市场不能自发地向低收入群体提供保障。住房保障与促进房地产市场发展是两个完全不同的政府职责，政府不能缺失和偏颇。当前住房保障体系建设无论从任何层面分析都显得格外紧迫和必要。我们建设中国特色社会主义，构建社会主义和谐社会，应当坚持社会主义的基本价值理想，从人民赞成不赞成、人民拥护不拥护、人民答应不答应的立场上考虑问题、安排制度、构思战略、制定政策，既要从实际出发，又要从人民利益出发。

二、住房保障与房地产市场需求利益格局交织混淆的状况正在理清

目前，由于一些地方政府在住房保障和房地产市场职责的一强一弱，导致在需求、利益和职责三方面出现了交织混淆。一是把最低收入阶层

的廉租房需求、中低收入阶层的经济适用房需求、普通商品房需求、商品房需求交织混淆；二是把解决基本住房保障、基本住房需求、改善住房需求和要求更舒适、面积更大的住房需求甚至投资需求的群体利益交织混淆；三是把政府对不同利益群体的保障职责、完善职责、引导职责和规范职责交织混淆。当前人们观察房地产市场的运行情况往往只关注一个指标，即房价，一个房价承载了不同利益群体的不同期望。

我们必须关注主体的个性、需要、利益、能力不同，对于特定客体的认知、评价、体验各异，因而使价值显现出个性化的特点。由于网络的开放程度超乎想象，网民又以青年需求者为主，他们多数应分属经济适用房或普通商品房的需求群体，本应关注其需求产品的供应，却交织到一个房地产价格中，其呼声在网上被放大，加上一些媒体和开发商在其中的交互作用，诱发的不和谐因素大大增加。因此，各类住房需求利益群体亟待加以理清、分类，并针对不同利益诉求提出不同的政策措施，分别完善廉租房保障制度，改进经济适用房制度，制定加强普通商品房建设的相应对策以及规范房地产市场发展的相应对策，使得不同利益群体都能相应看到希望，了解政府规划，逐步实现居者有其屋的目标。

三、住房的消费模式还需引导

我国的国情是人多地少、资源相对短缺、环境承载力较差，"国六条"对此作了明确的规定，"十一五"时期，要重点发展普通商品房。自2006年6月1日起，凡新审批、新开工的商品房建设，套型建筑面积90平方米以下住房（含经济适用房）面积所占比重，必须达到开发建设总面积的70%以上。这是一个重要标志，标志着中国住房和房地产市场开始步入了一个转变建设模式和消费模式的阶段，即中国的住房建设朝着资源节约型、环境友好型，节能、节地、节水、节材和环保的方向转变。但是很遗憾，很多人把这条规定简单理解为控制房价的措施，甚至许多地方领导同志对此还颇有微辞。

房价上涨的原因是多方面的，既有供应结构没有调整好的问题，也有土地供应和拆迁成本过高以及一些开发商哄抬房价的问题。随着房价的上涨，居民的消费心理发生扭曲，盲目追求和攀比大面积产权房。这种消费模式亟须转变，要分清不同的需求层次，引导不同群体分别以租廉租房，购买经济适用房、普通商品房和商品房的方式解决住房问题。要从资源节约和可持续发展出发，改变建设模式，引导合理适度的消费模式，包括鼓励居民以租赁的方式解决居住问题。

四、转变观念与经济社会条件的关系尚需辩证处理

一是地方发展经济的动因仍需保护。一方面地方政府要按照国务院有关文件要求，加快推进多层次住房保障体系的建立和完善，另一方面还是要注重保护好房地产市场持续、稳定、健康发展。房地产业作为拉动国民经济的重要支柱产业，其带动相关产业发展、促进经济社会发展的贡献是应该充分肯定的。所以我们在提倡建设多层次住房保障体系时，一定要统筹兼顾，辩证地看待问题。在履行保障职责的同时，仍然要促进房地产市场发展，拉动地方经济，但关键要对不同类型的住房需求进行分类指导。地方政府应抓紧进行研究，协调好市场机制和保障机制，尽快把利益冲动从片面关注房地产市场转出，在做好房地产市场发展的同时，关注住房保障。

二是各地方的具体情况也有待研究。"国八条"、"国六条"下发后，在执行过程中的确遇到了阻力，一些地方政府确有困难。因为，任何价值选择都要付出代价，任何价值选择都要择优。目前所有住房保障体系建设的资金投入均由地方财政负担，除直辖市之外，保障性住房的资金

投入主要集中在地市级财政，中央财政没有投入。1994年我国财税制度改革后，中央财政收入增长较快，地方财政特别是中西部地区财政收入增长速度慢，比较困难。在这种新情况下，确实需要实事求是、与时俱进地进行研究分析，不能一概而论。财权和事权的划分应统筹考虑，中央财政应通过转移支付适时适度地对住房保障体系进行投入，但中央和地方各占多少比例，需要逐步调整，地方也不应期望过高。建立和完善我国多层次住房保障体系应主要体现三个原则：一是政府主导、社会参与。二是因地制宜、突出重点。三是循序渐进、保障有度。根本上，需要破解上述四道体制机制障碍。

作者：王铁宏、刘春生、韩煜、朱宇玉

实现科学发展社会和谐的重大举措
——辽宁省棚户区改造的三重功效与启示

总结辽宁省棚户区改造的成功经验：

——"构建和谐社会，促进社会稳定"的主观预期目标已基本实现；

——"优化住房供应结构，形成多层次住房保障体系进而稳定房价"的客观效果超乎想象；

——"集约节约土地，促进经济社会可持续发展"的战略目标正在落实和实现。

近年来，住房问题已经成为人们常说的"三大民生"（就学、医疗、住房）问题之一，甚至之首。这就要求我们必须关注低收入家庭住房问题，建立和完善我国多层次住房保障体系，解决社会各层次住房需求，尤其是低收入群体的住房问题。由于历史原因，东北老工业基地低收入群体住房问题一直没有得到很好解决，党中央国务院对此高度重视，2005年国务院批准了东北地区棚户区改造项目，加大了对棚户区改造支持力度。辽宁省委、省政府认真落实各项政策，采取政府主导、市场运作、公众参与等方式，对棚户区进行改造，取得了三重功效：既解决了一大批工矿企业职工的住房困难问题，使群众的生产生活条件得到了切实改善，促进了社会主义和谐社会的建设；又切实调整了住房供应结构，客观上还对抑制城市总体房价起到了有效的调节作用；还集约节约了土地，为经济社会的可持续发展提供了新的空间，从而促进和带动了相关产业发

本文发表于《学习与研究》2008年第6期

上篇：对转变发展方式的思考　.55.

辽宁省抚顺市望花区棚改项目

抚顺市望花区——棚改前北厚旧貌

抚顺市望花区——棚改后北厚新区

图片提供：抚顺日报

展。近期,作者作为中央党校《理论前沿》调研组成员参与了专题调研,现梳理归纳以下体会。

一、"构建和谐社会,促进社会稳定"的预期目标已基本实现

辽宁省在棚户区改造工作中,制定和实施了扶持政策等措施,使大多数低保户或低保边缘户脱贫,开始过上富裕的生活,过去困扰当地政府的集中于棚户区的各种治安等社会问题也随之得到解决,广大棚户区居民搬入宽敞明亮的新居后,不仅住得起,而且还住得好、住得稳,使改革开放的成果真正惠及广大低收入群众,缩小了贫富差距,促进了社会的和谐和稳定发展,他们的具体做法是:

一是因地制宜,根据广大居民的不同情况,制定和落实各项优惠政策。辽宁省棚户区改造协调领导小组印发了《关于解决棚户区改造中困难家庭住房问题的指导意见》、《关于棚户区居民回迁小区管理的指导意见》等文件,多数城市还结合本地实际,对回迁安置都制定了一些优惠政策,如按原面积"拆一还一",不收差价。有的城市对特困户还制定了更加优惠的政策,如朝阳市规定对居住面积不足45平方米的特困户无偿补到45平方米。为了使回迁居民最大限度获得实惠,根据广大居民的支付能力情况,建设了许多功能齐全的小户型成套住房,对一时交不起房款的先欠款住上楼,限期交足房款后给予所有权;另外,为低收入者建设了部分廉租房,对无力承担租金的,先由房产主管部门记账,同时实行社会捐款等救助办法解决困难户的房租、供热等问题,如丹东市在棚改中建设了1万平方米的廉租房,并制定了相应租住管理办法等。为了使各项优惠政策得到落实,棚户区改造的全过程都实行阳光操作。

辽宁省抚顺市东洲区莫地沟小区棚改项目

莫地沟小区棚改前旧貌

莫地沟小区新建住宅

二是积极创造多种形式增加就业机会，改善贫困居民的收入状况。辽宁省在棚户区改造中通过两种途径解决困难家庭的就业问题：在新建的住宅小区中，通过建设配套的小区物业管理，扶持发展社区服务业，创造就业机会；充分利用棚户区改造腾出的土地，以兴建劳动密集型小企业、创业市场、农贸市场、再就业一条街等形式，安排棚户区援助对象就业或再就业。全省通过棚户区改造，共使32454人实现了就业。就业人口的增加，大大改善了这些贫困家庭的收入状况，增强了他们对未来生活的信心，缓解了社会矛盾，促进了和谐社会建设。

三是棚户区改造的住房安置政策使大多数棚户区居民脱贫，改善

图片提供：抚顺市房管局

了社会治安环境。棚户区改造的住房安置政策使每户平均拥有55平方米的成套住宅，大大增加了贫困家庭的财富，使得某些有仇富心理的人逐渐改变了态度，社会治安状况逐渐好转。辽宁省各城市棚户区居住着70%的城市低保户或低保边缘户家庭，曾是城市各种社会问题所引发事件的明显多发区，如抚顺市东洲区的棚户区，仅莫地沟小区20年来就有劳改、劳教人员130多人，致使全市恶性治安案件发生率居高不下。而棚户区改造改变了他们的生活态度和精神状态，莫地沟小区居民搬上新楼仅一年时间，治安案件就下降了86%，促进了社会的稳定。

二、"优化住房供应结构，形成多层次住房保障体系进而稳定房价"的客观效果超乎想象

辽宁省将棚户区改造与建立多层次住房保障制度结合起来，在棚户区改造过程中，建设了大量的回迁安置房、廉租房和经济适用房等小户型和低价住宅，有效缓解了住房供应结构矛盾，并稳定了当地房价。廉租房是为了解决特困家庭的住房问题，针对特困家庭的具体情况建造的。同时通过对棚户区改造腾出来的土地进行优化配置，还为当地提供了大量的建设经济适用房和中小户型商品房用地，有效地改善了当地住房的供应结构。截止到2007年2月，辽宁省14个城市在棚户区改造中新建回迁房1931.5万平方米，其中廉租房106万平方米，基本都是50平方米左右的小户型。

在有效启动棚户区改造的城市，住房价格的上涨幅度普遍很小。据有关统计资料表明，2007年二季度，辽宁省丹东、锦州市房价的同比增幅在参与统计的35个中等城市中位于倒数第3位和第6位。沈阳和鞍山两市2007年7月的平均房价与2006年底相比基本持平，还略有下降，与一些城市房价大涨形成明显的对比。房价的稳定，促进了房地产市场

的健康稳定发展，有效地解决了居民购房难问题，实现了居民消费结构的合理化。

三、"集约节约土地，促进经济社会可持续发展"的战略目标正在落实和实现

辽宁省通过棚户区改造，不仅集约节约了土地，还有效地拉动了国民经济的发展，客观上有利于资源节约型、环境友好型社会建设。我国正处于工业化和城镇化快速发展时期，基本建设有着良好的发展机遇，但也要看到，由于它要消耗大量的资源能源，继续发展受到制约。目前许多城市在土地利用中还存在着粗放和浪费现象。"节地"作为"四节一环保"的重要内涵，对城市经济社会健康有序和可持续发展具有重要影响。棚户区多数属城市土地利用效率较低的区域，同时还是影响周边土地乃至整个城市功能和价值的一个症结。辽宁省通过棚户区改造，利用腾出的土地，建设中小户型的保障性住房和商品房，提高了土地的使用价值，使稀缺的土地资源得以有效利用，集约节约了土地。棚户区改造还极大地改善了城市面貌与配套设施建设，使原有棚户区土地和周边建设用地升值，促进了当地经济社会的全面发展。

在2005~2006年间，辽宁省通过棚户区改造，共腾空土地2044.02万平方米，使1212.14万平方米的棚户区被各种现代化的建筑所取代；原棚户区居民的户均居住条件由改造前的30.8平方米棚户房变为改造后的55平方米美观实用的成套住宅。据此估算，通过棚户区改造，全省可少征用农用耕地3万多亩。

辽宁省的棚户区改造工作给了我们三点启示：一是只要准确把握好改革、发展、稳定三者关系，实事求是，与时俱进，执政为民，按照服务政府、责任政府、法治政府的要求，加强公共服务，体现亲民、

便民、利民的执政意识，提高执政能力和水平，就能够实现构建社会主义和谐社会、促进社会稳定的主观预期目标；二是只要切实按照《国务院关于解决城市低收入家庭住房困难的若干意见》的要求，着力抓好廉租房、经济适用房、"两限两竞"房等中小户型住房的建设，优化住房供应结构，形成多层次住房保障体系进而稳定房价的客观效果就可实现；三是只要积极转变经济发展方式，改变住房建设模式，加大中小户型房屋建设规模，集约节约土地，促进经济社会可持续发展的战略目标就会逐步落实和实现。辽宁省的棚户区改造工作推动科学发展，促进社会和谐，其所取得的三重功效和启示值得学习和借鉴。

作者：王铁宏、白占群、许冬梅、刘学侠

以市场模式转变促进
建设领域发展方式转变

——对深圳市地铁 5 号线采用总承包模式的调研

推行总承包模式具有显著的经济社会效益：

一是有利于又好又快建设；二是有利于建筑业企业核心能力的提升和做强做大；三是有利于公共投资项目监管方式创新有效杜绝腐败。

一、当前建设领域市场模式存在的突出问题

"我国发展面临的一些深层次矛盾和问题，很多是体制机制方面的矛盾和问题，其中有的属于传统计划经济体制遗留下来、至今尚未得到根本解决的。"目前我国正处于工业化和城镇化快速发展时期，建设领域的发展机遇与挑战并存，一方面它是拉动国民经济发展的重要支柱，另一方面它要消耗大量的能源资源，继续发展受到制约。建设领域转变发展方式，实现又好又快发展，直接关系到国民经济实现健康有序、可持续发展。建设领域发展方式的转变，一则是建设模式转变，即要在节能、节地、节水、节材和环境保护基础上，体现科学发展、和谐发展、安全发展的要求。再则就是建设领域的市场模式转变。

目前，我国建设领域有两种市场模式，一种是传统的沿革于计划经济条件下的模式，即建设单位分别对应勘察、设计、施工、监理等多个

本文 2008 年 11 月刊登于住房和城乡建设部《深入学习科学发展观活动学习参考资料》第 5 期

.62. 转变建设领域发展方式的思考

作者在深圳地铁5号线工程调研

企业；一种是从1987年推行鲁布革经验开始引入的，国际上比较普遍采用的总承包模式，即建设单位在工程实施阶段只对应一个设计施工总承包企业，在石化、电力、冶金、水利以及铁道、交通工程项目建设中普遍推行，一般均可比同类型工程节省投资10%～15%，工期一般可缩短10%～30%，质量也能得到有效控制，在节约资源、节省投资、缩短工期、保证质量安全等方面显示了明显优势，取得了显著成效。近日，我们对深圳地铁5号线采用总承包方式实现节省投资15%、缩短工期38%～56%、实实在在体现又好又快的情况进行了专题调研，并结合全国实施工程总承包的成功案例，深入研究分析了推行设计施工总承包模式对建设领域发展方式的重要影响，提出应从体制机制上全面推动总承包模式的意见建议。

传统的工程承包模式从微观经济学的基本原理来看，是属于花别人的钱办别人的事，其效果必然是客观上既不讲节约也不讲效率，有悖于市场经济的规律，制度设计上仍沿革于计划经济条件。勘察、设计、施工、监理企业缺乏优化设计、降低成本、缩短工期的根本动因。总承包模式从微观经济学的基本原理来看，是属于花自己的钱办自己的事，一旦总承包中标，通过一次性定价，总包企业可单独或与业主共享优化设计、降低成本、缩短工期所带来的效益，使得总包企业有动因既讲节约又讲效率。

当前建设领域传统市场模式中的突出问题就是，政府投资项目突破概算严重，成本难以有效控制。在设计、施工和建设单位的双边三方博弈中，往往是中标前建设方是强者，压级压价、肢解总包、强行分包；建设中设计或施工方是强者，千方百计通过变更和洽商追加投资，因其动因和利益就在于追加投资。市场监管中发现，建设单位的部门利益严重，腐败问题时有发生，造成国家财产浪费；设计、施工单位分立，不能整合为优化设计、缩短工期、降低成本的利益主体，既不利于建设行业科技创新、管理创新，也不利于"走出去"战略的实施。这些现象的本质是，公共投资项目在社会主义市场经济条件下仍沿袭计划经济的模式在管理，客观上已严重阻碍国民经济又好又快发展，必须要从科学发展观的高度来认识和破解。

二、推行总承包模式的显著经济社会效益

深圳市地铁5号线全长40公里，车站27座，工程总投资200亿元，是深圳市举办2011年世界大学生运动会的城市轨道交通配套项目。由于规模大、工期紧、资金多、难度高，深圳市委市政府果断决策，采用设计施工总承包模式，通过公开招标确定中铁集团公司作为总承包单位，履行设计施工总承包、投融资等职责。

一是有利于又好又快建设。该项目设计施工总承包单位以下浮工程概算15%并低于1号线结算价格15%的固定总价合同中标，节省约30亿，这就迫使总承包单位通过优化设计、缩短工期、节省投资来消化并产生

深圳地铁5号线誓师动员大会

深圳地铁5号线民五区间盾构隧道

效益,有动因追求又好又快,从根本上杜绝了传统市场模式下设计方和施工方"低价中标,高价结算"的情况发生。总包单位利用统筹设计施工的优势,从管理创新、技术创新入手,合理调配人力物力,从源头上节省了资源,降低了成本。5号线项目进行以来,总承包单位就完成了15项优化设计。

从深圳地铁5号线的经验,以及我们分析总结的包括工业、铁道、交通、公共建筑和市政基础设施项目的成功案例可以看出,设计施工总承包模式有别于传统市场模式,可以大大提高工程建设的整体效益和技术水平。2008年,深圳市建设投资规模约1000亿元,其中政府投资项目约占一半,如果其能够全面推行总承包模式,则每年至少可节省50亿~75亿元。在全国推而广之,每年至少可以节省投资1000亿~1500亿,经济效益十分可观。

5号线项目是深圳乃至全国单线最长的项目之一,而土建部分工期要求控制在26个月,相比于采用传统模式的深圳地铁1号线(长度17.4公里,车站16座,工期42个月)、广州1号线(长度18.4公里,车站16座,工期60个月)、北京5号线(长度27.6公里,车站24座,工期44个月)、上海6号线(长度33.4公里,车站27座,工期50个月),在建设里程最长,车站数最多的情况下,工期缩短了38%~56%,效果十分明显。

图片摄影:中铁南方公司 陈国良

二是有利于建筑业企业核心能力的提升和做强做大。工程总承包模式可以促进建筑业企业集成化发展，有效提升管理水平。中铁集团公司作为世界500强和国内最大的建筑业央企，在香港H股、上海主板成功上市后，充分整合内部设计、施工、科研等力量，组织精兵强将，组建中铁南方公司，对项目的投融资、设计施工、质量安全控制等进行全面管理，促进设计施工的深度整合，逐步形成了企业新的核心竞争力，在科研成果转化为生产力和自主知识产权研发等方面投入更多的力量，在工程管理上与国际通行模式接轨，增强国内国际两个市场的竞争力，推动企业做强做大。

三是有利于公共投资项目监管方式创新，有效杜绝腐败。对政府投资项目采取总承包模式，建设单位从项目细部管理转为对工程建设的总体监管，精简了管理机构，切断了涉及自身的利益链条，有效避免权责不清产生的腐败问题，也许这是对公共投资项目从体制上反腐倡廉的关键之一，是治本之策。原有的政府职能分工和工程项目的审批制度都做了相应调整和优化，在审批环节和监管环节上，都采取了新的管理方式。据政府主管部门负责同志和地铁公司负责同志介绍，在深圳地铁5号线项目管理中他们由衷感到相对比较清晰，知道如何有所为，控制好投资、工期、质量；相对比较轻松，知道如何无所为，组织管理完全放手给总包单位。他们对带好一支精干高效而又廉洁自律的管理队伍更有信心。

三、制约总承包模式发展的主要矛盾和矛盾的主要方面

总承包模式在房屋建筑，特别是公共建筑和市政基础设施建设中推行缓慢，究其原因，除了政策和技术方面等方法论层面外，主要矛盾还在于认识论层面。核心就是要不要推进的问题。矛盾的主要方面是地方政府投资管理方式不能适应总承包模式的发展。工业项目投资方式的改

革已非常普遍，关键在于其投资管理是企业行为，在商言商，追求效益，如石化、电力、钢铁等行业，必然要求优化设计、缩短工期、降低成本。铁道、交通项目之所以能够试行总承包模式，在于其政府投资主体单一，认识论的问题聚焦相对容易，只要决策领导意识到总承包模式的重要性，矛盾就能迎刃而解。相对于工业、铁道、交通项目，房屋建筑，特别是公共建筑和市政基础设施，其事权、财权均在地方政府，由于投资主体复杂，利益交织，对推行总承包模式，相互观望，思维发散，主动推动的动因始终不强。当然，也不排除一些建设单位的个别人或个别部门从自身利益考虑，排斥这一模式，其惯用思维就是从方法论层面找总承包模式在推进过程中的不足，主要是如何与现行法规、文件衔接的问题。可以看出，如何引导和推动各地迈出公共投资项目总承包模式的第一步，将是有关部门要突出解决的问题。

四、推动总承包模式发展的几点建议

"要深化对社会主义市场经济规律的认识，从制度上更好发挥市场在资源配置中的基础性作用，形成有利于科学发展的宏观调控体系。"通过调研，我们就如何推动总承包模式发展提出以下三点建议：

1. 在我国现有工程建设体制基础上推动市场模式转变，要突出在认识论层面统一思想，不解决这一根本性问题，就枉论市场模式的改革。我们建议在现有试点示范的基础上，抓紧对推行工程总承包对建设领域市场模式转变的影响，包括必要性、可行性、经济性等，特别是有针对性地引导和推动地方政府投资的公共建筑和市政基础设施项目，进而为形成推进工程总承包模式的指导性意见做准备。

2. 在认识论层面统一思想后，再就方法论层面进行研究，尽快制定推进工程总承包模式的指导性政策文件，提出从法规、标准、政策、科技等层面全面改革和推进的具体意见,明晰政策思路。

3. 鉴于深圳市长期以来积极推动工程总承包,从罗湖地铁站改扩建项目开始,到3号线的部分标段,再到5号线全线,经验较为丰富,监管方式逐步完善,加之广东省和深圳市正在就进一步解放思想开展深入讨论,提出改革开放初期全国学习"深圳速度",现在转变发展方式、实现又好又快,要敢于提出"深圳模式"。建议将深圳市作为全面推进市场模式转变的试点示范城市,以点带面,待取得经验后,在全国推广。

作者:王铁宏、张鹏、胥小龙、马骏驰

推行总承包模式是转变基本建设领域发展方式的重要内涵

——对工程总承包模式案例的分析与思考（摘要）

设计施工总承包方式能够实现设计、采购、施工、试运行的深度合理交叉，让技术、人力、资本、资源环境等因素高效组合，克服了各市场主体分阶段分部位发散型管理的弊端，大大提高了工程建设的整体效益和技术水平，在优化设计、降低成本、缩短工期方面，效益显著，一般可节省投资约10%～15%，缩短工期约10%～30%。

20年来，设计施工总承包的市场模式在我国石化、电力、冶金、水利以及铁道、交通工程项目建设中普遍推行，信手拈来，成功案例比比皆是，在资源节约、质量安全、节省投资、缩短工期等方面显示了明显优势，取得了显著成效。同时，这种模式在房屋建设和市政基础设施工程建设领域的推行尽管缓慢但也开始出现可喜变化，一些地区积极探索试行工程总承包模式并取得了初步成效，值得在全国推广。近日，我们通过总结一些实际工程案例，对推行工程建设总承包这一工程组织实施方式进行了思考，形成了几点意见。

一、总承包模式案例分析

1. 冶金工程：涟钢2200立方米高炉项目，由中冶南方工程技术有限公司以总承包形式承担，工程合同额8.44亿元，结算8.25亿元，创造了全国同类高炉占地最少、投资最省、工期最短、达产最快的新记录，技术装备水平处于国内同类型高炉的先进水平。

2．电力工程：酒钢热电厂技改项目（125MW机组），由山东电力工程咨询院以总承包形式承担，合同总额约6.4亿元。该工程给建设单位带来了最直接、最明显的收益是工程投资得到了有效的控制，建设的进度大大提高，与同期类似的工程相比，估算节省投资高达1.5亿元（约22%）。

3．水运工程：武钢工程港1号、2号码头改造工程，由中交第二航务工程勘察设计院有限公司以工程总承包交钥匙的方式进行建设，在没有追加投资的情况下，缩短工期近1/3，创造了我国建港史的一个奇迹。

4．铁道工程：达成铁路西段工程，由中国中铁股份有限工程以总承包形式承接其中204公里路段建设，每公里造价为1156万元，在同期建设的同类型铁道工程中造价较低，在此基础上，总承包单位又有效地节约了建设成本，工期缩短了3个月。

5．电子工程：恒诺微电子（嘉兴）有限公司工程，由中国电子工程设计院采取总承包模式总承包，工程总投资1.29亿元，节省投资8.5%，工期缩短一个月。

6．公共建筑：北京市门头沟体育馆，由北京市建筑设计研究院通过总承包形式承接。该项目初期计划投资为7000万元，实际工程完成投资为5208万元，节省投资25.6%，定额工期为790天，实际完成仅用468天，缩短工期40%。

7．公共建筑：牡丹江市体育场，由中建总公司采取总承包模式承接。该项目预算为1.1亿元，实际工程完成投资0.9亿元，节省投资18%。该工程计划工期27个月，提前5个月完成，缩短工期18%。

8．住宅建筑：北京市华堂花园住宅小区，由北京市建筑设计研究院通过总承包形式承接，一期工程合同额仅为1.2亿元，在投资得到控制的同时，质量优良，各标段工期也均比计划工期有所提前。设计施工总承包将该住宅项目的建安成本有效地控制在约1800元／平方米。

9. 地铁工程：深圳地铁一期工程罗湖站及口岸／车站综合交通枢纽土建围护结构工程采用了设计施工总承包模式，缩短工期6个月，节约工程投资近2000万元。深圳市深入总结分析了罗湖综合交通枢纽建设经验，在地铁3号线土建工程、常规设备安装工程建设中，全面采用总承包模式，据建设单位估计，相比传统的承包模式，预计可节约10%～15%投资（即肯定不用追加预算投资），仅此一项相当于节省投资11亿～17亿，建设周期可缩短30%左右。同时，深圳市政府专门设立建筑工务署，承担政府投资的市政基础设施和公共建筑工程的管理，并计划全面与工程总承包模式进行对接，将会大大提高深圳工程建设的投资效益和建设管理水平。

二、对总承包模式的思考

以上9例实行设计施工总承包方式项目中，5例为工业、铁道、交通项目，4例为房屋和市政基础设施项目。归纳其经验可以看出，设计施工总承包方式能够实现设计、采购、施工、试运行的深度合理交叉，让技术、人力、资本、资源环境等因素高效组合，克服了各市场主体分阶段分部位发散型管理的弊端，大大提高了工程建设的整体效益和技术水平，在优化设计、降低成本、缩短工期方面，效益显著，一般可节省投资约10%～15%，缩短工期约10%～30%。在建设单位得以实现控制投资、降低成本、缩短工期目标的同时，总承包单位亦可既得到较高的回报又可大大提升技术水平，实现双赢。

1. 普遍推行总承包模式的可行性。首先，传统的工程承包模式从微观经济学的基本原理来看，是属于花别人的钱办别人的事，其效果必然是客观上既不讲节约也不讲效益，有悖于市场经济的规律，制度设计上仍沿革于计划经济条件。勘察、设计、施工、监理企业缺乏优化设计、降低成本、缩短工期的根本动因。总承包模式从微观经济学的基本原理来看，是属于花自己的钱办自己的事，一旦总承包中标，通过一次性与总包企业定价，总包企业可单独或与业主共享优化设计、降低成本、缩短工期所带来的效益，使得总包企业有动因既讲节约又讲效率。以上工程实例无不说明这一点。其次，富有工程管理经验的总承包商必然会比建设单位更容易在管理上实现对成本和工期的控制。第三，总承包商能够利用其优势在初步设计时，就开始组织前期工作，并为施工图设计所需条件做好准备，根据工艺特性和建设时限，可率先开展周期较长部分的施工图设计，在技术上保证对工期和成本的控制，这恰恰是建设以及多个分部分阶段参建单位的管理难以做到的。为此，有关部门和行业组织对工程总承包的方式方法进行了较多的研究，在房屋建筑工程中广泛开展总承包的呼声也日渐高涨，的确到了市场模式根本转变的时候。

2. 普遍推行总承包模式的必要性。首先，仅从成本节约一项看，据北京市建筑设计研究院专家测算，采用工程总承包模式的房屋建筑工程，一般均可比同类型工程节省投资 10%～15%，工期和质量也能得到有效控制。按照 2007 年全国 5 万多亿元基本建设投资额估算，如果能够实现 20% 的工程项目采用总承包模式建设，则全国每年至少可以节约 1000 亿～1500 亿的建设投资，这是非常可观的数据。其次，工程总承包有利于加快大型企业向工程公司方向发展，鼓励企业在科研成果转化为生产力和自主知识产权研发等方面投入更多的力量，有利于提升企业核心竞争力水平，在工程管理上与国际通行的模式接轨，推动企业做强做大，提升国内国际两个市场的竞争力，这一点也十分重要。据中建总公司的领导反映，我国的房屋建筑企业之所以难以"走出去"，其中最重要的一条就是我们的市场模式与国际不接轨，国内无法练兵，有些企业往往是仓促应对国外市场模式，确实有不少失败教训。第三，在政府投资工程中引入总承包模式，建设单位从项目管理转为对工程建设的监督和管理，切断了涉及自身的利益链条，也可以有效避免权责不清产生的腐败问题，这一点更为重要，也许这是在工程建设领域从体制上反腐倡廉的关键之一，是治本之策。由此可见，普遍推行总承包模式，对推动基本建设领域又好又快发展，保证经济社会健康、有序和可持续发展具有十分重要的现实意义，也具有很强的必要性和紧迫性。

3. 制约总承包模式发展的主要矛盾和矛盾的主要方面。总承包模式在房屋建筑工程，特别是公共建筑和市政基础设施工程建设中推行缓慢，究其原因，除了政策和技术方面等方法论层面外，主要矛盾还在于认识论层面，核心就是要不要推进的问题，矛盾的主要方面是地方政府投资管理方式不能适应总承包模式的推行。工业项目投资方式的改革已非常普遍，之所以能够推广关键在于其投资管理是企业行为，企业在商言商，追求效益，如石化、电力、钢铁等行业，必然要求优化设计、降低成本、缩短工期。铁道、交通项目之所以能够开展总承包模式，在于其政府投资主体单一，认识论的问题聚焦相对容易，即只要铁道、交通项目的最高决策领导意识到开展总承包模式的重要性，矛盾就能迎刃而解。相对于工业、铁道、交通项目，房屋建筑工程，特别是公共建筑和市政基础设施工程，其事权、财权均在地方政府，由于投资主体复杂，利益交织，对总承包模式的推行，往往相互观望，思维也容易发散，主动推动的客观动因始终不强。当然，也不排除一些建设单位的个别人或个别团体从自身利益考虑，往往排斥这一模式，其惯用思维就是从方法论层面找总承包模式在推进过程中的缺陷或不足，而不是从认识论层面来主动提高认识。可以看出，如何引导和推动各地迈出政府投资项目总承包模式的第一步，将是建设主管部门要突出解决的问题。

作者：王铁宏、张鹏、胥小龙

推动建筑工业化
是转变建设模式的重要内涵

——对深圳市和万科集团积极推进建筑工业化情况的调研

万科积极探索建筑工业化，从某种意义上讲是转变建设模式的一场革命：

—— 显示了建筑工业化在资源节约及环境保护方面的巨大潜力；

—— 有利于促进科技进步，建造功效显著提高；

—— 有利于质量控制，促进建筑业整体水平提高；

—— 有效解决现浇钢筋混凝土结构体系存在的质量通病；

—— 从体制机制上尝试进行建筑工程市场模式的转变。

基本建设是国民经济的重要组成部分。据国家统计局 2007 年统计年报显示，全社会固定资产投资约占国内生产总值的 55.5% 左右，又据 2003 年国家统计局和各省统计局的统计数据显示，基本建设占固定资产投资比例约为 40% 左右（2004 年后统计报告不再显示这一比例关系），可见基本建设是拉动相关产业和带动我国国民经济发展的龙头。同时基本建设要消耗大量的能源资源，建筑在建造和使用过程中消耗的能源占全社会总能耗的 30%，建材生产能耗占 16.7%，建筑用水占城市用水的 47%，用钢占全国钢产量的 30%，水泥占 25%。因此，从我国人多地少、资源紧缺的实际国情出发，基本建设模式应是建立在节能、节地、节水、节材和环境保护的基础上的。但当前我国的基本建设仍未摆脱粗放型的增长方式，资源消耗高、环境污染严重、工业化水平低等问题依然突出。基本建设能否做到又好又快，直接关系到国民经济实现健康、有序和可持续发展。基本建设当中房屋建设约占一半,当前我国房屋建造方式仍然以现场砌(浇)筑、手工作业为主,缺乏完善的工业化建筑体系和部品体系。针对这一突出问题,国内有关专家和机构不断进行努力,力图推动建筑工业化和部品化,但囿于难度很大,而一直难有突破。深圳市建设主管部门积极支持企业主动实践,万科集团凭借雄厚的技术及资金力量,长期以来坚持推进建筑工业化,尤其在近3年,取得了实质性成效。建设部领导非常重视深圳和万科集团推进建筑工业化工作,先后听取有关情况汇报或亲临考察调研。近日,我们赴深圳对万科集团推进建筑工业化的经验进行了专题调研,形成了几点意见。

一、建筑工业化的基本思路及做法

建筑工业化是指建筑业要从传统的以手工操作为主的小生产方式逐步向社会化大生产方式过渡,即以技术为先导,采用先进、适用的技术和装备,在建筑标准化的基础上,发展建筑构配件、制品和设备的生产,使建筑生产活动逐步走上专业化道路。也有学者简单归纳为从传统的湿法作业向工业化的干法作业转变,还有学者简单归纳为从现浇结构体系向预制构件体系转变。

万科集团从2004年开始工厂化住宅的研究和应用实践,2005年以后,先后建造了4栋建筑工业化试点示范楼,正式启动了建筑工业化步伐,试点示范突出对建筑工业化关键技术、构件、节点、材料性能进行研究与示范,现正拟进行抗震和风洞试验。万科集团推动建筑工业化历经标准化部品研究与应用、标准化项目设计研究与应用、工业化住宅技术研发与应用三个阶段的发展,目前跨入到构建住宅产业链、搭建住宅产业化平台、试点与推广产业化住宅项目的阶段。

从万科的经验看,推进建筑工业化,首先应从技术研发入手,包括新型结构体系的研究、各种预制构件的设计、生产及组装、装配化施工等关键技术及产品的研发,整合设计、生产、施工、检测各个环节的技术力量,形成建筑工业化技术支撑体系,并在实际项目上付诸实施,可广泛应用于30层以下的高层建筑和多层建筑。

二、试点示范的初步成效

1. 显示了建筑工业化在资源节约及环境保护方面的巨大潜力。据万科4栋试点示范项目的对比测算,与传统施工方法相比,建筑工业化的建筑,建造过程中每平方米可节能23%,节水79%,木模板量减少87%,建筑垃圾量减少91%。万科集团已决定今明两年推广建筑工业化项目120万平方米,可实现节能4800吨标准煤,节水108万立方米,减少混凝土用量7540立方米,减少钢材用量720吨,减少木材用量4800立方米。推而广之,全国2006年城镇民用建筑(包括居住建筑和公共建筑)竣工面积约8亿平方米左右,若其中有20%的建筑实现工业化模式建设,则可实现节能65万吨标准煤,节水1.44亿立方米,减少混凝土用量100.5万立方米(按C30混凝土计算,可节约水泥80万吨,节约水泥生产能耗11.4万吨标准煤),减少钢材用量9.7万吨(节约钢材生产能耗6.5万吨标准煤),减少木材用量64万立方米。总计可节能约82.9万吨标准煤,减排二氧化碳182.4万吨,二氧化硫7000吨。推进建筑工业化,将从根本上改变传统的建筑建造方式,使基本建设逐步走上科技含量高、资源消耗低、环境影响小的可持续发展之路。

2. 有利于促进科技进步,建造功效显著提高。建筑工业化涉及大量的技术及产品的研发工作,包括工业化建筑预制构件生产及组装工艺、预制外墙、屋顶、楼板、隔墙技术及产品研发以及多种基础性的技术研究,将大大提升建筑的科技水平。同时,科技水平的提高也必将促进建造功效的显著提高，从施工周期上看，传统方式下建造一栋18层的高层建筑，其合理周期约为18个月；而工业化方式仅用10个月（且试点示范阶段，相关设备、人员尚不完全配套），周期缩短约40%。据专家指出，在建筑工业化模式下，项目管理效率可以提高约3倍。

3．有利于质量控制，促进建筑业整体水平提高。工业化建造的建筑能够最大程度改善结构精度，以万科4号实验楼为例，在精确度上，按照传统施工方法制作的混凝土构件尺寸误允许值为5～8mm，而以4号楼的预制方式生产的混凝土柱的误差在2mm以内。外墙由材料防水的方式转变为构造防水的方式，杜绝了渗漏的可能性。混凝土的表面平整度偏差小于0.1%。工业化建造的建筑质量保证率达到了95%，比传统建造方式提高了30个百分点。同时，由于采用预制装配式的建造方式，现场作业难度大大降低，省去了外墙脚手架，高空作业量减少近90%，施工安全性大大提高。

4．有效解决现浇钢筋混凝土结构体系存在的质量通病。由于现浇钢筋混凝土结构体系自身固有的条件，现浇钢筋混凝土楼板在施工和使用过程中，均普遍存在不同程度的裂缝现象，影响工程质量，是目前较难克服的质量通病之一。另外，现浇钢筋混凝土结构体系由于结构整体钢筋连通，邻里和楼层间振动噪声传播效应明显。建筑工业化的结构体系，采用全预制拼装的混凝土框架结构体系，建筑框架、非轻质的外墙、公共部位的设备管线等与建筑内部装修和户内设备管线等相分离，既可极大地改善了现浇钢筋混凝土结构体系存在的楼板开裂等问题，又可大大衰减振动噪声的传播。此外，普遍采用"三明治"外墙，既增强了质量性能，又提高了外墙的保温隔热性能，一举两得。

5．从体制机制上尝试进行建筑工程市场模式的转变。目前，我国基本建设领域有两种市场模式，一种是沿革于计划经济的模式，即建设单位分别对应勘察、设计、施工、监理等多个企业；一种是国际上普遍采用的总承包模式,即建设单位在工程实施阶段只对应一个设计施工总承包企业。万科集团在深圳市建设主管部门的积极支持下,打破现有建筑工程运作的市场模式,有效发挥主导作用,充分整合设计、生产、施工等各个环节力量,在一个平台上完成基本建设的全过程,节约了能源资源,实现了环境保护,效率、效益都明显提高。

三、推进建筑工业化需要克服的问题

1. 目前对推进建筑工业化的认识尚不统一,尚未形成具有指导性的政策文件,工作目标及思路还不清晰,在法律法规、标准规范、政策措施、科技进步等多个层面,没有形成配套政策体系,各方面没有形成合力,仅靠个别地区、个别单位和企业"单打独斗",难以发挥建筑工业化的巨大效益,迫切需要在某一地区从法律法规、标准规范、政策措施、科技进步多方面入手,全方位推进建筑工业化试点示范,由点带面,带动全国的普遍实施。

2. 建筑工业化试点示范项目实际测算结果,建筑工业化相比于传统建造方式,建造成本增加20%左右,主要增加在建筑构件生产及运输、模具制作、技术产品研发、人员培训等方面。在大规模推广后,相关技术、产品设计和生产体系建立,人员素质提高,其工业化、产业化的效果完全显现后,建造成本会有所降低。据有关专家测算,全面推广建筑工业化后,考虑到缩短施工工期、降低管理人员成本带来的效益,建筑工业化的成本相比于传统建造方式,其直接建造成本可能比传统建造方式略高(约5%左右),而建筑工业化带来的建筑质量的显著提升和资源节约环境保护方面的效益与传统建造方式相比,则具有巨大优势。应从国家的鼓励政策方面加以研究分析,提出解决办法,才能克服建筑工业化在试点示范和推广阶段面临的障碍。

四、推进建筑工业化的几点建议

我们认为，建筑工业化是在当前突出抓好新建建筑节能工作的基础上，继续一方面抓好既有建筑节能改造，另一方面抓好新建建筑建造方式改革，真正实现建设模式转变的战略性工作，某种意义上讲，建筑工业化也是转变建设模式的一场革命，建议：

1. 在现有试点示范的基础上，抓紧对建筑工业化对基本建设领域特别是建筑工程发展模式的影响，包括必要性、可行性、经济性等，进行研究分析，提出一个综合性报告，集中回答"为什么"的问题，促使各方面统一认识，进而为形成推进建筑工业化指导性意见做准备。

2. 在各方面统一认识后，尽快制定对推进建筑工业化具有指导性的政策文件，提出从法律法规、标准规范、政策措施、科技进步等四个层面全面改革和推进的具体意见，集中回答"如何做"的问题，明晰推进建筑工业化配套体系的政策思路。

3. 鉴于深圳市建设主管部门长期以来积极支持推动建筑工业化，建议将深圳市作为建筑工业化的试点示范城市，试行促进建筑工业化的有关政策，取得经验后，在全国推广。

作者：王铁宏、肖小龙

构建多层次住房保障体系贵在求真务实

——对广州市建立多层次住房保障体系的调研与思考

广州市委、市政府在建立完善多层次住房保障体系的过程中，立足于广州经济社会发展实际、立足于基本民生、立足于社会和谐稳定、立足于可持续发展，一手抓积极构建政府住房保障体系，切实解决好低收入家庭住房困难问题，一手抓运用市场规律和市场调节机制维护房地产市场的健康稳定发展，努力抑制商品房价格过快增长，收到了明显成效。

党中央、国务院历来高度重视住房保障问题，从2005年的"国八条"、2006年的"国六条"，直至2007年的"24号文"，明确提出要建立"多层次的住房保障体系"。广州市委、市政府在贯彻落实24号文件精神，构建多层次住房保障体系方面先思、先动，在认识与实践上都做出了颇有价值的探索，逐步建立了层次清晰、成效明显的住房保障体系。

一、广州市建立多层次住房保障体系的主要做法

1. 扩大廉租住房保障范围，实现对城市低收入住房困难家庭"应保尽保"。

2005年，广州市已通过廉租住房保障制度，实现了对人均居住面积不足7平方米的城市低收入家庭的"应保尽保"。2006年，又将廉租住

房保障范围提高到人均居住面积10平方米以下的最低收入家庭，并提高了廉租住房租赁补贴标准和实物安置的租金标准，是全国廉租住房保障范围和标准最高的城市之一。新纳入廉租住房保障范围的5643个家庭的住房问题在2007年11月得到全部解决，标志着广州市低收入家庭住房困难问题实现了较高保障水平的"应保尽保"，2008年以后新增的双特困户将实现当年发现，当年解决住房困难。

"24号文"出台后，广州市结合自身实际，制定了《城市廉租住房保障制度实施办法（试行）》，建立起以廉租住房为主要制度的住房保障机制。一是大幅提高了廉租住房保障范围，收入保障线从年人均可支配收入4680元提高到7680元；二是简化、优化资格审核程序；三是进一步完善了廉租住房"准入"条件；四是根据保障对象的困难程度分层次适度给予保障，建立评分轮候制度；五是完善了廉租住房动态审核退出机制；六是建立了廉租住房资金保障机制。

2. 加大经济适用住房建设，解决城市低收入家庭的住房需要。

"24号文"出台后，广州市还制定了《经济适用住房制度实施办法（试行）》，进一步规范和改进经济适用住房的管理。一是将经济适用住房套型建筑面积确定为60平方米左右；二是简化、优化了资格审核程序；三是对保障对象根据困难程度分层次适度给予保障，建立了评分轮候制度；四是更加严格限制经济适用住房上市流转，上市年限从现行的2年提高到5年，并且上市交易时必须按市场差价的80%补交土地收益，5年内确需转让的由政府安排回购；五是研究解决单位自建经济适用住房的相关政策问题。据此，"十一五"期间，广州将继续着力加大、加快政府保障型住房建设，规划建设900万平方米、11.43万套的保障型住房，占全社会住房供应总量的17%，是"十五"期间的4倍。按照这一规划，到2010年，广州市户籍人口中的低收入家庭的住房困难问题将基本得到解决。

广州市首批经济适用房项目

广州特困户领到廉租房钥匙

同德围泽德花苑

大塘聚德花苑

3. 发展中小户型、中低价位限价商品住房，逐步满足中低收入家庭的住房需求。

针对中低收入家庭的住房问题，广州的做法是在尊重市场经济规律的基础上，通过适度、合理的干预和调控，构建与中低收入家庭相适

图片提供：广州市住房保障办公室

应的住房供应和消费层次。一是坚决落实"国六条"关于90/70政策，优先发展中小户型、中低价位普通商品住房，不断改善住房供应结构。2007年，出让的居住用地中90平方米以下户型的用地达到74%，新批准建设的住房项目中90平方米以下的占72.5%。二是供应"两限两竞"限价商品住宅，引导树立与基本国情相适应的经济、适用、节约的住房消费新理念。2006年8月至今，共公开出让10宗限价房用地，规划建筑面积178万平方米，可供应限价房1.5万多套。据了解，广州是全国落实国家限价房政策最早、出让土地规模最大的城市之一。

为规范限价商品住房的销售管理，2007年，广州市出台了相关管理办法，对其销售对象、价格、户型、程序、退出机制等方面进行了规定。主要特点有：一是将限价房政策确定为一项在一定时期内需要坚持的住房政策和一项需要根据房地产市场运行情况灵活运用的调控措施。二是将供应对象确定为中等收入阶层首次置业群体。三是对限价房上市流转、购买后再次置业进行限制。四是制定了严格的销售监管程序，确保限价房资源公开、公平、公正地分配。2007年12月，广州市首批843套限价房正式对外销售，标志着广州市加快构建完善的多层次住房体系的视野更加务实、思路更加完备、立足点更加科学。

4．加大、加快住宅供应，缓解供需矛盾。

为缓解供需矛盾，2007年广州市加大了商品住宅用地供应，出让商品住宅用地62宗、4.69平方公里，是2006年的2.56倍，2005年的9.38倍。需要特别指出的是，广州市注重通过盘活存量土地的方式来满足民生用地的增长需求，已供应的居住用地中有27宗是盘活再利用已收回的闲置土地和烂尾地，较好地解决了增加民生用地供应与严控新增建设用地规模、可持续利用土地资源的关系。与此同时，还对商品住宅开发建设涉及行政审批事项再次进行了优化、简化，总体审批时限缩短50%，重点工程审批时限缩短70%，按时结案率超过98%。

5. 积极发展住房二级市场。

2003年以来,广州市相继出台了多项促进二手房交易的政策,积极推进以自住型需求为主流的二手住房市场的发展。例如,不断放宽直至彻底消除房改房上市的政策障碍,促进二手房地产交易和权属登记的事权下放工作,简化办事流程等,二级市场成交量不断扩大,2007年二手住房成交面积同比2001年增长181%,二手房市场已占全部住房供应市场份额的47%,成为一手住房市场的有益补充,对稳定住房价格起到了积极作用。

二、广州市建立多层次住房保障体系的主要特点及经验

广州市委、市政府在建立完善多层次住房保障体系的过程中,立足于广州经济社会发展实际、立足于基本民生、立足于社会和谐稳定、立足于可持续发展,一手抓积极构建政府住房保障体系,切实解决好低收入家庭住房困难问题,一手抓运用市场规律和市场调节机制维护房地产市场的健康稳定发展,努力抑制商品房价格过快增长,收到了明显成效。

1. 高水平、先保障。

广州市始终把实现对城市最低收入住房困难家庭"应保尽保"作为政策底线,采取现房安置和租金补贴并举的政策优惠措施,切实解决好双特困户的住房困难问题。迄今为止,广州市仍然是全国廉租住房保障范围和标准最高的城市之一。在构筑底线公平的住房保障模式方面,广州市的做法具有广泛的推广价值。实践表明,面对住房资源紧张的市场供给局面,政府要优先考虑那些在市场竞争中处于劣势地位的群体,加大政策保障力度,化解市场矛盾,平衡社会各阶层的利益,使住房保障体系发挥出真正的效用,以此提供一个健康、有序的环境,为整个社会政治经济的发展保驾护航,这不仅是政府执政为民宗旨的体现,也是构

建社会主义和谐社会的必然要求。

2. 多层次、广覆盖。

据有关数据表明，目前广州市已有近70万个家庭享受了政府的住房保障，包括房改房、解困房、安居房、经济适用房、新社区、廉租房和发放廉租住房租赁补贴等，占全市230万个家庭的近三分

万科首个廉租房项目——广州万汇楼

图片提供：深圳都市实践设计事务所

一。应该说,在我国目前经济社会发展水平尚不够高的情况下,这种多层次、广覆盖的做法,是改善城镇居民住房困难、提高城镇居民居住水平的最现实出路。在住房问题上,既优先保证雪中送炭,又在适当条件下锦上添花,体现了科学发展观指导下的合目的性与合规律性的统一,是政府责任与政府能力相结合的最真切表达。

3. 讲效率、促公平。

在解决低收入住房困难家庭的住房问题上,政府一定要承担起弥补"市场失灵"的责任,运用有形之手去科学构建与经济社会发展水平和不同收入阶层相适应的住房梯级供应和消费体系。广州市住房制度改革的实践与创举,实实在在体现了这样一种思路。一是加强廉租住房、经济适用住房建设,对城市低收入家庭给予住房保障,保障这些家庭的基本居住需求;二是采取适度的宏观调控措施,发展中小户型、中低价位限价商品住房,抑制投机型需求,控制投资性需求,解决好"夹心层"的住房问题;三是通过市场竞争机制满足中高收入阶层改善型的住房需求。

4. 重建设、重发展。

住房问题不单纯是经济问题,更是政治问题。如果政府不能妥善解决牵涉千家万户切身利益的安居问题,势必产生社会矛盾,直接影响社会和谐稳定以及经济社会的科学发展。基于这样的认识,广州市不求短期效应、不图眼前利益、不做表面文章,而是实实在在把住房问题的解决当作民心工程、稳定工程、建设工程来抓。2007年,广州市先后出台了《关于加快住房和土地供应加强住房管理抑制房价过快增长若干问题的意见》和《关于切实解决涉及人民群众若干问题的决定》,其出发点和落脚点是把住房工作当作最重要的民生工作和中心工作来抓,把改善民生工作当作转变职能、改革体制的突破口来抓,进一步确定了广州市解决住房问题的根本思路,体现了市委、市政府对住房问题实质的准确把握，在正确处理改革、发展、稳定关系，正确处理公平与效率关系上，坚持了市场调节与政府调控两手抓、两手都要硬的治理思路，这是广州市房地产市场健康发展的重要保障。

三、广州市建立多层次住房保障体系的几点启示

有道是"窥一斑而知全豹"。当我们从更宏观的层面来看，广州市建立多层次住房保障体系的实践探索与创新做法，比较充分地体现了广州市更加自觉地促进科学发展的执政理念。

1. 对政府责任有高度的自觉。

发展是第一要务。以经济建设为中心，进一步建立和完善社会主义市场经济体制，努力追求经济社会又好又快发展，是政府义不容辞的责任。但发展一定要有明确的价值指向，这就是坚持"以人为本"，为人民发展，让人民群众共享改革发展成果。这是政府更大、更高的责任。

房地产业对于城市经济社会发展具有极其重大的推动作用，有时甚至是一些城市政府的"钱袋子"。这一点我们无须回避。但是在注重政府财力增长的同时，更要关注人民群众最直接的现实利益诉求，毕竟政府所汲取的财力最终也要为实现人民群众利益服务。"居者有其屋"是现代社会公民最基本的权利，更何况是在构建社会主义和谐社会的今日中国。对市委、市政府来说，人民拥护不拥护、赞成不赞成、高兴不高兴、答应不答应，最直接的体现就是政府是否真正把"住房是本地普通大众能够消费得起的居住品"作为自己的执政目标。广州市从政治的高度，把改善群众居住条件作为城市住房制度改革和房地产业发展的根本目的，妥善处理好依托市场发展房地产与保障人民群众利益的关系，这是政府对自身责任的高度自觉。

2. 面对现实问题求真务实。

对于市委、市政府来说，要真正对人民负责，对历史负责，就要有求真务实的精神状态，面对丰富的、变化发展的实践，面对人民群众的期待，解放思想，勇于创新，善于创新，不墨守成规，不得过且过。广州市在确定城市低收入家庭标准和允许单位自建房方面，就显示出了求真务实的精神风貌。

我国正处于并将长期处于社会主义初级阶段，我们想问题、作决策、办事情，一定要坚持从基本国情这个最大的实际出发。对于住房问题同样如此，不能有急于求成、急功近利的心态和做法，重新回到计划经济模式下，把城市居民的住房包下来。但当政府有能力为人民群众解决更多的问题时，政府就有责任通过政策导向和制度安排，使相对低收入以及一般收入社会群体的生活水准同社会发展的总体水准保持着一种大体同步的关系，从而最大限度地满足人民的基本需求。这是必要的也是可能的，可以最大限度地减弱改革发展中的社会阻力，保持社会稳定。广州市为了更好地保障人民群众的利益，在核定家庭年人均可支配收入具体标准时，按照房价收入比6倍确定了18287元这一相对比较高的标准，使得更多的居民有资格享受经济适用住房的保障。另外，关于允许单位自建房的政策，广州市也在实事求是地研究探索。

3. 更加注重政策运用的统筹性和科学性。

在越来越复杂的现代社会发展过程中，政策制定与运用一定要科学，要遵循经济社会发展的内在规律。广州市通过全面、系统、综合的措施来妥善解决住房问题的做法，充分体现了决策的统筹性和科学性。在住房问题上，广州市充分体现和坚持了统筹兼顾的原则，采取的措施是包括建体系、抓保障、促供给、调结构、抑需求、整秩序在内的综合、系统的措施体系，比如在加强住房保障的同时统筹兼顾房地产市场调控；

在增加民生用地供应的同时统筹兼顾节约集约用地；在规范房地产市场秩序的同时统筹兼顾规范政府的行政行为；在完善制度建设的同时统筹兼顾加快解决历史遗留问题等等。

此外，广州市在发展限价商品房方面也充分体现了决策的统筹性与科学性的有机结合。在认真分析房地产市场的情况后，广州市在进行廉租房和经济适用房建设的同时，制定了发展中小户型、中低价位的限价商品房的政策。广州市的限价房政策既充分发挥了市场在资源配置中的基础性作用，同时又加强和改善了政府的宏观调控。在目前房地产市场风险较高、房价增长过快时，通过增加限价房供应规模，客观上抑制了房价，特别是有效控制了90平方米以下中小户型住房的价格上涨的势头。但这并不意味着政府就会一直不断扩大限价房的供给规模。当房地产市场运行平稳，房价水平回落到与区域内居民收入水平基本适应的情况下，政府则减少乃至停止供应限价房，以保障房地产市场稳定健康发展。这种科学的政策安排，为我们构建充满活力、富有效率、更加开放、有利于科学发展的体制机制，无疑具有宝贵的参考借鉴价值。

更进一步看，广州市的做法告诉我们，党的十七大所提出的统筹兼顾是实践科学发展观的根本方法，在做出政策安排时，必须同时考虑到政策措施的协调配套，在解决一个突出矛盾和问题时，必须同时考虑到其他深层次矛盾和问题，对各项政策措施的方向、力度、出台时间的协调配合统筹考虑。

作者：白占群、王铁宏、许冬梅、余鸿甫

抓好劳务经济　加强城乡规划　注重城乡统筹

——关于河南省固始县社会主义新农村建设经验的调研

"固始经验"的鲜明启示，就是把劳务经济当成富民工程、基础工程、系统工程、和谐工程和持久工程。

—— 把建筑劳务作为劳务经济重要内涵，抓实抓好。

—— 注重村镇规划和村庄整治工作。

—— 创新城乡统筹的政府服务监管模式。

近期，中央党校在河南省信阳市固始县组织召开了"建设社会主义新农村暨'固始经验'高层研讨会"，我们有幸受邀参加了此次会议，并对固始县建设社会主义新农村的情况进行了实地调研，感触很深。

固始位于豫鄂皖三省交界处，是个一度被边缘化的偏僻县。全县总人口163万，是河南省第一人口大县和农业大县，也是国家级扶贫开发工作重点县，过去因灾因贫出名。近年来，该县积极推进城乡统筹，壮大劳务经济，培育新型农民，引导产业集聚，优化创业环境，迅速突出"穷围"，具备了社会主义新农村的雏形，于2005年荣获"全国社会主义新农村建设示范县"称号，其发展态势和经验被誉为"固始经验"。

一、固始经验的基本情况

"固始经验"概括起来就是：统筹观念谋划，指出发展方向，送农

本文于2007年6月在《中国建设报》发表

民一个金手指；强化培训，提高技能，送农民一把金钥匙；完善机制，推动发展，送农民一座金桥梁；促进联动服务，做好保障，送农民一根金拐杖；培育品牌的带动作用，送农民一块金招牌。这一概括深刻揭示了固始县这一人多地少、资源禀赋相对匮乏的农业人口大县是如何走上了发展社会主义新农村道路的。

"固始经验"中有5点鲜明的启示，即把劳务经济当成富民工程、基础工程、系统工程、和谐工程和持久工程。

二、固始县建设社会主义新农村的经验做法

建设主管部门是建设社会主义新农村的相关工作部门之一。信阳市和固始县的建设主管部门主动围绕新农村建设的工作主线，转变观念，积极探索，扎实工作，取得很好的经验。其中，有三个方面的经验值得我们借鉴和推广。

1. 把建筑劳务作为劳务经济重要内涵，抓实抓好。

"三农"问题中，农业是基础。但固始县人均才0.8亩土地，资源匮乏，农业对当地改善和发展经济的作用潜力有限，想靠农业在短期内致富的想法是不现实的。固始县不等不靠，依靠农民工外出打工、创业，谋求发展经济的资金来源，进而推动新农村建设。目前，固始县全县外出打工的人口有50多万人，其中有15万是建筑农民工，占到外出打工总人口的30%。而每一个建筑农民工背后，会关联着4到5个人，这样就有大约60万左右的农民从建筑劳务经济中受益。有些建筑农民工成为其家庭唯一的收入来源，有些还成为业内的能工巧匠，带领左邻右舍脱贫致富。李长春同志曾形象地比喻建筑农民工外出打工是"五子登科"，即"饱了肚子，赚了票子，换了脑子，有了点子，找到了致富的路子"。

河南省是一个农业大省，也是一个建筑业大省，全省的建筑农民工

达380万，约占全国的10%左右，全省有1500万到2000万的农民从中受益，约占全省农民的30%。为了让建筑农民工出得去、赚到钱、受保护，河南省、信阳市、固始县都做了不少努力。一方面，着力培育建筑龙头企业和骨干企业，初步形成了包括房建、公路、水利等专业配套、门类齐全的企业资质结构，对外承包工程和建筑劳务合作逐年增加。另一方面，建立了劳务输出服务机制，组织农民"定向培训、定点输出"，加强技能培训，搭建维权平台。固始县的经验对河南省乃至全国都有值得借鉴和学习之处，尤其是对建筑劳务大省、大县更有可借鉴之处。

2. 注重村镇规划和村庄整治工作。

河南省刚刚于今年4月份在固始县召开了"全省村镇规划和村庄治理现场会"，河南省总结的经验指出，信阳市和固始县党委、政府立足市情、县情，创新发展思路，坚持把村镇规划作为建设社会主义新农村、促进城乡协调发展的重要基础性工作，列入政府重要议事日程。精心组织，积极实践，改革创新，狠抓落实，扎实推进村镇规划建设和村庄治理，村镇建设水平明显提高，农村人居环境显著改善，促进了城乡区域经济社会健康协调发展，走出了一条农业地区统筹城乡规划、科学引导新农村建设的新路子，创造了具有典型示范和借鉴价值的信阳经验和"固始模式"。

固始县自身也总结了三条经验。一是加强规划领导，科学制定目标。信阳市委书记王铁同志强调，要强化规划的龙头作用，理清城市之"脉"。固始县以村镇规划建设为突破口，强力推动社会主义新农村建设。成立了村镇规划建设指挥部，设立了专门的办公室，出台了《固始县关于加强村镇规划建设的实施意见》，明确提出要在2008年底之前完成全县所有的村镇规划。二是精心组织实施，提高规划水平。在规划的编制过程中，邀请权威机构和专家参与，搞好村镇规划与县域城镇体系规划的衔接，并结合各乡镇实际来分类编制各乡镇总规和村庄规划。三是加强监督管理，确保

建设社会主义新农村暨"固始经验"研讨会

规划实施。严格实行规划许可和放验线制度，建立健全规划审议审查、公示和效能监察机制，规范村镇建设程序，从制度上保证规划的顺利实施，维护村镇规划的严肃性。

在村庄整治工作中，固始县也积累了三条经验，一是以构建文明村庄为切入点，因地制宜，加强农村基础设施建设和环境整治，积极开展以"五改"（改路、改水、改厨、改厕、改圈）、"三清"（清垃圾、清污水、清乱搭乱建）为主要内容的村庄治理，确保农民走平坦路、喝干净水、用卫生厕等基本需求，明显改善农村生产生活条件和整体面貌。二是以实事求是为根本，尊重农民的意愿，区分就地整理、整体迁建、古村保护、"空心村"治理、"城中村"改造等不同类型，多种形式并存，不搞或少搞大拆大建，充分考虑农民的承受能力，把好事办好、办实。三是以多元化投入为关键，建立激励机制，采取政府投入与市场运作相结合的办法，引导社会资金参与，多渠道筹措整治资金，推动村庄治理工作。

3. 创新城乡统筹的政府服务监管模式。

在固始县社会主义新农村建设中，当地建设主管部门在做好规划编制和实施的基础上，转变观念，积极主动为新农村建设做好服务和监管

图片提供：河南省固始县建设局

工作。这在全国来讲是一个先例。坦率地讲，目前对农民自建房这块，许多地方的领导、引导、服务和监管还不到位，固始县的经验值得其他地区建设主管部门学习，如免费提供12套户型图纸供农民自由选择，帮助农民建房；免费上门为农民提供测量服务和咨询服务，加强对农村工匠和有建房意愿农民的技术知识普及和教育培训；对农民自建低层住宅，在工程设计和施工安全等方面提供技术指导和服务；加强村镇建设工程的质量安全检查与巡查，确保村镇建设工程质量安全监管责任落实等。固始县还设立了近20人的专门队伍来保证这些工作全面开展。

三、几点建议

固始县的县名来源于东汉光武帝刘秀在整治河道时所说的"欲善其终，必固其始"。如今在"固始经验"的基础上，我们认为既固其始，可善其终。"固始经验"只是一个良好的开端，还需不断创新和完善。正如在这次研讨会上中央党校副校长李君如同志所要求的，要从辩证思维层面思考三个方面的关系，即难点与优势的辩证关系，人力资源走出去与返回来的辩证关系和农民自主与政府引导的辩证关系，的确非常深刻。对我们建设主管部门来说，还是要紧紧围绕新农村建设这条主线，从逻辑层面思考在现有经验基础上，进一步抓好工作应把握好的三个方面关系。

1．引导建筑农民工向建筑产业深入发展。

在现有工作的基础上，促使固始县从建筑劳务大县向建筑业大县转变，进而向建筑业强县转变，这也是逻辑思辨的必然要求。河南省是建筑业大省，但不是建筑业强省。固始县还只是建筑劳务大县，不是建筑业大县，更不是建筑业强县。全县共有9家建筑施工企业，但没有一个施工企业获得一级资质，也就是说，固始县的建筑业尚未走出河南，带动劳务和相关产业的作用尚未完全显现，现有的劳务经济还处于自发和半自发状态。去年河南省政府专门出台了《关于加快建筑业发展的意见》，提出了加快建筑业发展的7条措施和政策，这表明河南省委、省政府高度重视建筑业发展。固始县应抓住这个机遇，把握人脉优势，利用固始所特有的"客家人脉"和"将军人脉"，扩大发展空间，争取在平等竞争中占有有利地位，从而将建筑业企业做强做大，向高端市场转变，同时更全面、更广泛地带动劳务经济的发展，最终形成固始县的建筑业产业链，如带动劳务、建材产品、装饰装修、物业、维修等产业的全面发展。

2. 做好城乡统筹规划工作。

规划是一种公共政策，具有科学性、权威性、严肃性。科学性主要体现在规划的编制中，目前我国的规划制定有着严格的审批程序，尽管科学性有些不足，但还不是最大的问题。问题的关键在于规划的执行问题，即权威性、严肃性问题。而规划执行中的问题核心在于主要领导对规划的认识，规划不能只是"纸上画画，墙上挂挂"。信阳市、固始县主要领导高度重视规划工作也就为解决好规划的科学性、权威性和严肃性问题提供了有利保证，使规划为地方的可持续发展服务，真正起到应有的法律性文件作用。

3. 进一步做好城乡统筹的服务监管工作。

固始县的经验值得全国学习，但也还有很多地方需要进行深入和完善。如固始县人杰地灵，人文资源丰富，建议固始县积极参与历史文化名镇（村）的评选活动，打出知名度，为带动旅游经济的发展创造条件。继续指导、引导农民建房向节地、节能、节水、节材的方向发展，由大户型向舒适型、环保型和紧凑型转变，即引导合理的农民房屋建设模式和理性的农民消费模式，为固始县经济社会的和谐发展和可持续发展做出贡献。

固始县作为一个人口大县，要进一步向人力资源大县、人才经济大县转变，有进一步发展的空间。固始县抓好劳务经济、重视规划和村庄整治、注重城乡统筹是其建设社会主义新农村的三个方面的成功做法，在这其中，建设主管部门的责任很重，大有可为。

作者：王铁宏、刘春生、张代民、何小雪、朱宇玉

关于新时期建筑方针的若干意见

将"新时期要按照科学发展观和宏观调控政策,全面贯彻适用、经济、在可能条件下注意美观的建筑原则"作为新时期建筑方针,符合建筑活动的内在规律,也符合我国经济社会发展的现状和全面建设小康社会的需要,既具有建筑活动的普遍性,也反映了时代特征,是指导新时期建筑活动落实科学发展观,促进人与自然和谐发展的重要原则。

国务院于1956年在《关于加强设计工作的决定》中提出在"民用建筑的设计中,必须全面掌握适用、经济、在可能条件下注意美观的原则",这对于指导当时的建筑活动发挥了重要的作用,对于推动我国经济建设和建筑艺术发展产生了积极而深远的影响,后一直被视为我国的建筑方针,广为人知、深入人心。近年来,随着我国社会经济不断发展,建筑创作空前繁荣,建筑形式日新月异,但是,也暴露出一些值得关注的倾向。一方面,忽视对城市特色和文化内涵的研究,千城一面的现象较为普遍;另一方面,一些建筑片面追求形式,标新立异、浮华造作,忽视建筑功能、技术风险以及与周围自然和人文景观的协调,造成能源和资源浪费、质量安全隐患以及生态和人文的破坏;还有,一些地方不顾国情和财力,热衷于搞不切实际的"政绩工程"、"形象工程",也极大地损害了政府的形象。因此,面对全面建设小康社会新的发展时期,进一步推动建设事业健康有序和可持续发展,新时期要按照科学发展观

本文作于2005年6月,作者为主要参与者,为出台《关于加强大型公共建筑工程建设管理的若干意见》(建质〔2007〕1号)做了大量研究工作。

北京当代十大建筑（国庆六十周年评出）

1. 首都机场三号航站楼　　　　　　　　摄影：马文晓

2. 国家体育场　　　　　　　　摄影：刘时新

3. 国家大剧院　　　　　　　　　　　摄影：黎方益

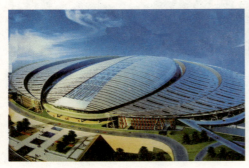

4. 北京火车南站

5. 国家游泳中心

和宏观调控政策，全面贯彻适用、经济、在可能条件下注意美观的建筑原则，现提出以下意见。

一、充分认识新时期建筑方针的重要意义

将"新时期要按照科学发展观和宏观调控政策，全面贯彻适用、经济、在可能条件下注意美观的建筑原则"作为新时期建筑方针，符合建筑活

北京当代十大建筑（国庆六十周年评出）

6. 首都博物馆新馆

7. 北京电视中心

8. 国家图书馆新馆

9. 北京新保利大厦

10. 国家体育馆

动的内在规律，也符合我国经济社会发展的现状和全面建设小康社会的需要，既具有建筑活动的普遍性，也反映了时代特征，是指导新时期建筑活动落实科学发展观、促进人与自然和谐发展的重要原则。在城市建设中贯彻这一方针是构建社会主义和谐社会和实现全面建设小康社会目标的必然要求，是保障公共利益、发展循环经济和建立资源节约型社会的客观需要。

二、全面理解新时期建筑方针的时代内涵

"适用"要突出"以人为本"，首位是安全，结构安全，全寿命使用周期内的可靠度和安全度；使用安全，建筑物内外对使用人的健康影响；

场地安全，防御自然灾害和应对突发事件的处置等。本质是使用，包括使用舒适，要使用者满意；使用功能要适度、适宜；使用价值要效能、效用。这涉及技术和工艺、材料和设备，直接体现在建设合理的标准上。"经济"要强调投资效益、资源节约和保护环境。应当兼顾建造价格和使用维护费用，以全寿命使用周期为基本目标，为有机更新创造条件，崇尚节约，切忌奢华。节地关键是城乡空间的统筹和城镇发展用地的合理布局，节能是重点降低长期使用时的总能耗，节水是重点考虑水资源的循环利用，节材是重点研究新型工业化和产业化道路。旨意要营造一个好的人居环境。"美观"是建筑艺术的美。应当外观和内在空间相结合，与周围环境相协调。应当繁荣建筑创作，要支持新技术、新材料、新工艺以及新观念的综合，突出时代精神。要处理好传统风貌和外来文化的关系，处理好开放型社会和民族精神的关系，体现地域特点和民族文化。特别要强调，中国还是发展中国家，我们仍处于并将长期处于社会主义初级阶段，城乡差别、地区差别较大，环境和资源压力较大，经济并不富裕，就是富裕了，也绝不能不顾环境和资源条件追求豪华。特别当前一些地方不顾财力、资源和环境盲目建设，追求所谓高标准建筑，有必要强调美观要以适用、经济为前提，在可能条件下注意美观。需要强调的是"适用、经济、在可能条件下注意美观的建筑原则"是一个互相关联的有机整体，无论是投资者、管理者、决策者还是建筑创作人员都要全面理解、掌握和运用。

三、贯彻建筑方针的指导思想和基本思路

1. 指导思想

适应全面建设小康社会和建设社会主义和谐社会的要求，以贯彻"三个代表"重要思想和科学发展观为指导，树立正确的政绩观，把贯彻建

筑方针与建设节约型社会和节约型城镇结合起来，与积极推行建筑"四节"、发展节能省地型住宅和公共建筑结合起来，与促进技术进步、转变经济增长方式结合起来，与弘扬历史文化和民族文化、繁荣建筑创作、反映时代特征结合起来，引导全社会对建筑活动的本质有正确、客观和理性的认识，推动整个建筑活动始终朝着健康的方向发展。

2．基本思路

要建立职责明晰、科学合理的项目决策机制，坚持科学决策、民主决策。要高度重视设计方案评选工作，充分征求专家意见；要将专家咨询和公众咨询纳入规划审批环节，进一步完善和规范规划审批制度并严格执行；要建立对专家和决策人的约束机制和责任追究制度；要根据技术发展和社会现实需求建立健全相应的政府投资工程建设标准；要加强技术交流和技术培训，不断提高设计师的技术水平；要加大宣传力度，引导全社会理性的建筑思想，培养良好的创作氛围。

四、贯彻建筑方针的主要措施

1．坚持对政府投资工程立项的科学决策和民主决策。政府投资工程的建设规模要和国家的总体经济实力相符，在项目投资决策时，审批部门应当广泛征求公众意见，公众参与的形式和范围应与项目对经济、社会和环境的影响程度相匹配。在确定工程投资总额和其他重要技术、经济指标后方可进行方案招标。要制定政府投资工程建设标准，并适时修订完善。政府投资工程应当在节能、节地、节水、节材指标方面起到社会示范作用。

2．充分发挥城乡规划在贯彻建筑方针工作中的重要作用。各级规划管理部门要重视城市设计，建筑方案设计要符合控制性详规的要求，体现区域特色，重视保护和体现历史文化，鼓励社会各界广泛参与对建筑规划方案和设计方案的监督与评价。

3. 规范建筑设计方案评选工作。设计方案的评选既要考虑评选建筑外观，又要评选环境的整体和谐、传统文化和使用功能等建筑内涵。评选委员会应由建筑、结构、机电设备、施工及建筑经济等各方面专家共同组成，要明确评审专家责任，提高评审过程的透明度，评选专家的评选意见应当向社会公示，实行专家决策咨询责任追究制度。

4. 建立健全科学的决策机制。使用政府财政资金等投资的大型公共建筑工程必须明确方案选定决策人。决策人对建筑方案的选定应当充分尊重专家评选意见，要正确处理贯彻建筑方针与繁荣建筑创作的关系，在充分考虑建筑工程的资源节约、环境保护和全生命周期成本的基础上作出决策，对不予采纳的专家意见应当向有关专家作出书面说明，并向社会公开。

5. 自觉贯彻执行建筑方针。设计单位要突出抓好建筑节能、节地、节水和节材，正确处理贯彻建筑方针与技术进步的关系，提高原创设计能力和技术研发能力，不断提高设计水平。各级建设主管部门和学（协）会要加大对建筑设计知识产权保护力度，加强有关建筑设计理论研究和建筑技术交流，引导建筑方针的贯彻执行。

五、加强指导，大力宣传，营造贯彻建筑方针的良好氛围

1. 加强对贯彻建筑方针工作的指导。建设主管部门要建立大型公共建筑设计方案评价指标体系，鼓励政府投资工程选择本国优秀的建筑设计企业。积极改革政府投资工程的建设管理模式，对非经营性政府投资项目加快推行代建制，制定鼓励设计单位限额设计、代建单位控制造价的激励政策。建立政府投资工程后评估制度，结算后的造价和使用状况应当向社会公示，充分发挥可行性研究报告审批部门和财政、审计、监

察部门与社会的监督作用，强化对投资决策人的责任追究。

2．加强建筑方针的宣传引导力度。要通过活跃建筑文化评论、组织方案竞赛等多种形式努力在全社会形成与建筑方针相适应的良好和理性的建筑创作氛围，引导包括建设单位和广大设计师在内的工程建设各方主体树立正确的建筑思想和理念，提高对贯彻建筑方针重要性的认识，增强责任感和使命感，恪守职业道德，努力创作建筑精品。

作者：王铁宏等

建筑业改革发展的若干问题研究

建筑业企业的改革可以概括为两个方面：一是包括产权制度、企业制度和经营机制等的企业体制机制改革；二是包括企业市场定位、业务范围和生产经营组织方式等的生产经营体制改革。

企业体制机制改革方面，可以概括为三项内容：一是建立现代产权制度；二是在此基础上建立现代企业制度；三是深入转换内部机制，最终实现企业体制机制创新

全国建筑业改革与发展经验交流会即将结束，与会代表一致认为，在深入贯彻党的十六大和十六届三中、四中全会精神之际，在我国加入WTO过渡期即将结束的时候，召开这次会议意义重大，既是总结我国建筑业近年来改革发展的经验交流会，也是在新形势下如何深化改革的动员会。从会议交流和讨论情况来看，建筑业企业和各级领导对行业改革工作非常重视，进行了深入细致的思考，做了很多有益的探索，也确实取得了很好的成效。针对改革与发展中存在的问题，大家也迫切希望国家给予明确的指导和政策的扶持。这次会议开得非常及时，也很必要，有利于推进我国建筑业改革与发展，有利于加强建筑业的支柱产业地位和作用。

对于支柱产业的定位问题，这次大家都普遍认同，有几组数据可以告诉大家：作为支柱产业，我国的GDP中，有5.6万亿固定资产投资是靠建筑业来实现的，全国2.3万亿基本建设投入，占GDP的20%；建筑业同时又是一个快速发展的产业，2003年增幅达到20%以上；建

本文系作者2004年11月在全国建筑行业改革与发展经验交流会上的总结讲话

筑业同时还是个高竞争或者说是充分竞争的产业，我们有6万多家施工企业，1万多家勘察设计单位；我们还是个高就业率产业，全国从事建筑施工的有5000多万劳务大军。

建筑业改革与发展取得的成就和经验，是在座的各位以及全国建设领域同志们共同努力所取得的，这次会议也是对大家工作的一次肯定。

关于《加快建筑业改革与发展的若干意见》，大家进行了认真的讨论，对《意见》的全面性和系统性给予了充分的肯定，同时也提出了很好的修改意见：希望政策更加明确更加具体，如身份置换、改制成本等应有明确的说法；建筑业企业要实现生产方式改革与经济增长方式的统一；信用体系建设应增加对政府诚信的要求；针对不同类型的建筑业企业应规定改革的时间表等。我们将根据大家的意见和建议对《意见》做进一步的修改完善。

对建设部的工作，大家也提出了一些希望和建议，如要改革市场管理方式，尽快建立现代市场体系，特别要加快企业资质管理制度改革，使之适应社会主义市场经济体制的要求；改革招标投标管理办法，允许工程总承包单位自主选择分包单位；与农业部协调，争取对建筑业农民工培训的支持政策等。建筑业改革政策涉及多个部门的管理职能，属于建设部职权范围内的，我们要深入研究，尽快提出有关政策意见，需要国务院其他部门支持的，我们也会加强沟通和协调，争取各方面的支持，以推进建筑业改革与发展。

总体说，这次全国建筑业改革与发展经验交流会开得很成功，既总结了我国建筑业改革发展的总体情况，又深入研究部署了今后建筑业改革发展的思路和举措；既有政策层面的改革，对政府加强建筑业改革发展提出要求，又有体制机制层面的改革，对我国建筑业企业改革发展提出总体要求；既有宏观层面的分析，又有微观层面的经验交流，与会同志普遍反映收获很大。

首都机场三号航站楼施工

国家体育馆安装太阳能电池板

国家大剧院屋面施工

图片提供：北京城建集团

下面，结合学习部领导的讲话，通过听取大家的经验介绍，针对大家关注的问题，我再补充谈五点意见。这五点意见包括：建筑业企业体制机制改革问题；发展工程总承包和工程咨询服务体系问题；加强工程质量管理问题；工程建设发展方向问题；充分依靠国内工程建设力量等五个方面的问题。

一、关于深化建筑业企业体制机制改革问题

建筑业企业的改革可以概括为两个方面：一是包括产权制度、企业制度和经营机制等的企业体制机制改革；二是包括企业市场定位、业务范围和生产经营组织方式等的生产经营体制改革。企业体制机制改革方面，可以概括为三项内容：一是建立现代产权制度；二是在此基础上建立现代企业制度；三是深入转换内部机制，最终实现企业体制机制创新。

要深化建筑业企业体制机制改革，必须明确改革的方向、目标和具体要求等。

首先要提高认识，增强改革的紧迫感和自觉性。党的十六大提出要在我国建立社会主义市场经济体制，同时提出要建立现代企业制度，十六届三中全会《决定》明确提出要建立"归属清晰、权责明确、保护严格、流转顺畅"的现代产权制度。建立现代产权制度具有多方面的重要意义：第一，能够促进多种所有制经济在市场竞争中发挥各自优势，互相促进，共同发展。建筑业企业总量大，情况复杂，有的企业规模达数十万人，而小的仅有数十人。设计咨询企业知识人才密集，施工企业劳动密集。针对各类建筑业企业的特点，发展不同所有制经济，有利于建筑业的繁荣与发展。第二，有利于增强企业、经营者和劳动者创业、创新和创造性劳动的积极性，促进一切劳动、知识、技术、管理和资本等生产要素的活力竞相迸发。第三，建立在股权多元化基础上的法人治理结构，必然会产生内在的激励机制和约束机制，有利于规范企业生产经营行为，形成良好的信用机制和市场秩序。实践证明，凡是企业改造、改组搞得好的地方，建筑业发展就快，浙江、江苏两省发展成为我国的建筑强省和大省，当然有多方面的因素，但国有企业体制改革起步早，走得快，民营建筑业企业发展迅速是其重要因素之一。总之，建立现代产权制度和现代企业制度，是企业长远发展的体制保障。

其次要确实行动起来，凡是尚未进行现代产权制度和现代企业制度改革的国有建筑业企业，要结合本企业的实际情况尽快地进行改革。当前，国有建筑业企业改革已进入攻坚阶段，从总体上看，中小型建筑业企业大部分已完成改制，但中央和省市所属大型国有建筑业企业的产权制度改革还相对滞后。这些企业规模大、人员多，历史负担沉重，改革难度较大。应当说这批国有大型建筑业企业的改革始终是建筑业改革的焦点问题，是建筑业企业改革的重中之重。因为这些大企业是我国建筑业的骨干力量和排头兵,在我国建设领域中发挥着举足轻重的作用,是提升我国建筑业整体实力的希望所在。因此希望国有大型建筑业企业增强改革的自觉性和紧迫性,克服畏难情绪,克服等靠要的思想,依法创造性地推进改革。暂不具备整体改制条件的,可以统筹规划分步实施,力争在较短的时间内完成股份制改造,实现企业体制、机制创新,进一步焕发企业生机和活力。所有的建筑业企业都要抓紧明确企业定位,制定发展目标;要研究提出企业的发展战略和发展规划,包括3到5年的近期规划、10到15年的中长期规划;要着力打造核心竞争力,优化产业链;要加强四个创新(观念创新、制度创新、管理创新和技术创新);要强调建立现代企业制度和强调完善人才的激励与约束机制。通过改革和加强管理增强企业市场开拓能力、科技创新能力、获利能力和抵御风险能力,更好地发挥在建筑业中的骨干带头作用。

对企业而言:一是要加强技术创新,注重知识产权工作和企业标准工作。人们通常讲,知识不如知识产权重要,技术不如技术标准重要,所以,企业要特别重视知识产权和企业标准工作。还有人讲,三流企业卖劳力、二流企业卖产品,一流企业卖技术、超一流的企业就要卖标准,标准就是企业的知识产权和核心竞争力。二是人才的激励与约束机制。推进技术进步要高度重视人才工作,建立符合市场经济的人才机制。我国加入WTO后,市场竞争更加激烈,企业竞争更具国际化,而企业竞争的关键是人才竞争,人才竞争的本质是人才机制的竞争。因此,如何通过股份制改造,建立现代企业制度,形成人才的激励与约束机制至关重要。建筑业企业要按照前不久召开的全国建设人才工作会议的要求,建设"四支队伍":企业领军人物、企业经营管理人员、专业技术人员和一线操作人员队伍;突出"两个重点":造就高层次人才和培养高技能人才;做到"四个不唯":不唯学历、不唯职称、不唯资历、不唯身份;达到"两个人人":鼓励人人都作贡献,人人都能成才;实现企业中各类人才的全面发展和企业本身的发展。我们建筑业企业的基本特征应当讲是一个服务性行业，行业的特点是买方市场，人才作用非同一般，人才的激励和约束机制是决定性的。如何营造适宜的企业人才机制，包括全面考虑人才在市场竞争中的经济地位、社会地位、技术地位等，值得深入思考，我们的大型企业基础非常好，更有利于形成适宜竞争的人才激励与约束机制。企业如何营造一个良好的人才激励和约束机制，是服务性行业企业成败的关键。

我们非常高兴国务院国资委有关部门领导与会，建设主管部门将全力以赴配合国资委做好我国大型国有建筑业企业的改革与发展工作，这是我们的职责。我们也愿意配合国有大型企业共同与国资委沟通，就国资委所属建筑业企业母体改革，二级企业体制改革、机制创新共同探讨出切实可行的办法。企业的领导同志更要增强改革的主动性和紧迫感，这需要共同来做好沟通工作。所以也希望我们大型国有企业的领导，多向上级主管部门汇报。企业改革有多种模式，比如联想模式的成功经验就可以供大家参考。国有大型建筑业企业母体改革问题包括战略重组、引入战略投资者实现投资主体多元化，优化股权结构，主辅分离，辅业改制，做强做大，有关部门在文件中已经作出了明确的规定。

二、关于工程总承包和工程咨询问题

积极开展工程总承包和项目管理，深化我国工程建设项目组织实施方式改革，提高工程建设管理水平，在保证投资效益的同时，也提高建筑业经济发展方式。对此，在《加快建筑业改革与发展的若干意见》中也作了明确规定。这是一次重大改革措施，大型院所和建筑施工企业都表示受到鼓舞，各地主管部门同志也都表示支持。

工程总承包（EPC—Engineering Procurement Construction）又

称"交钥匙"工程,实质是把项目实施过程的设计、采购、施工、试车(调试)四个阶段发包给一家具有上述功能的工程公司统筹实施、系统管理。总承包企业按照合同约定对项目的质量、工期、造价等向业主全面负责,总承包企业可以依法选择分包商,分包商对总承包企业负责。工程总承包有利于发挥设计的主导作用,有利于方案的整体优化,有利于设计、采购、施工合理交叉,特别是有利于技术创新,通常能够达到节省投资、缩短工期、提高质量的建设目标。从1987年国务院七部委就联合发布了文件,开始组织工程总承包试点,所有试点项目都取得了良好的投资效益,近年来,工程总承包的业主认可度和市场需求不断扩大。这是一个高端市场,是我国大型设计院所、大型建筑施工企业的一个新的发展方向,潜在的核心能力。

项目管理(PMC—Project Management Contractor),实质上是运用工程技术和管理经验,对工程项目进行计划、组织、指挥、协调和控制,代业主监督总包或勘察、设计、施工等分包企业履行合同,以实现预期的建设目标。

当前我国工程总承包和项目管理虽然取得了一定的成绩,但发展还不平衡,有些地方的建设主管部门对此还不完全理解,甚至限制和制约。为了大力推进工程总承包和项目管理体制,我部准备通过此次全国人大修改《建筑法》,推动赋予其明确的法律地位,但是大家也不要一味地等法律的出台,可以领先一步,我们这么大的一个国家,任何改革都是这样。现在应该讲已经发展到推广时期了,因为我们已经有不少这方面的政策:如国务院《关于改革建筑业和基本建设管理体制若干问题的暂行规定》(国发[1984]123号),《国务院批转国家计委关于工程设计改革的几点意见的通知》(国发[1984]157号),建设部等5部委联合颁发的《关于扩大设计单位进行工程总承包试点及有关问题的补充通知》(建设[1989]122号),特别是我部去年颁发的《关于培育发展工程总承包和工程项目管理企业的指导意见》（建市［2003］30号）。还有部分同志要求制定并颁发工程总承包和项目管理企业资质，政府主管部门要求设立资质是为了管理方便，企业要求颁发资质是因为遇到了市场准入的种种限制。企业资质不宜越设越多，这是一个基本原则。尚不具备全套资质的大型院所和建筑业企业如何得以顺利开展工程总承包业务，我们也会尽快加以研究解决。希望各地建设主管部门从上述原则出发，制定有效措施，积极支持有条件的大型建筑业企业开展工程总承包和项目管理。

关于大力发展我国工程咨询服务体系。国际上一般认为工程咨询企业接受业主委托，将知识和技术应用于工程建设过程，为建设项目决策和管理提供智力服务。按照国际上通行的看法，工程咨询的主要业务包括：投资前期的可行性研究和评估；建设项目准备阶段的设计、招标、合同谈判；项目实施阶段监督工程承包、设备供应合同的履行；项目总结阶段对建设项目进行综合评价。总之，凡是为业主提供技术性管理性服务的都属于工程咨询的范畴。

我部要加强这方面的工作，要密切联系有关协会、学会，共同推进我国工程咨询业的发展。要按照行业有界、企业无界的原则，改进现行的工程咨询、工程勘察、工程设计、工程监理、招标代理、造价咨询等企业资质和注册建筑师、注册工程师、注册咨询工程师、注册建造师等个人执业资格管理办法，允许具备条件的建筑业企业，申领若干种企业资质，在企业资质允许的范围开展多项业务，允许符合条件的专业人士申请多个相关专业的注册资格，但仍应在一个建筑业企业注册，并在该企业资质允许的范围内开展工作，以促进我国工程咨询业的发展壮大。我们相信，这项工作的开展必将为我国的建筑业企业特别是科技型的建筑业企业营造一个高端市场，形成新的核心能力。

最近，我部会同财政部联合下发了《建设工程价款清算暂行办法》，该办法是为了贯彻《国务院办公厅关于切实解决建设领域拖欠工程款问题的通知》和国务院领导的有关批示精神，针对建设工程款清算难和结算不规范，造成拖欠工程款的情况而制定的，是规范建筑市场促进建筑业发展的改革措施。这些都表明，建设主管部门在努力为建筑业企业创造一个公平竞争的良好市场环境。

三、关于加强工程质量管理问题

借这个机会，我谈一下对工程质量管理的几点想法，工程建设关系到国家和公众的利益，关系到人民群众生命财产安全，质量是百年大计，做好质量工作，是我们要突出抓的。工程质量保证工作大致应该包括五个方面：

一是企业自身的质量保证体系建设。建设工程最终由企业来完成，工程建设质量保证的关键是我们的勘察、设计和施工企业，企业要加强内部质量管理，建立健全各项规章制度并严格执行，不断提高企业的质量管理水平，充分发挥和调动各类人员的积极性和创造力；同时，技术是质量的保证，各建筑业企业一定要加大技术投入、注意技术的积累，要发展自己的专有技术、总结摸索先进的施工组织和现场管理模式。

二是有效的政府监管和社会监督体系建设。建设主管部门管理的主要目的也就是保护公共利益和公众安全，保证建设工程的质量，除了制定和完善技术标准外，政府还有责任监督其执行，在工程建设的各个环节都有政府的监管或政府设定的强制性监督措施，从规划许可开始，我们有施工图审查、施工许可、工程监理、工程质量检测、工程质量监督、竣工验收备案、质量检查等多层面的监管制度，这些制度的设定对保证工程的质量起到了积极的作用，也要注意随市场经济的发展不断总结完善，使之更适合市场需求和企业发展的需要，能由企业自己决定的事情尽量下放给企业。部里这几年在质量安全监管制度创新上做了不少的工作，取得了显著的成效，8月份，《房屋建筑和市政基础设施工程施工图设计文件审查管理办法》部长令的颁布实施，进一步完善了以施工图审查为核心的勘察设计质量管理体系，工程质量监督和质量检测工作也在酝酿着改革，同时，质量检查和事故处理的方式方法也更易于操作、更突出实效。希望大家在实际工作中，按照"五个统筹"的要求来思考问题，把科学发展观真正贯彻到各项工作中，勤于思考、勇于创新，不断创新，提高政府监管的效率。

三是工程建设诚信制度。市场经济既是法制经济，也是信用经济，建立覆盖各类市场主体的信用体系，提高各类市场主体的信用意识和信用水平，是市场经济体制的不断健全完善和中国加入WTO的要求。十六届三中全会提出"要增强全社会的信用意识，形成以道德为支撑、产权为基础、法律为保障的社会信用制度，是建设现代市场体系的必要条件，也是规范市场经济秩序的治本之策"。要抓好质量工作一定要充分利用市场的约束机制，2003年6月4日，建设部发布了《建设工程质量责任主体和有关机构不良记录管理办法（试行）》，对建设单位、勘察单位、设计单位、施工单位和施工图审查机构、工程质量检测机构、监理单位违反法律、法规、规章所规定的质量责任和义务的行为，以及勘察、设计文件和工程实体质量不符合工程建设强制性技术标准要求的情况，将由建设主管部门或其委托的工程质量监督机构记录备案并予以公布。各地要高度重视这项工作，加强有关制度建设，提高信息系统的应用水平，并以此推进包括工程建设各方主体在内的诚信制度的建立，促进工程建设市场的良性循环。

四是要适时引入工程质量保险体系。工程保险是减轻工程建设风险、保护消费者合法权益的有效举措，也是解决因扣留工程质量保证金而拖欠工程款的一个治本之策。同时，质量的好坏、信誉的好坏直接和保费挂钩,也能够有效地刺激企业的质量管理。目前,我国工程建设领域已经开展了工程设计责任保险、建筑工程一切险和安装工程一切险,还准备出台有关实施工程质量保证保险的指导意见,大力推行工程质量保证保险。有关部门和有关试点单位为推动这些保险制度做了大量的工作,也还将继续会同保险机构开发有关险种,制定符合国情和行业特点的保险条款,会同有关部门制定出台相应的指导意见,希望各地积极配合,加强宣传和推动工作。我们的大型建筑业企业对此要予以关注。

五是发挥各级社团组织的作用,依靠行业自律加强管理。行业协会是行业管理的重要组成部分,在建筑市场体制逐渐完善的同时,行业协会对推动质量工作将发挥越来越大的影响,政府要利用好协会的积极作用,各级协会也要做好市场引导、技术交流的工作,加强和企业、政府的沟通,积极协助企业和政府搞好质量工作。

四、关于把握正确的工程建设发展方向问题

目前,我国仍处在经济建设大规模快速发展的时期,在广大建设者的共同努力下,城市面貌日新月异,基础设施不断完善,人民生活水平不断提高。但是与此同时也出现了一些不好的倾向,在一些城市建设中,某些业主包括政府项目的业主表现得比较浮躁,片面追究"新、奇、特",崇洋奢华思想严重,忽视建筑的功能,忽视国情和民族传统文化,既增加了不必要的投资,使建造成本大幅上升,维修成本加大,同时又给结构安全带来了技术风险,加大了施工难度。

工程建设是百年大计,既要有一定的前瞻性,考虑到社会的发展,又要与我国的国情相适应,有利于促进我国建设事业健康、协调和可持续的发展,这其中包括建筑艺术、建筑经济、社会、人文、建筑功能、环保、节能等诸多因素,在经济快速发展并出现某种浮躁和非理性苗头的情况下,

如何把握好发展方向，将直接影响我国经济社会的发展，对此，建设部领导高度重视，已经设专题由有关部门组织调研，研究新时期的建设方针。业内专家学者也展开了热烈的讨论，不久前，《建筑结构学报》第四届编委会在全体会议上开展了"强调科学的发展观，坚持我国基本建设的指导方针，建立科学的建筑方案评价指标体系"的讨论，引起很大反响，很多院士和大师都亲自参与，部领导也亲自到会倾听意见和建议。希望大家多做研究，用心思考这个问题，同时也希望我们的建筑师、规划师、工程师都要有高度的责任感和使命感，在提高专业技术的同时也要注意学习政策理论，研究国情、社会和文化，努力创作出符合时代发展需要的精品。

五、关于充分相信和依靠国内的工程建设力量问题

目前，我国已经拥有一整套较为完善的调整建设活动的法律、法规和技术标准，也拥有一大批有技术、有水平、有强烈社会责任感、工作作风顽强的工程技术人员队伍，我国的结构计算、预应力技术等很多方面水平都很高，完全能够解决结构计算的问题，施工能力也不断提高，许多技术达到或接近国际先进水平，我们依靠自己的力量建成了一大批大型工程项目，工程建设的技术和质量总体上是令人放心的。

我国的工程建设规模很大，随着加入WTO后国外同行的不断涌入，建设市场势必会面临更加激烈的竞争，中国的工程建设从业者在引入国外先进理念、技术和管理，不断提高自身技术水平的同时，也要努力发挥自己技术好、成本低、服务周到的优势，积极参与市场竞争。同时，也希望建设单位在招投标、收费、工期和配合上给予国内企业相对公平的市场待遇，这也是建设市场反应比较强烈的问题。在这里我们也要呼吁一下，建设单位要看到国内已经有一批优秀的专业技术队伍，他们更了解国情、熟悉国内相关技术标准和实际操作程序，要增强民族自信心，

更多地依靠中国自己的力量，充分依靠本国的科研、设计、施工力量，建设好自己的工程。中国人最知道中国的国情，最了解中国的文化内涵，更知道如何走符合中国实际的发展道路。

年底将至，各地区、各部门都开始总结2004年的工作，安排2005年工作。今年年初，在武汉召开的全国工程建设管理工作会议上，对2004年工程建设工作提出了2条主线、1个契机、4个重点的要求，即："以清欠工程款为主线，进一步整顿规范建筑市场秩序；以贯彻实施《行政许可法》为主线，努力转变政府职能；以修改《建筑法》为契机，进一步完善工程建设和建筑业法规体系；以加强质量安全管理为重点，切实保障人民群众生命财产安全；以加强标准造价管理为重点，为工程建设活动提供技术经济保障；以加强培训和改善就业环境为重点，为解决'三农'问题作贡献；以增强企业活力和竞争力为重点，努力提高我国建筑业的整体素质"。希望大家按照年初的工作部署，认真总结我们的工作，并安排好明年的工作。

这次会议提出了各级建设主管部门推动建筑业改革与发展的工作指导方针，谋划全局，把握方向，提出战略，制定政策，推动立法，完善标准规范，优化市场环境，请大家学习和掌握，共同为促进我国建筑业改革与发展而努力。

作者：王铁宏

在可持续发展战略思维下
对建设科技进步的建议

应当充分考虑我国建设事业所面临的机遇和挑战，充分考虑促进可持续发展的综合国力的提高，充分考虑全面实现小康社会进而实现现代化的进程，充分考虑可持续发展的原则。建设事业科技进步应更加突出以下几个方面：

加强城乡规划的研究；重视城市地下空间的开发与利用研究；突出建筑节能的研究；促进建筑业信息化技术研究；积极开展防灾减灾技术的研究；提高绿色建材的技术水平；关注产业技术政策研究。

党的十六大报告指出："综观全局，21世纪头20年，对我国来说，是一个必须紧紧抓住而且可以大有作为的重要战略机遇期"，"我们要在21世纪头20年，集中力量，全面建设惠及十几亿人口的更高水平的小康社会，使经济更加发展、民主更加健全、科教更加进步、文化更加繁荣、社会更加和谐、人民生活更加殷实"。十六大报告明确提出了全面建设小康社会的四项目标，前三项分别是：在优化结构和提高效益的基础上，国内生产总值到2020年力争比2000年翻两番，综合国力和国际竞争力明显增强；社会主义民主更加完善，社会主义法制更加完备，依法治国基本方略得到全面落实，人民的政治、经济和文化权益得到切实尊重和保障；全民族的思想道德素质、科学文化素质和健康素质明显提高，形成比较完善的现代国民教育体系、科技和文化创新体系、全民健身和医疗卫生体系。第四项目标即本文命题的核心内容，就是可持续发展能力

本文发表于《建筑科学》2004年第1期

北京

不断增强,生态环境得到改善,资源利用效率明显提高,促进人与自然的和谐,推动整个社会走上生产发展、生活富裕、生态良好的文明发展道路。

在可持续发展战略思维下,我国建设事业科技进步的基本思路应当如何?建议从以下四点考虑:

一是应当放在我国经济建设的机遇与挑战下思考。毋庸置疑,我国经济建设正处于难得的发展机遇与严峻挑战并存的关键时期。在过去的20年中,我国经济建设快速发展,但基本上没有摆脱高投入、高消耗、高污染、低效益的粗放式发展模式。未来20年,要达到经济总量翻两番的目标,是在我国建设事业应对城镇化、数字化、全球化的过程中同步进行的,如果继续沿用传统的经济发展模式,我国的资源和环境承载力将不可能支持经济的高速发展,经济建设将面临巨大的挑战。

摄影:马文晓

上海

二是应当放在促进我国综合国力的提高下思考。根据可持续发展综合国力的评价指标，综合国力包括：经济力、科技力、军事力、社会发展程度、政府调控力、外交力和生态力。在这七项综合国力评价指标中，有五项指标与建设事业有直接关系。目前，我国建设事业正处于快速发展阶段，2002年我国国民生产总值达到10.24万亿，其中与建设事业有关的直接投入近2万亿，约占国民生产总值的20%。因此，在可持续发展战略思维下深入分析、研究建设事业科技进步，将对综合国力的提高起到极其重要的作用。

三是应当放在全面实现小康社会，进而实现现代化的进程下考虑。2020年全面实现小康社会，是到21世纪中叶基本实现现代化三步走的第二步战略目标，是实现现代化建设第三步战略目标必需的承上启下的发展阶段，也是完善社会主义市场经济体制，扩大对外开放的关键阶段，因此，我们必须清醒地意识到这个阶段是革命化、复杂化、系统化、全球化、长期性、阶段性、同质性、不可逆性和全面进步的过程。

四是应放在可持续发展的原则下思考。可持续发展应具备六项原则：公平性、可持续性、和谐性、需求性、高效性和阶段性，因此，在可持续发展战略思维下制定我国建设事业科技进步政策时，应充分考虑上述六项原则。

在可持续发展战略思维下，对我国建设事业科技进步的几项具体意见与建议：应从城镇规划、城市地下空间的开发与利用、建筑节能、建筑业信息化、防灾减灾、绿色建材、技术标准和政策研究等八个方面加强立法建设、政策研究和关键技术的研发，推动建设事业的科技进步，贯彻实施可持续发展战略。

一、在可持续发展战略下思考我国建设事业科技进步

党的十六大强调要把可持续发展摆到更加突出的位置，这表明了国家在新的发展阶段坚定不移地实施可持续发展战略的决心。可持续发展是指既满足现代人的需求又不损害后代人满足需求的能力。

换句话说，就是指经济、社会、资源和环境保护协调发展，它们是一个密不可分的系统，既要达到发展经济的目的，又要保护好人类赖以生存的大气、淡水、海洋、土地和森林等自然资源和环境，使子孙后代能够永续发展和安居乐业。科学技术的迅猛发展，特别是信息技术、生物技术、新材料技术及环保技术的发展，为缓解资源短缺、抑制环境恶化、改善人类健康状况、实现社会可持续发展提供了有效的技术途径，将为我国可持续发展提供有力的支持和保障。

我国东、中、西部阶梯状经济为可持续发展战略的实施提供了客观有利条件。目前,我国东部已进入发展的成熟期,西部尚处于发展的初期，特别是城镇建设与发展水平差异较大，西部城镇化水平低于全国平均水

广州

平 5 个百分点以上,而东部则高出 5 个百分点以上。同时,西部地区建筑技术与装备及发展规模远远低于东部。这就为科技成果的多次转化提供了条件,并且大大降低了技术开发的成本。

1. 经济的快速发展为建设事业实施可持续发展战略提供了难得的契机

一是基础设施建设。"十五"期间,我国固定资产投入将在每年 35000 亿的基础上保持年均 8% 左右的速度增长,国家将斥巨资加强基础设施建设。

二是西部大开发。国家实施西部大开发战略,重点是要解决我国东西部差异。实施西部大开发,首先要加快西部基础设施建设。"十五"期间,国家加大了对西部的投资。

三是长江三角洲和珠江三角洲经济区域的快速发展,东北老工业基地的振兴规划。

四是住宅产业的发展。过去几年,我国每年新建建筑 17 亿~18 亿 m^2,住宅产业每年达到 4000 亿元左右的规模,直接拉动 GDP 上升 2%。2002 年超过 5000 亿元。今后 5~10 年仍将保持这一态势。

五是城市建设可持续发展中的热改技术的推广。我国三北地区供暖区域占全国国土面积的 70%,人口约占一半,建筑物总量占 50%。目前,我国已有既有建筑 360 亿 m^2，每年新增建筑面积 17 亿～18 亿 m^2。大力推进热改技术关系城市建设的可持续发展。热改带动的产业有：供热采暖温室调节控制设备系统、供热系统的配套控制系统、散热器、管网、热源技术、围护结构保温技术等。预计今后 5～10 年，上述产业的年产值将达到 800 亿～1000 亿元。

六是奥运体育场馆与基础设施建设。根据北京市政府提供的信息，为满足 2008 年奥运赛事需要，北京市将新建、改造体育场馆 37 个，共计将有约 2800 亿元用于场馆和基础设施建设。由此推算，从 2002 年开始至 2008 年，北京每年基建投资将为此增加 400 亿元，可拉动全国 GDP 上升 0.3%～0.4%，拉动北京 GDP 上升 5%。

2．我国的国情决定了建设事业科技进步将面临着更加严峻的挑战

我们应正视所面临的困难与压力，正如十六大报告所指出的："我国正处于并将长期处于社会主义的初级阶段，现在达到的小康还是低水平的、不全面的、发展很不平衡的小康，人民日益增长的物质文化需求同落后的社会生产之间的矛盾仍然是我国社会的主要矛盾。我国生产力和科技、教育还比较落后，实现工业化和现代化还有很长的路要走；城乡二元经济结构还没有改变，地区差距扩大的趋势尚未扭转，贫困人口还为数不少；人口总量继续增加，老龄人口比重上升，就业和社会保障压力增大；生态环境、自然资源和经济社会发展的矛盾日益突出；发达国家在经济和科技等方面占优势的压力；经济体制和其他方面的管理体制还不完善；民主法制建设和思想道德建设等方面还存在一些不容忽视的问题。巩固和提高目前达到的小康水平，还需要进行长期的艰苦奋斗。"

毋庸讳言，加入世界贸易组织以后，我们将面临更加严峻的挑战。发达国家在经济和科技等方面占优势的压力，建设事业各行业都将无一例外地面临新的竞争压力。根据市场准入原则和国民待遇原则，国外资

深圳

本将会更多进入我国建设市场，工程建设市场规模势必进一步扩大，建设行业将面对国内和国际两个更加广阔的发展空间，外商凭借在融资能力、技术装备和管理水平上的优势，将使我国建设行业企业面临更加激烈的市场竞争，如不重视行业科技进步、提高行业整体素质，将很难在国际和国内两个市场的竞争中获得主动权。

  一是我国突出存在着城乡差异。据统计，2000年我国城市人均GDP为12280元，农村人均GDP仅为2844元，城乡相差3.3倍。与发达国家比，我国现阶段城市人口只占30%，而发达国家达到75%。加快城市化发展，缩小城乡之间差异，可为经济发展提供广阔的市场和持久的动力。同时，我国要重点解决东西部差异。据有关方面统计，我国西部12个省、市、自治区面积占全国70%，人口占全国28%，2000年的GDP总值16600亿元，人均4560元，与东中部人均GDP6780元比相差50%；与沿海人均GDP10000多元比差距更大，实施西部大开发战略具有重大的政治与社会意义。

二是制约我国国民经济快速发展瓶颈的矛盾越发突出。目前我国的能源形势相当严峻。我国的人均煤炭储量只占世界人均储量的50%、原油仅占12%、天然气仅占6%、水资源仅占25%、森林资源仅占16.7%。我国已成为世界上第三大能源生产国和第二大能源消耗国。作为能耗大国，我国建筑总能耗已占社会能耗的近30%，有些城市高达70%，采暖单位能耗高于世界平均值的两倍。

三是科技创新能力有待进一步加强。虽然国家及有关行业主管部门先后制定了科技创新的政策，营造了良好的环境，但由于资金投入不足，我国的科技能力远没有得到充分发挥。据统计，2002年全国研发经费为1161亿元，仅占GDP的1.1%，远远低于发达国家的水平，而建设事业的科技投入还达不到全国的平均水平，远远低于220亿元。

就业压力也成为当前制约我国经济发展和社会稳定的一个突出矛盾。据预测，"十五"期间，全国城镇每年新增劳动力1000多万人，农村每年新增适龄劳动力2300万人，加上现有的城镇下岗失业人员和农村1.5亿剩余劳动力,我国城乡就业进入一个形势异常严峻的"高压期"。建设事业各行业及相关产业从业人员超过5000万，如果算上关联人口，将影响1.5亿～2亿人口的生计。因此，建设事业作为支柱产业、高就业产业、高竞争产业，今后的政策研究至关重要，必须向高端技术引导现有劳动力，营造更大空间给农村转移的劳动力，为城镇化建设打下坚实基础，否则后果不堪设想。

3．在可持续发展战略下建设事业发展对促进我国综合国力的提高作用突出

首先，应放在提高我国可持续发展综合国力的思维下确定建设事业科技发展的思路和政策取向。可持续综合发展国力是一个国家在可持续发展理论下具有的可持续性的综合国力，不仅是国家拥有的政治、经济、社会方面的能力，还包括经济社会发展的生态系统服务能力。在提升可

重庆

持续发展综合国力的过程中，科技创新是关键，生态系统是基础，经济的健康发展是条件，社会的持续进步是保障。在七项综合国力评价指标中，与建设事业有直接关系的有五项指标。据中科院对世界上13个国家进行比较，我国综合国力排名在美国、日本、加拿大等国家之后列第七，而科技力仅列在南非之前，排名第十二。可持续发展的建设事业科技进步政策制定对于我国可持续发展综合国力的提高将起到突出的作用。

其次，可持续发展综合国力对建设事业科技进步政策取向的作用。从提高可持续发展综合国力的角度思考，对建设事业科技进步的政策取向作用很大，具体为：

一是可以为建设事业科技进步需解决的关键技术提供依据。

二是可以决策与可持续发展综合国力相关的建设事业科技进步的关键技术和优先发展领域，同时决策者掌握这些领域的状况和进展情况。

三是可以引导决策者在制定各项政策和决策时能够以支持可持续发

展为目标或按可持续发展原则办事，使各项政策相互协调，保证不偏离可持续发展的正确轨道。

四是可以简化和改进建设事业各行业及社会各界对可持续发展综合国力思维下建设事业科技进步的了解，促进共同理解，采取一致的积极态度和行动。

五是可以反映可持续发展综合国力思维下建设事业科技进步的发展情况和相关政策的实施效果，使人们可以随时掌握可持续发展综合国力思维下建设事业的发展途径。

六是可以作为建设事业科技进步的决策者和管理者的调控工具和预警手段。

第三，建设事业科技进步政策应切实符合全面实现小康社会，进而实现现代化的进程。全面建设小康社会，最根本的是坚持以经济建设为中心，不断解放和发展生产力。建设事业作为国民经济的支柱产业，在我国经济建设中占有举足轻重的地位。建设事业必须探索一条科技含量高、经济效益好、资源消耗低、环境污染小、人力资源得到充分发挥的新型工业化道路，进而实现建设事业的现代化。

第四，建设事业的科技进步政策应充分体现可持续发展的原则。可持续发展要求当代人在考虑自己的需求与消费的同时，也要对未来各代人的需求与消费负起历史的责任，体现公平性原则；资源环境是人类生存与发展的基础和条件，离开了资源环境就无从谈起人类的生存与发展，因此可持续发展要求人们根据可持续性的条件调整自己的生活方式，在生态可能的范围内确定自己的消耗标准，体现可持续性原则；可持续发展的战略就是要促进人类之间及人类与自然之间的和谐，每个人在考虑和安排自己的行动时，都能考虑到这一行动对其他人（包括后代人）及生态环境的影响，体现和谐性原则；可持续发展是要满足所有人的基本需求，向所有的人提供实现美好生活愿望的机会，体现需求性原则。可持续发展的公平性原则、可持续性原则、和谐性原则和需求性原则实际上已经隐含了高效性原则。这里的高效性不仅是根据其经济生产率来衡量,更重要的是根据人们的基本需求得到满足的程度来衡量,是人类整体发展的综合和总体的高效。可持续发展是以满足当代人和未来各代人的需求为目标,而随着时间的推移和社会的不断发展,人类的需求内容和层次将不断增加和提高,所以可持续发展本身隐含着不断地从较低层次向较高层次的阶跃性过程,体现阶跃性原则。

二、在可持续发展战略思维下对建设事业科技进步的几点意见与建议

综上所述,在可持续发展战略思维下,制定我国建设事业科技进步政策时,应当充分考虑我国建设事业所面临的机遇和挑战,充分考虑促进可持续发展的综合国力的提高,充分考虑全面实现小康社会进而实现现代化的进程,充分考虑可持续发展的原则。基于此,我们认为,我国建设事业科技进步应更加突出以下几个方面:

1. 加强城乡规划的研究

我国人口基数大,环境容量有限,人均占有的土地、能源、原材料及水等战略性资源少,同时地域辽阔,民族众多,不同地区的经济发展水平、市场发育程度和城镇化水平及特点差异很大,不能走一些国家的发展大城市和农村劳动力都涌进大城市的路子。我国应按照党的十六大报告所确定的大中小城市和小城镇协调发展的方针,通过统筹城乡规划,形成布局合理、各具特色的城镇体系,以有利于增强国际竞争力和综合国力,有利于经济、社会、环境可持续发展,有利于减少工农差别、城乡差别、地区差别,有利于土地、能源、水等战略资源有效配置,有利于农村富余劳动力转移,有利于历史和自然遗产、生态

环境保护。因此，城乡规划应作为建设事业科技重点发展领域，以形成具有现代特征、充分体现可持续发展战略，能够科学引导城镇化大趋势的城乡规划理论、方法、制度体系，以引导城镇化的健康进程，走出一条符合我国国情、大中小城市和小城镇协调发展的城镇化道路，实现使城镇人口比例较大幅度提高的目标。同时，城乡规划也是促进可持续发展综合国力的重要且决定性内容之一。当务之急是：

（1）制定城镇密集区协调发展机制与政策；

（2）建立符合我国经济发展规律的城镇体系与布局；

（3）合理开发利用，并加强风景名胜区和历史文化名城的保护；

（4）建立城乡基础信息共享系统。

从广义规划的角度，城乡规划是一个大战略，尚应包括：垃圾处理、污水处理以及城市交通等内容。

2. 重视城市地下空间的开发与利用研究

制约城市发展的矛盾已越发充分显露：土地资源紧张引发的地价高扬；经济发展带来的环境污染（空气、噪声污染）；拉动汽车工业随之而生的交通堵塞；推进住宅建设而产生的遮光、影响通风；城市绿地需求暴露出来的住宅建设容积率过高的问题；防御战争发生的隐蔽疏散资源的缺乏。人们自然而然地想到地下资源的利用，这也是国际化大都市的现代化指标之一。随着经济实力的增强和科技手段的发展，城市地下空间的开发与利用已成为我国建设事业可持续发展的一个重要方面。当务之急是：

（1）开展城市地下空间的立法工作；

（2）编制城市地上地下协调发展的空间发展规划；

（3）总结我国目前城市地下空间开发现状、经验及存在问题；

（4）研究城市地下空间开发的关键技术（防火、防水、温湿度及空气品质控制技术）；

（5）制定相关的技术标准；

（6）终结无序开发城市地下空间的局面，加强行政管理组织建设；

（7）研发特种掘进新机械、新工法、沉管法配套技术。

3. 突出建筑节能的研究

我国人口居世界之首，已查明的能源储量按人均计算处于落后地位。能源将制约我国经济的快速发展，是一个不争的现实问题。建筑能耗是我国能源消耗中的大户，已接近发达国家建筑能耗的比例。但实际情况是我国的单位面积能耗约为发达国家的 3 倍，建筑物内的舒适度却远不如发达国家。建设部贯彻"三个代表"思想的一个重要体现就是提高全国人民的居住品质，而要达到此目标，显然会大幅度地提高能耗，涉及可持续发展问题。建筑节能长期以来是国内外所关心的重要课题，我国自 20 世纪 90 年代以来就积极开展这方面的研究，并取得一定成果，碍于体制的原因，迄今的进展不甚理想，尚有跨越式发展的空间。当务之急是：

（1）理顺建筑节能投资、得益、管理各方面的协调体系；

（2）采取有效措施，强制性实施"三本"建筑节能标准，结束"有令不行"的现状；

（3）结合墙体改革，加强建筑围护结构的研究开发；

（4）积极实施计量收费，终止无偿福利供热的现状；

（5）积极开发新能源，大力推广热泵技术。

4. 促进建筑业信息化技术研究

《中共中央关于制定国民经济和社会发展第十个五年计划的建议》指出："大力推进国民经济和社会信息化是覆盖现代化建设全局的战略举措，以信息化带动工业化，发挥后发优势，实现社会生产力的跨越式发展。"建筑业信息化是指运用信息技术，特别是计算机技术、网络技术、通信技术、控制技术、系统集成技术和信息安全技术等，提高建筑业主管部门的管理、决策和服务水平，提高建筑企业经营管理水平和核心竞争能力，推进建筑业的快速发展。我国设计行业的信息技术应用在各行业中处于领先地位，但建筑业信息技术的应用粗略估计约落后10年（包括：设备、人员、软件开发、涵盖面等），而这正是建设领域的主体，所以有必要以"只争朝夕"的姿态，把这方面的工作促上去。当务之急是：

（1）制定信息化标准规范体系与编码体系；

（2）建立政府机关内部办公业务网，办公业务资源网，以及互联网为依托的公众信息服务网，建筑业的电子信息资源库（即三网一库）；

（3）加强建筑企业信息化建设；

（4）建立中国建筑业数据库，逐步实施电子商务；

（5）制定信息技术应用与信息安全的管理制度。

5．积极开展防灾减灾技术的研究

建筑灾害泛指地震、火灾、风灾、洪灾及战争破坏五大灾害。随着经济和社会的发展，人口的急剧增长，建筑面积成倍地增长。同时，由于环境保护不及时，不到位，自然灾害的发生时时处处在威胁着人类。近十几年灾害发生的频率和强度是以前所预料不及的，花费了大量人力、财力建成的宏伟建筑，由于设计建造时未考虑灾害因素而毁于一旦，何谈保证可持续发展。不可否认，建筑防灾减灾也是实施可持续发展的一个重要内容。当务之急是：

（1）制定各类建筑防止灾害发生的应急预案；

（2）结合奥运场馆建设，加强对大型公共建筑的灾害预防研究；

（3）对既有建筑进行防灾评估及加固；

（4）开展建筑防灾关键技术的研究。

6．提高绿色建材的技术水平

1992年召开的世界环境与发展会议通过的《21世纪议程》强调要在满足当代人发展需要的同时，为后代留下一个可以持续利用的资源环境。绿色建材是指采用清洁卫生生产技术，少用天然资源和能源，大量使用工业或城市固态废弃物生产的无毒害、无污染、无放射性、有利于环境保护和人体健康的建筑材料。大力推广绿色建材对可持续发展的意义是不言而喻的。当务之急是：

（1）研究开发绿色高性能混凝土；

（2）在建设领域大力推广化学建材（涂料、塑钢门窗、防水材料、塑料管道）；

（3）开发工业废料作建材的利用；

（4）加强对材料的检测检验。

7. 加快技术标准及相关政策的研究

工程建设标准是为在工程建设领域内获得最佳秩序，对各类建设工程的勘察、规划、设计、施工、安装、验收、运营维护及管理等活动和结果需要协调统一的事项所制定的共同的、重复使用的技术依据和准则，它经协商一致并由一个公认机构审查批准，以科学技术和实践经验的综合成果为基础，以保证工程建设的安全、质量、环境和公众利益为核心，以促进最佳社会效益、经济效益、环境效益和最佳效率为目的。工程建设标准是我国工程建设的一项十分重要的技术基础工作，涉及城乡规划、城镇建设、房屋建筑、交通运输、水利、电力、通信、采矿冶炼、石油化工、轻工、林业、农牧渔业等各个行业和领域。

随着社会主义市场经济体制的初步建立和逐步完善，我国加入WTO等新形势的出现，对标准化工作提出了新的、更高的要求。如何适应市场经济的需要，逐步与国际惯例接轨，已成为新时期工程建设标准化工作的一项重大课题。当前，工程建设标准化工作面临着改革与发展的历史机遇，我们的管理体制和运行机制不仅要适应经济建设形势与体制的要求，同时也需要随着政府机构改革和职能转变做出相应调整。这就要求我部作为国务院建设行政主管部门，在管理全国的工程建设标准化工作中，在建立和完善工程建设标准化管理体制和运行机制的过程中，不仅要考虑如何适应和满足社会主义市场经济建设形势与WTO规则的要求，同时也要考虑如何建立基于改革后的机构与职能上的标准化管理方法和模式。当务之急是：

（1）加快建立技术法规与技术标准相结合的工程建设标准化体制；

（2）统筹规划技术标准，更好地为工程建设大行业服务；

（3）实现与国际标准和先进技术接轨，坚持工程建设的国家特性；

（4）加大投入、转变机制、加强技术标准的基础性研究。

（5）针对入世后的形势，加强建设事业非贸易性技术壁垒相关技术标准的制定修订工作。

8．关注产业技术政策研究

产业技术政策是国家对产业技术发展实施的指导、选择、促进与控制的手段。随着技术进步，产业技术正在日益高风险化和大规模化，所需的投资额空前增加，其投资风险无法由企业独立承担，国家对技术的管理和政策的介入已经成为重要的课题。

在技术引进、消化、创新和高技术开发领域里，政府的指导与支持是决定成功与否的重要因素。建议加强建设事业技术经济预测、产业政策、技术政策以及其他重大问题的研究工作，系统地开展建设领域科技与管理的国内外比较研究，引导建设事业走向可持续发展的新型工业化道路。我们认为，这也是建设事业全面深入学习贯彻"三个代表"重要思想的体现，即将建设事业的产业技术政策用促进我国可持续发展综合国力提高，用高新技术全面提升和改造传统产业，千方百计地促进建设事业对我国劳动力就业的积极带动作用，进而直接提高近2亿人民群众的生活水平，从而造福全国人民的更高标准来要求。当务之急是：

（1）建设事业科技进步对促进我国可持续发展综合国力量化指标提升作用显著的重点研究领域的技术指导政策研究。同时提出几项重大研究课题，进而打造建设事业几个重大技术平台；

（2）分析建设事业高新技术和实用技术可以有效、快捷地从东部向中部进而向西部转移的技术指导政策研究。同时应积极制定建设事业高新技术产业化的鼓励与扶持政策；

（3）深刻分析制约我国可持续发展综合国力提升的瓶颈因素在建设事业中的影响，进而制定建筑节能等技术全面推广应用的倾斜性指导政策；

（4）研究入世后在新形势下如何利用非贸易壁垒的作用，确保本国劳动力市场进而提高就业率。同时注重引导现有劳动力向高端技术转移，参与国际竞争（包括国际国内两个市场，实际上首先是国内市场），吸收更多农村富余劳动力的产业政策研究；

（5）最为直接和受人关注的，就是尽快制定在可持续发展战略思维下全面促进我国建设事业科技发展的技术政策指南。该指南应融会贯通"三个代表"的重要思想，应有利于促进我国可持续发展综合国力的提高，应适应全面实现小康社会进而实现现代化的进程，应符合可持续发展的六项原则。在该指南的指导下，统一政策决策者、政策制定者和建设事业全体从业人员的思想，进而制定我国建设事业"十一五"科技发展规划、十年科技发展设想和到2020年的科技发展蓝图。

以上为本文作者基于可持续发展战略的思维对我国建设事业科技进步的几点意见与建议，仅供参考。

作者：王铁宏、王有为、崔建友、李军

以现代化的工程咨询设计为经济建设的现代化服务

工程咨询设计是为经济建设和工程项目的决策与实施提供全过程技术和管理服务的智力型服务行业,是经济运行,尤其是投资建设不可缺少的重要环节,是国家进行宏观经济调控的重要力量和手段,是把科技成果转化为现实生产力的桥梁和纽带,是推动技术创新、管理创新和产品创新的重要条件。

工程咨询设计在市场经济条件下为国民经济及工程建设健康有序和快速发展发挥着决策参谋和技术咨询的关键作用。

非常高兴受邀参加由中国勘察设计协会、中国工程咨询协会、中国国际工程咨询协会联合举办的工程咨询设计高峰论坛。这是三家协会首次联合举办"咨询发展,设计未来"的盛会,开了一次先河。我们欣然地看到,在这样一次空前盛会上,精英荟萃,大家共商盛举,共同就工程咨询设计业如何适应以科学发展观统领行业发展,如何适应建设资源节约型、环境友好型社会的要求,如何适应全面建设社会主义小康社会的进程献言献策。这的确是一个重要的开端,符合国务院批示文件和《关于加快推进行业协会商会改革和发展的若干意见》的创新精神,也是适应改革和发展新形势、新情况、新问题的必然要求。在此,我受部领导的委托,代表建设部向本次"高峰论坛"的成功举办表示热烈的祝贺。

本文是作者 2007 年 8 月在全国工程咨询设计行业发展高峰论坛上的讲话

下面，我就工程咨询设计行业在全面建设小康社会进程当中的重要作用，以及如何适应资源节约型、环境友好型社会建设的要求抓好技术创新和协会的独特和不可或缺的作用谈几点意见。

一、工程咨询设计客观上应成为全国工程建设转变经济增长方式、转变建设模式、建设"两型"社会的先导

这几年，随着经济体制改革在从计划经济向社会主义市场经济的转变过程当中，工程咨询设计单位与主管部门脱钩，从原来为政府把关提供技术咨询的事业单位逐步转变为面向国内、国际两个市场，为业主提供咨询设计服务的自主经营、自负盈亏、自我约束、自我发展的科技型企业；在服务功能上，由单一的勘察设计功能转变为"一业为主、两头延伸、多种经营"的集咨询、勘察、岩土工程、设计、采购、建设监理、运营指导、项目管理为一体的建设工程全过程、多功能的服务行业。截至 2006 年底，工程咨询设计企业总数已经超过了 14000 家，从业人数超过了 110 万，年营业额超过了 3.7 万亿元，实现利润近 300 亿元。在工业化、城镇化、市场化、全球化都明显加快的发展进程当中，对于这样一支人员多、力量强、技术新、贡献大的工程咨询设计行业的定位和作用，我们应当有一个正确的估计。

工程咨询设计是为经济建设和工程项目的决策与实施提供全过程技术和管理服务的智力型咨询服务行业，是经济运行，尤其是投资建设不可缺少的重要环节，是国家进行宏观经济调控的重要力量和手段，是把科技成果转化为现实生产力的桥梁和纽带，是推动技术创新、管理创新和产品创新的重要条件，是带动相关设备制造业、建筑安装业等行业发展的先导，在市场经济条件下为国民经济及工程建设健康有序和快速发

国家体育场施工

展发挥着决策参谋和技术咨询的关键作用。

从贯彻科学发展观的层面分析：工程咨询设计以其公正性、先进性、科学性、系统性和智力性为特点，把科学发展观落实到投资运作和工程建设全过程，为经济社会及区域建设的发展战略规划和工程项目建设的决策提供科学依据，对于贯彻国家建设方针政策和落实"五个统筹"、"六个必须"，以人为本地提高投资效益、规避投资风险、合理利用资源、优化经济布局、调整产业结构、保护生态环境、发展循环经济和实现科学发展、和谐发展、安全发展具有重要的、独特的、不可或缺的引领和推动作用。

从建设创新型国家的层面分析：工程咨询设计是以创新咨询设计理念和增强自主创新能力为标志的把先进科学技术成果应用于生产建设的重要途径；是将原始创新、集成创新、消化吸收再创新的科技成果转化为现实生产力和工程化、产业化、商品化的桥梁和纽带；是应用创新技术，充分发挥科学技术是第一生产力的作用，解决现代化建设中的发展矛盾，提升生产力水平的必然选择；是调整产业结构、转变经济增长方式、拉动相关产业发展的强大动力，在实现建设资源节约型、环境友好型社会，推动我国经济社会全面协调可持续发展以及跨越式发展中发挥不可替代

图片提供：北京城建集团

的重要作用。

从基本建设重要性的层面分析：2006年我国的GDP已经超过了20万亿元。其中固定资产投资将近50%，基本建设在其中又发挥着重要作用，约占到GDP的20%。2006年工程咨询设计行业完成施工图投资额达到了3.5万亿元，完成施工图建筑面积26.9亿平方米。"没有现代化水平的设计，就不会有现代化的建设"。应当讲，我们国家固定资产的投入，特别是基本建设的投入，主要是靠我们工程咨询设计行业来实现的，工程咨询设计行业在我国国民经济发展和基本建设当中起着举足轻重的作用，不仅为项目的科学决策提供切实可行的依据，为工程建设的实施提供精细的蓝图，还创造了可观的产值和利润，为我国经济社会又好又快地发展作出了卓越的贡献。可以说，基本建设是否能够做到科学发展、和谐发展、安全发展，关键环节就是我们工程咨询设计行业能否以科学发展观统领工作。

从工程项目建设实施的层面分析："工程设计是工程建设的首要环节，是整个工程的灵魂，先进合理的设计，对于改建、扩建和新建项目缩短工期、节约投资、提高经济效益起着关键性作用。"工程咨询设计为项目投资方筹划最佳效益的投资方案，为承包方提供技术先进的设备材料订货清单和施工的依据，在项目可行性研究、项目前期策划、项目管理、招标代理、造价咨询、工程总承包、设备材料采购、施工安装、试生产、考核验收、项目后评估等项目建设全过程的活动中，都离不开咨询设计，都要以设计为依据。一个建设项目能不能加快建设速度，能不能保证建设质量，能不能节约资金、节约土地、节约能源资源，其生产的产品和服务的功能能不能占领市场并取得最佳的综合效益，咨询设计自始至终起着引领行业发展和工程项目建设"龙头"的决定性作用。

二、工程咨询设计主观上应成为基本建设转变经济增长方式，建设资源节约型、环境友好型社会，开展技术创新的引导者

2006年1月9日，胡锦涛总书记在全国科学技术大会上的讲话中指出："建设创新型国家，核心就是把增强自主创新能力作为发展科学技术的战略基点，走出中国特色自主创新道路，推动科学技术的跨越式发展；就是把增强自主创新能力作为调整产业结构、转变经济增长方式的中心环节，建设资源节约型、环境友好型社会，推动国民经济又好又快发展；就是把增强自主创新能力作为国家战略，贯穿到现代化建设各个方面，激发全民族创新精神，培养高水平创新人才，形成有利于自主创新的体制机制，大力推进理论创新、制度创新、科技创新，不断巩固和发展中国特色社会主义伟大事业。"

建设有中国特色自主创新的现代化国家，就是要有现代化的创新型体系作支撑。要围绕建立以市场为导向、企业为主体、技术为支撑、项目为依托、政策法规为保证、"生产—教学—科研—设计"相结合的技术创新体系，形成科技创新与经济社会发展紧密结合的机制，充分发挥政府的主导作用，发挥市场配置科技资源的基础性作用，发挥国家科研咨询设计单位的骨干和引领作用，发挥大学的基础和生力军作用，特别是发挥企业（包括生产企业、工程咨询设计企业、制造企业等）技术创新的主体作用，以实现最佳组合，产生最大效益。

工程咨询设计通过工程项目把最适合的先进技术与最合理的经济成本相结合，将工程项目的现实情况与国家的建设方针政策相结合，取得使国家满意、社会满意和业主满意的综合效益。工程咨询设计企业直接面向市场，创新需求敏感，创新冲动强烈，在技术创新体系中

通过工程项目的建设把技术成果转化为效益显著的现实生产力,以信息化带动工业现代化,在工程项目建设中起着决定性的主导作用。工程咨询设计企业掌握着丰富而实用的行业技术发展信息,具有本行业丰富的技术和实践经验,与国内外大专院校及科研机构、设备制造企业、生产企业和建设企业有着密切的业务联系,具有跟踪本行业、本专业技术发展趋势和技术领先的优势。总之,工程咨询设计单位既是在工程项目中采用先进技术的决策者之一,又是技术信息的收集、处理并将科研、生产中先进成熟的技术创新成果及优化方案应用到项目中,从而将先进技术转化为现实生产力的实践者和创新者,同时还是将国内外已有的多个相关技术有机融合、博采众长、消化、吸收、再创新的集成者。其实,回顾我们国家近几年来国家级科技成果奖,不难看出,设计正扮演着越来越重要的科技创新的引领作用,即便是在某些由外国人中标方案的项目当中,我们的设计人员在续研发、再创新方面也作出了十分突出的贡献,比如我们的磁悬浮铁路项目、奥运场馆项目、国家大剧院项目,也都在续研发、再创新,特别是在节能、节地、节水、节材和环保中发挥了重要的作用。

创新是一个民族进步的灵魂,是国家兴旺发达的不竭动力,也是工程咨询设计企业发展的源泉。可以肯定地说,没有创新型的现代化工程咨询设计业,就没有创新型基本建设的现代化。在当今中国经济日益融入世界的新形势下,单纯的模仿没有前途,跟在别人后面爬行只能受制于人。为了适应新情况、新要求,工程咨询设计行业作为工程建设的"龙头"行业,要特别注重不断地创新咨询设计理念,以符合时代要求的创新理念指导工程咨询设计创新的实践。工程咨询设计既然是工程建设的先导,就要走中国特色的自主创新之路。

当代科技有两条主线,第一条主线是客观主线,即当代科技主线是以数字技术、生命科学、纳米技术为表征的,其在基本建设的广泛应用发展是不以人的意志为转移的，已经并将继续渗透到我们所有的行业、所有的项目。第二条主线是主观主线，就是我们要用科学的发展观统领我们行业的科技发展，就是要努力建设资源节约型、环境友好型社会，就是要做到工程项目节能、节地、节水、节材和环保。从这两条科技主线来看，我们工程咨询设计行业大有可为。

基本建设领域转变增长方式要做到四个转变。第一，建设模式转变的重要性，建设模式的转变就是我们行业转变经济增长方式的客观要求，就是按照科学发展、和谐发展、安全发展的要求切实把工程项目按照节能、节地、节水、节材和环保的要求来开展技术创新，把先进技术融入到我们的设计当中，这一点对我们行业来讲尤为重要。第二，市场模式转变的客观性，在市场模式转变中如何引导好，在这方面，很多的设计院，特别是工业项目的设计已经走在了前面，在行业的支持下，很多的设计院向两端发展，既向高端发展，进行施工图、施工总承包，又向低端发展，使潜力巨大的产品技术实现产业化，这种市场模式的转变对我们来讲也是一种新的客观的要求。第三，企业经营模式转变的现实性，为了适应建设模式转变、市场模式转变，企业经营管理模式的转变也就成为一种客观和现实的要求，很多企业都在各自经营管理模式创新方面有所成就，大会交流了很多这方面的经验都可以供我们学习、借鉴。第四，政府监管模式创新也就成为一种必然，为了适应设计模式转变、市场模式转变、企业经营管理模式转变，政府监管模式转变也是一种客观的需要，这种转变既包括体制上的转变，也包括机制上的转变，体制上的转变可能由于历史的原因、客观的原因一时很难完全实现，那么，机制上的转变就成为一种突破。

建设模式转变就是全方位的推动，按照科学发展观，建设"两型"社会的要求，从法律法规、政策措施、标准规范、科技进步四个层面全方位地推动。建设部在抓以建筑节能为重点的"四节一环保"工作当中，突出抓新建建筑。新建建筑通过去年的抽查，在设计阶段实行节能标准已经达到了96%，施工阶段已经达到了将近57%。下一个目标就是既有建筑节能改造，既有建筑节能改造正在推进试点示范，政府办公楼率先试点示范。这样，就使整个建筑节能工作的两个重点都突出地实现了目标的要求。还有一个客观上的原因，就是还要通过建设模式转变，引导消费模式的转变。"国六条"要求推行"两限两竞"，也就是70/90。很多同志还不能从科学发展观和转变经济增长方式、转变建设模式的高度来理解。中国人口众多，人均能源资源比较匮乏，土地资源严重不足，所以在中国这样一个人口众多的国家，引导好建设模式更为突出、更为重要。因此，我们要从转变经济增长方式的高度认识到，在房屋建设中，包括住宅建设中，引导好建设模式，引导好消费模式更为突出、更为重要。市场模式转变突出地要解决一个动因体制机制问题，即要使市场主体能够自主地自发地有动力地推进"四节一环保"，转变经济增长方式是关键。转变企业经营管理模式就是努力营造公平公正的市场氛围。总而言之，在推进转变经济增长方式，基本建设四种模式的转变中，我们都能够发挥各自的突出的主导作用。

三、工程咨询设计行业协会应成为行业的代表

党的十六届三中全会指出："积极开展独立公正、规范运作的专业化市场中介服务机构，按市场化原则规范和发展各类行业协会、商会等自律性组织"。十六届六中全会进一步强调："要坚持培育发展和管理监督并重，完善培育扶持和依法管理社会组织的政策，发挥各类社会组织提供服务、反映诉求、规范行为的作用，为经济社会发展服务。"最近，国务院办公厅专门就行业协会的改革和发展发出了国办36号文件，提出要坚持市场化方向，坚持政会分开，坚持统筹协调，坚持依法监管，

采取理顺关系、优化结构、改进监管、强化自律、完善政策、加强建设等措施，加快进行行业协会的改革和发展，逐步建立体制完善、结构合理、行为规范、法制健全的行业协会体系，充分发挥行业协会在经济建设和社会发展中的政策咨询、行业引领、促进行业发展的作用。要积极创造条件，培育一批按市场化原则规范运作、在行业中具有广泛代表性、与国际接轨的行业协会。

建设部要据此研究，进一步转变职能，加强和改进工作指导，大力推进行业协会的体制、机制改革，把适宜于行业协会行使的职能委托或转移给行业协会，改革和完善监管方式，逐步建立起健全、科学、规范、有效的监管体制，为行业协会创造公平、公正的发展环境。

行业协会要按照中央的指示精神，把思想认识统一到中央的决策部署上来，增强做好协会工作的责任感、使命感，努力适应新形势的要求，准确找到协会的市场定位和切实履行协会服务于企业、服务于行业的宗旨，紧紧把握住工程咨询设计行业发展这个中心，以发展的观点去解决前进当中的问题，充分发挥桥梁和纽带的作用，努力改进工作方式，深入开展行业调查研究；积极向政府反映行业及会员的诉求，提出行业改革、发展以及立法等方面的意见和建议；积极参与相关法律法规、宏观调控和产业政策的研究、制定，参与制定、修订行业标准和行业发展规划，包括行业的市场准入条件，完善行业管理，规范行业行为，开展法律、政策、技术、质量、管理、市场等方面的咨询服务，组织人才、技术、管理、法规、计算机软件等会员有所需求的多种活动，加快协会自身的改革，健全法人治理结构，建立完善行业自律性的管理约束机制，大力推动行业诚信建设，诚信评估活动，维护企业合法权益，建设行业公共服务平台，推进技术创新；积极为行业开拓国内、国际市场创造条件，在更宽领域、更高层次、更深的程度上开展国内外技术交流与合作，勇于探索为企业、为行业、为基本建设乃至经济社会又好又快发展而服务的新路子，以新型的现代化工程咨询设计的新面貌为创新型现代化国家的建设作出新的特殊的贡献。

　　站在新的历史起点上，纵观凝聚着工程咨询设计工作者心血的祖国建设日新月异的喜人变化，我们豪情满怀。我们要牢记胡锦涛总书记不久前在中央党校发表的重要讲话精神，并在工程咨询设计行业认真贯彻落实。解放思想，必须坚定不移地加以坚持；改革开放，必须坚定不移地加以推进；科学发展，社会和谐，必须坚定不移地加以落实；全面建设小康社会，必须坚定不移地为之奋斗！让我们同心协力地以现代化的工程咨询设计更好地为经济建设的现代化服务，为基本建设科学发展、和谐发展、安全发展，为经济社会又好又快的发展贡献我们的力量。同时，也让我们工程咨询设计行业抓住机遇，应对挑战，取得更大的发展。

作者：王铁宏

中 篇
用全面辩证的思维分析问题

用全面和辩证的思维
做好房屋震害研究分析
—— 对三个地震灾害严重的县镇房屋倒塌毁损情况的调研与思考

古人曰：心到者，凡事苦心剖析，大条理、小条理、始条理、终条理、理其绪而分之，又比其类而合之也。

5·12地震发生后，业内和社会普遍关注的核心问题，就是我国的建筑标准规范是否满足抗震要求？在这次地震中什么样的房子倒了，什么样的房子没倒，什么样的房子倒的多？房屋倒塌和山体滑坡等次生灾害造成破坏程度哪个更严重？等等。本文有针对性地根据灾区实地调研情况作了回答。

作者认为要用全面和辩证的思维做好房屋震害研究，一是要做各种破坏原因分析，二是要做各种破坏状态分析，三是要做城镇房屋与农村房屋的震害对比分析，四是要做正常设计施工与非正常设计施工房屋的震害对比分析，五是要做超过与没有超过设防标准情况的对比分析等。通过研究分析，初步得出以下结论：按现行《01版规范》进行设计修建的房屋，基本未出现整体倒塌或局部倒塌，仅为破坏甚至严重破坏；按《89版规范》进行设计修建的房屋，一般未出现整体倒塌但严重破坏，或局部倒塌加严重破坏；按《78版规范》进行设计修建的房屋，约有40%～50%整体倒塌，其余为局部倒塌加严重破坏；按《74版规范》进行设计修建的房屋，80%以上整体倒塌。

本文于2008年9月在《中国建设报》发表

作者在北川县城实地考察

作者在援建过渡安置房动员会上

北川震后遥感图

　　5·12地震造成巨大的人员伤亡和经济损失。据中国地震局地质研究所所长、国家汶川地震专家委员会南北带地震构造研究组组长张培震介绍，这次地震震级8.0级，震源深度14公里，地震主要能量释放在一分多钟内完成。随后发生余震2.6万余次，其中最大余震震级达6.4级，这些余震主要分布在从映秀镇到青川县的龙门山断裂带中北段，形成长达300公里的余震带。其特点是能量积累慢、复发周期长、影响范围大、破坏强度高、次生灾害严重。地震释放出巨大的能量以弹性波的形式传遍中国大陆乃至整个地球。地震还引发数以万计的山崩、滑坡、塌方和泥石流等严重地质灾害，毁坏了交通、通信等生命线系统。与之相对应的地表均是震灾最严重的区域。据民政部门统计，截至5月底，四川、陕西、甘肃等十个省（市）共倒塌房屋696万余间，损坏2336万余间。

其中，四川省倒塌房屋558万余间，损坏2001万余间。

6月8日，国务院《汶川地震灾后恢复重建条例》（以下简称《条例》）正式颁布实施。《条例》就组织开展地震灾害调查评估工作做出规定，内容包括房屋、基础设施、公共服务设施等建（构）筑物的受损程度和数量等。目前，有关部门已经完成灾情严重地区城乡住房受损情况报告，并作为编制恢复重建规划的依据。但实事求是地说，这份报告还不能涵盖房屋震害研究的全部内容，因为不同的部门侧重不同，至少对房屋破坏原因、破坏状态等重要问题并未给出深入分析，因此还不能等同或替代房屋震害研究报告。有鉴于此，我们认为，应当在此报告的基础上，组织对灾区房屋震害情况进行研究，最终形成权威性、综合性的分析报告。人类历史上一次罕见的大地震，给国家和灾区群众造成如此巨大的灾难，对其做全面、科学、系统的房屋震害研究必不可少，这也是历史的要求。其实，在汶川地震应急抢险阶段，住房和城乡建设部就派出大量专家，指导协助四川省建设厅完成了重灾区城镇住宅、教育、医疗等建筑安全性应急评估约5.8亿平方米，占震前建筑总面积的95.6%。另外，住房和城乡建设部等选派的专家组也在灾区现场搜集了大量资料。基于上述工作，并适当参考有关部门的报告，可再选择若干个灾情严重或地震灾害典型的市（县、镇），如汉旺镇、北川县城、映秀镇等，对各类建（构）筑物，包括城镇水电气路等生命线工程进行震害研究，点面结合，经过深入细致的工作，编写出房屋震害研究报告还是具备了一定的基础，条件也比较充分。

基于上述对房屋震害研究工作的认识，6月下旬，我们在四川省建设厅总工程师田文、省质量监督总站副站长向学、省建筑科学研究院副院长高永昭、德阳市建设局副局长邓宁和绵阳市建设局总工程师张迅等同志的陪同下，专门对遭受地震破坏最严重的绵竹市汉旺镇、北川县城

北川县城震后情景

北川县城震后情景

作者在北川县指导过渡安置房建设

和汶川县映秀镇的房屋毁损情况进行了实地调查和现场踏勘。在映秀镇调研期间，正在指挥过渡安置房建设的广州市建委副主任向恩明同志介绍了有关情况。7月初，我们又赴甘肃省陇南灾区调研，甘肃省建设厅总工程师梁文钊同志介绍了有关情况。通过对房屋倒塌毁损情况的研究分析,我们体会到,"凡事苦心剖析,大条理、小条理、始条理、终条理。理其绪而分之,又比其类而合之"。房屋震害研究,应突出把握好全面和辩证的分析,主要内容如下:

一、要做各种破坏原因分析

张培震同志分析,北川县城遭到毁灭性破坏的主要原因包括:一是该地区发震断裂从整个县城通过;二是县城附近的地震破裂位移大;三是县城坐落在河滩松散堆积物上,场地效应和地基失效使破坏加剧;四是大量山体滑坡和岩石崩塌使灾害更为严重。张所长的分析按地基基础和土力学的专业术语可描述为:造成破坏的原因有强震作用力;震中心区过大地表开裂或隆起;江河滩涂附近强震引起强烈的砂土液化;强震引起山体滑坡造成建(构)筑物被埋或被冲切破坏。以上四种原因不仅仅是北川县城房屋倒塌毁损的原因,也是整个地震灾区房屋倒塌毁损的主要原因。

1. 强震作用力。强震作用力直接导致房屋倒塌毁损是普遍存在的,不仅在平原坝区,而且在山区。汶川地震中,汉旺镇是最典型的单纯受地震作用力破坏的地区,其房屋未遭受山体滑坡、崩塌、泥石流的影响,建(构)筑物地基也未产生液化、震陷,镇内(不包括镇周边山区)房屋受地震力破坏规律很明显,即呈现出整体倒塌、部分整体倒塌或局部倒塌加严重破坏、未整体倒塌但严重破坏或局部倒塌加严重破坏、未整体倒塌但有破坏甚至严重破坏四种破坏状态。

2. 山体滑坡。中央领导同志在视察北川灾情时曾讲到,震中在汶川,重灾在北川。北川县城为何破坏严重?据张迅同志介绍,除强震作用力外,大面积山体滑坡的次生灾害给房屋带来了毁灭性破坏:山体滑坡造成北川县城老城区近1/3几乎被埋没,新城区将近1/4被埋没、破坏。

事实上，对于发生在山区的地震而言，山体滑坡始终是加重灾情的最主要原因，不论是城镇房屋还是农村房屋，不论是什么年代建造的房屋，也不论是按什么设防标准设计施工的房屋，还不论是房屋、道路、桥梁或市政基础设施等都遭受严重破坏，造成大量人员伤亡。山体滑坡次生灾害破坏规律在山区县镇非常典型和普遍。又据甘肃省某重灾县的人员伤亡统计数据，全县共有15人在汶川地震中遇难，其中12人是由于山体滑坡、泥石流等次生灾害造成的。目前，汶川地震的失踪人员中，被山体滑坡掩埋占相当比例。

3.地基液化。部分地区由于坐落在河滩松散堆积物上，地震发生后，容易引发强烈砂土液化，导致房屋震陷破坏。这类破坏中比较典型的是映秀镇，因其建在岷江河滩松散堆积物上，场地效应和地基失效使破坏加剧，一些建筑出现地表开裂、地基液化、震陷

作者在汉旺镇实地考察

汉旺镇震后情景

汉旺镇震后情景

的破坏。尽管与前两种破坏原因相比，地基液化具有特殊性，但在建(构)筑物设计阶段是否考虑砂土液化对房屋抗震安全的影响，在几度抗震设防烈度区域考虑等问题，都需要在房屋震害研究中加以归纳分析。

4．过大地表开裂或隆起。过大地表开裂或隆起导致的房屋破坏大都发生在地震中心区域或临近断裂带区域，是震害原因中较为极端的现象，与地基液化类似，具有局部特殊性。这种破坏原因在地震中心区域都有所发生，如北川县城、映秀镇等。

二、要做各种破坏状态分析

由于地震作用力直接造成的房屋破坏，其状态与房屋的建造年代、质量及抗震设防标准等因素有关，具有一定的规律性。作为最典型的单纯受地震作用力破坏的地区，汉旺镇实际地震烈度接近10度，远远超出震前6度的设防标准，据邓宁同志介绍，镇内房屋破坏状态可大致分为：

1．整体倒塌。80年代以前修建的房屋，包括50年代修建的砖木结构及未经正规设计建造的民房几乎全部倒塌；按《74版规范》设计，因抗震设防标准较低，构造措施较差或无构造措施的房屋，80%以上整体倒塌。

2．部分整体倒塌或局部倒塌加严重破坏。1980～1990年间修建的房屋或未经正规设计建造的房屋，或虽按《78版规范》进行设计，因抗震设防标准仍然较低，构造措施仍然较差，约有40%～50%整体倒塌，其余为局部倒塌加严重破坏。

3．未整体倒塌但严重破坏或局部倒塌加严重破坏。1990～2000年间修建的房屋，按《89版规范》进行设计，因抗震设防标准有一定提高，并采取抗震构造措施，该时期修建的房屋，一般未出现整体倒塌但严重

映秀镇震后情景

映秀中学教学楼倒塌

映秀镇山体滑坡

破坏，或局部倒塌加严重破坏。局部倒塌的原因有待分析。另外，汉旺镇几栋虽为 70 年代修建，但按《89 版规范》进行抗震加固的房屋亦属于此类，没有整体倒塌但严重破坏。

4. 未整体倒塌但有破坏甚至严重破坏。2000 年以后修建的房屋，按现行《01 版规范》进行设计，因抗震设防概念明确，抗震构造措施要求严格，该时期修建的房屋，即使烈度为 10 度，超过设防烈度约 4 度，一般也未出现整体倒塌或局部倒塌，仅为破坏甚至严重破坏，有些可能有加固价值，有些经鉴定应予拆除。

通过对汉旺镇房屋倒塌毁损情况的研究分析，我们可以初步得出结论，只要完全按照现行的《01版规范》设计施工，即使地震作用超过设防烈度一些，建筑物也可以在大震时不倒，保证室内人员的生命安全；基于唐山地震经验教训编制的《89版规范》，能够保证地震作用初期房屋不倒塌，为室内人员逃生赢得宝贵时间。这些都是重要的经验总结。

三、要做城镇房屋与农村房屋的震害对比分析

以上是对城镇房屋震害情况的分析，具有一定的规律性，特别是对于单纯受地震作用力破坏的房屋而言。房屋震害研究，正是旨在揭示建（构）筑物在地震力作用下的破坏机理、有针对性地制定对策、调整抗震设防标准、改进建筑抗震设计方法等。

对于灾区大量的农村房屋，由于未纳入城镇建设监管体系，均由农民自主建设，其震害情况更为复杂，也更为严重。据有关部门统计，汶川地震共造成川、陕、甘三省房屋倒塌约1.6亿平方米，其中农村房屋约占八成多。对此，《条例》规定，"地震灾区的县级人民政府应当组织有关部门对村民住宅建设的选址予以指导，并提供能够符合当地实际的多种村民住宅设计图，供村民选择。村民住宅应当达到抗震设防要求，体现原有地方特色、民族特色和传统风貌。"以灾后重建为契机，全面加强农房建设，是我国城乡建设领域的一次重大进步，在城乡统筹发展进程中无疑具有深远意义。其实，全国各地都在积极推进城乡建设统筹的试点示范，仅举一例，河南省固始县作为农业大县在实施城乡建设统筹方面的经验和做法：免费提供12套农房设计图纸供农民自主选择、免费为农民提供测量和咨询服务、加强对农村工匠的技术培训、加强农房建设的质量安全检查与巡查等等。而灾后重建规模如此之大的城乡建设统筹还是空前的。据调研，目前陕西、甘肃两省6个重灾县的灾后农

作者在江西援建安置房交接仪式上致辞　　作者参加上海市援建的过渡安置房竣工活动

民过冬房建设正有序、有效推进，建设主管部门主要负责指导、协调和帮助：派出农房建设指导专家组，着重帮助做好农房建设的设计图纸审查、施工现场指导和农村工匠培训三项工作。特别是农房设计图纸应体现"安全抗震、经济实用、就地取材、民族特色、节能环保、方便自建"的原则。

四、要做正常设计施工与非正常设计施工房屋的震害对比分析

对汉旺镇房屋震害的典型分析，应当代表了灾区城镇正常设计施工房屋的震害规律。事实上，灾区绝大多数城镇房屋的毁损情况均在上述规律所描述的范畴内。为进一步加强恢复重建工程质量安全监管，近日，住房和城乡建设部发出通知，要求所有恢复重建工程都应按规定纳入正常的质量安全监管，要求四川、陕西和甘肃省灾区各级建设主管部门加大对恢复重建工程质量安全的监管力度，进一步完善相应的监督管理机制。

与正常设计施工相对应的是非正常设计施工的房屋震害，是指本应纳入城镇建设监管体系但却不满足设计施工要求而导致的房屋倒塌毁损情况。其中要区分哪些是由于设计不满足规范要求而造成房屋倒塌的；

哪些虽然设计满足规范要求，但施工质量达不到设计要求，如材料质量以次充好，甚至偷工减料而造成房屋倒塌的。根据《条例》的规定，灾区县级以上人民政府要负责组织工程质量和抗震性能鉴定并做出相应处理。我们认为，特别是实际地震烈度与设防烈度基本吻合的地震灾区，按《01版规范》设计建造而发生倒塌的房屋，更具典型性，有些个案在得出结论后也应尽可能纳入当地房屋震害研究报告。

五、要做超过与没有超过设防标准情况的对比分析

据三地建设主管部门负责同志介绍，汉旺镇烈度接近10度，原设防烈度仅为6度；北川县城烈度达10.5度，震前设防烈度为7度；映秀镇烈度几乎达到了11度，而震前设防烈度为7度。

有关地震等级划分按三水准设防：50年一遇地震，475年一遇地震（设计基本地震），1975年一遇地震（罕遇地震）。一种观点认为，这次地震毫无疑问属罕遇地震！但甘肃省建设厅总工程师梁文钊同志指出，历史上这一地区多次发生大地震，如1879年的8.0级地震，1933年的7.5级地震，因此简单套用上述理论很难解释本次大地震。

房屋震害研究中，要对比分析超过和没有超过设防标准两种情况，不能一概而论。哪些县镇的实际地震烈度没有超过设防标准，与超过设防标准地区的房屋震害情况是否存在异同；哪些县镇的实际地震烈度超过设防标准，其房屋破坏规律是否随着烈度超出程度的不同而不同。有鉴于此，全面、科学、系统的房屋震害研究更显得弥足珍贵。

六、要做其他有关对比分析

除以上五个方面的分析以外，房屋震害研究还应做好：

1. 国内几次强震灾害对比分析。如要全面分析对比唐山地震、集集地震与汶川地震的规律，内容涉及地震型态、地震次生灾害和房屋毁损等情况。中国科学院周锡元院士介绍，尽管唐山、集集和汶川地震都是突发型的，无前震，震源很浅。但汶川地震是逆冲加走滑断裂，震源破裂过程最复杂，持续时间最长。另外，汶川地震波及的面积、造成的受灾面积、诱发的地质灾害、次生灾害比唐山和集集地震也大得多。

2. 国内外强震灾害对比分析。内容除上面提及的以外，可否引伸至各国应对房屋倒塌毁损的应急抢险机制以及评估、鉴定、加固机制等。

3. 次生火灾情况对比分析。如与旧金山大地震和阪神地震相比，汶川地震引发的次生火灾数量极少，这对于汶川地震灾区范围内分布有各类燃气管道的市镇而言，其中必然有值得借鉴的经验和做法。

综上所述，房屋震害研究不可或缺，应突出把握好全面和辩证分析，即一是做好房屋破坏原因分析，二是做好房屋破坏状态分析，三是做好城镇房屋与农村房屋的震害对比分析，四是做好正常设计施工与非正常设计施工房屋的震害对比分析，五是做好超过与没有超过设防标准情况的对比分析等。通过房屋震害研究，应科学、理性、实事求是地回答若干重大科学技术的基本问题：诸如如何利用震害现场资料，整理总结建（构）筑物，包括城镇市政基础设施（特别是生命线工程）的破坏规律；如何科学评价现行建筑抗震规范在抵御地震灾害，保护室内人员生命安全方面的实际效果；抗震设防标准的调整应体现科学性和严肃性，是否应当以房屋震害研究结果为依据；对于公共建筑和服务设施，在抗震设防等级确定、结构体系选择等方面有哪些需要思考的问题等等。通过研究这类问题，进而引伸至技术标准和相关政策的调整。

作者：王铁宏、田文、向学、高永昭、张迅、邓宁、韩煜、马骏驰等

后续访谈

抗震减灾——关于注重报还是注重防的思考

5·12汶川特大地震发生后,关于建筑抗震设防问题再次引起社会各界的强烈关注和讨论。这对于多次深入四川灾区调研震情、参与抗震救灾工作的王铁宏同志来讲,也是一直在深入思考的一道深刻命题。在编辑这篇调研报告时,王铁宏再次向本书特约编辑表达了他对抗震设防的一些认识和思考。

5·12汶川特大地震所证明的重要经验

编辑:结合我国的抗震设计规范,通过对汶川特大地震对建筑物破坏程度的调研分析,得出了什么规律性的认识?

作者:各国抗震设防标准的制定与国家的经济实力、对地震学科的研究以及对世界上历次地震的认识有很大关系。我国先后颁布了几个版本的抗震设计规范:1966年邢台地震后出了第一部抗震设计规范(1974版);唐山地震后出了1978版抗震设计规范;改革开放后又出了1989版抗震设计规范。经过几十年来的科研及技术发展,特别是研究总结了我国几次大地震的经验,形成了2001年制定的我国现行的《抗震设计规范》(GB 50011-2001)。当时《74版规范》只有38页,《01版规范》已多达300多页。应该说我国抗震标准的制定是严谨的、科学的,是在不断完善提高的。

通过对5·12汶川地震震情的调查研究,特别是对平原坝区房屋受破坏程度和破坏规律的分析,初步得出了以下结论:按现

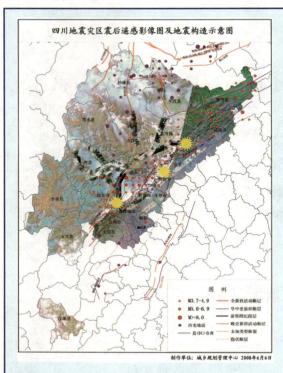

四川地震灾区震后遥感影像图及地震构造示意图

行《01版规范》进行设计修建的房屋，基本未出现整体倒塌或局部倒塌，仅为破坏或严重破坏；按《89版规范》进行设计修建的房屋，一般未出现整体倒塌但严重破坏，或局部倒塌加严重破坏；按《78版规范》进行设计修建的房屋，约有40%～50%整体倒塌，其余为局部倒塌加严重破坏；按《74版规范》进行设计修建的房屋，80%以上整体倒塌。这说明我国现行《01版规范》的编制水平和工程适用性还是比较高的。

编辑：汶川大地震后应以怎样科学的态度和辩证思维看待抗震设防？

作者：一个地区的抗震设防标准是以国家规定的当地地震设防烈度为抗震设计依据的。按照我国现有的抗震设防区划图，汶川地区的设防烈度是7度，而这次震中映秀镇的实际地震烈度为11度。成都市虽距震中只有100多公里，但由于所处大陆架地质构造的因素，实际地震烈度只有7度，所以按照7度设防的成都经受住了考验。绵竹汉旺镇的设防烈度也是7度，但实际地震烈度为10.5度，超过了设防烈度50%，所以房屋倒塌在所难免。但即便是这种程度，汉旺镇按《01版规范》设计修建的房屋也没有严重倒塌，这至少表明我国现行的抗震标准还是能基本满足工程建设需要的。要做到更科学地设防，更合理地设防，关键的问题是要尽量将一个地区的抗震设防烈度定得恰当、定得适当、定得相对准确一些。或者说，只要设防烈度与实际地震烈度大致相符，那么按现行抗震标准设计修建的房屋就能抵御相应地震烈度的破坏，最起码能够保证人的安全。这是被5·12汶川地震证明了的最重要的经验。

应突出研究"抗"兼顾研究"报"

编辑：基于以上认识与经验，您对我国抗震工作在报与防的问题上有何看法？

作者：关于抗震设防的技术路线问题，不仅是一个重大的科技问题，也是一个重大的公共政策问题。对于抗震工作，应当既立足于报，更应立足于防，立足于抗。只要地震主管部门明确该区域的抗震设防烈度，建设主管部门就应该据此提出抗震设防的标准和要求。正如上面所述，只要抗震设防烈度与实际地震烈度大致相符的，就基本上能做到"小震不坏，中震可修，大震不倒"。

要做到这一点，就需要地震部门的科学研究了。虽然地震预报是世界难题，但地震学界认为，地震的长期预测是有可能的，这主要基于地震学家对断层历史的研究。这种长期趋势性预测主要预报一个地区在未来几年或几十年之内发生地震的可能性和最大震级。长期预报的主要作用就是指导该地区的建筑物抗震设防，用以调整抗震设防区划图及抗震标准。据悉，新的抗震设防区划图已经国家标准委员会批准。

地震实时监测信息对抗灾救灾作用很大

编辑：要立足于"抗"，那么在抗灾救灾减灾方面还有什么可作为的？

作者：如果说要进一步立足于防和抗，就要加强地震监测网的建设，通过对地震的实时监测，利用地震纵、横波的时间差来实施应急防灾。因为地震纵波在震中周边地区能很快测到，而地震横波则有一定传播时间，利用这种纵、横波的时间差，哪怕只有几秒钟，就可以将捕捉到的信息，迅速报告给城市生命线工程的管理部门，紧急启动抗震防灾预案。比如说地铁、电力、供水、供气部门等，都可以设置应急装置，利用这个预警自动关闭，防止出现次生灾害。日本在这方面已有很多先进经验，值得我们学习借鉴。

这次5·12地震后，我个人还认为，应当培训并建立一支应急抢险救灾指挥队伍，每个县级行政区都应配备有抗灾救灾专业知识和经验的指挥人员。当发生重大灾害时，及时把这些经过严格培训的专业指挥人员派往灾区，让这样的指挥员第一时间赶到现场，成为书记、县长指挥抢险救灾的"实战"参谋长，并能有效调动全县的人力、物力、财力资源，科学合理地全力抢险救灾。

采访：古春晓

中篇：用全面辩证的思维分析问题

幻灯片 1：

用全面和辩证的思维做好房屋
震害研究分析

王铁宏

2008年08月（第一稿）
2010年05月（第二稿）
2013年05月（第三稿）

幻灯片 2：

5·12汶川地震，震级8.0级，震源深度14公里，地震主要能量释放在一分多钟内完成。随后发生余震2.6万余次，其中最大余震震级达6.4级，这些余震主要分布在从映秀镇到青川县的龙门山断裂带中北段，形成长达300公里的余震带。其特点是能量积累慢、复发周期长、影响范围大、破坏强度高、次生灾害严重。

据民政部门统计，截至2008年5月底，四川、陕西、甘肃等十个省（市）共倒塌房屋696万余间，损坏2336万余间。其中，四川省倒塌房屋558万余间，损坏2001万余间。

幻灯片 3：

2008年6月8日，国务院《汶川地震灾后恢复重建条例》（以下简称《条例》）正式颁布实施。《条例》就组织开展地震灾害调查评估工作做出规定，内容包括房屋、基础设施、公共服务设施等建（构）筑物的受损程度和数量等。

面对人类历史上一次罕见的大地震，给国家和灾区群众造成如此巨大的灾难，做全面、科学、系统的房屋震害研究必不可少，这也是历史的要求。

幻灯片 4：

图1 地震分布情况

幻灯片 5：

凡事苦心剖析，大条理、小条理，始条理、终条理，理其绪而分之，又比其类而合之。

房屋震害研究，应突出把握好全面和辩证的分析，主要内容包括：

幻灯片 6：

一、要做各种破坏原因分析
二、要做各种破坏状态分析
三、要做城镇房屋与农村房屋的震害对比分析
四、要做正常设计施工与非正常设计施工房屋的震害对比分析
五、要做超过与没有超过设防标准情况的对比分析
六、要做其他有关对比分析

一、要做各种破坏原因分析

震中在汶川
重灾在北川

图2 北川震后遥感图

原北川县城遭到毁灭性破坏的主要原因：
● 强震作用力
● 震中心区过大地表开裂或隆起
● 江河滩涂附近强震引起强烈的砂土液化
● 山体滑坡造成建（构）筑物被埋或被冲切破坏

● 强震作用力

图3 汶川地震——北川中学　　图4 汶川地震——漩口中学

● 震中心区过大地表开裂或隆起

图5 集集地震——某公路　　图6 集集地震——某体育场

● 江河滩涂附近强震引起强烈的砂土液化

图7 汶川地震——漩口中学　　图8 新潟地震——某居民楼

●山体滑坡造成建（构）筑物被埋或被冲切破坏

图9 汶川地震——北川县城

原北川县城因山体滑坡造成老城区近1/3被埋没，新城区近1/4被埋没、破坏。

中篇：用全面辩证的思维分析问题 .165.

图10 左侧大滑坡体造成原北川县城老城区近1/3破坏情况

图11 右侧大滑坡体造成原北川县城新城区近1/4破坏情况

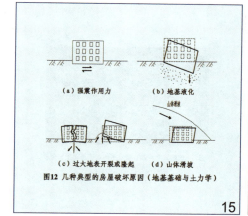

（a）强震作用力　（b）地基液化

（c）过大地表开裂或隆起　（d）山体滑坡

图12 几种典型的房屋破坏原因（地基基础与土力学）

二、要做各种破坏状态分析

1. 整体倒塌
2. 部分整体倒塌或局部倒塌加严重破坏
3. 未整体倒塌但严重破坏或局部倒塌加严重破坏
4. 未整体倒塌但有破坏甚至严重破坏

1. 整体倒塌

20世纪80年代以前修建的房屋，包括50年代修建的砖木结构及未经正规设计建造的民房几乎全部倒塌；按《74版规范》设计，因抗震设防标准较低，构造措施较差或无构造措施的房屋，80%以上整体倒塌。

图13 天池煤矿职工住宿楼，70年代初修建破坏情况：整体倒塌。

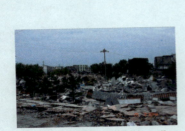

图14 汉旺镇上场民房，70年代修建，2-3层
破坏情况：整体倒塌。

19

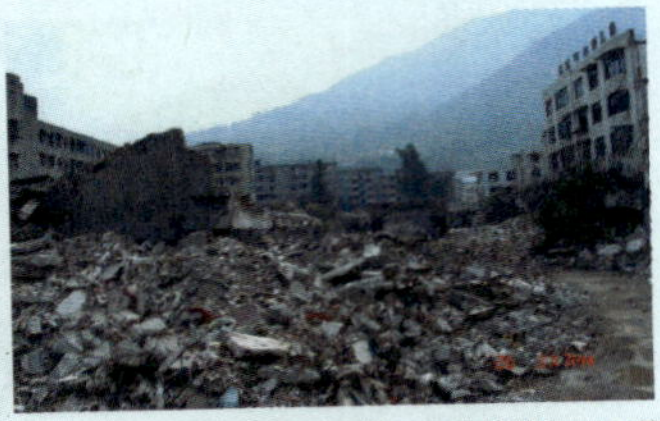

图15 汉旺镇政府街含底商住宅楼，80年代修建，2-3层，未经正规设计与施工，破坏情况：整体倒塌。远处房屋为80年代修建，经过正规设计与施工，未倒塌。

20

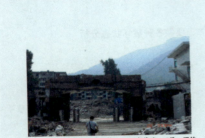

图16 汉旺镇政府两栋办公楼，1985年修建，5层，两栋办公楼纵轴线分别平行及垂直于龙门山断裂带。
破坏情况：整体倒塌。
（政府大门为90年代后期修建，破坏情况：局部垮塌）

21

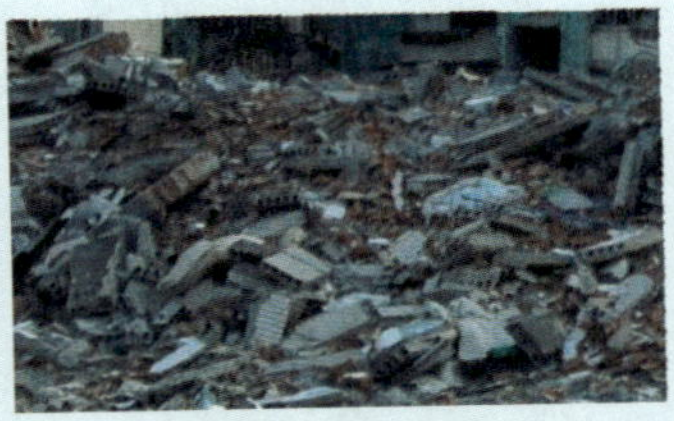

图17 汉旺镇政府办公楼使用的钢筋混凝土预制板

22

2. 部分整体倒塌或局部倒塌加严重破坏

1980～1990年间修建的房屋或未经正规设计建造的房屋，或虽按《78版规范》进行设计，因抗震设防标准仍然较低，构造措施仍然较差，约有40%～50%整体倒塌，其余为局部倒塌加严重破坏。

23

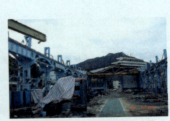

图18 东汽某车间，约1970年修建
破坏情况：局部倒塌（屋架倒塌，局部柱顶破坏，围护墙向外倒塌）。

24

图19 清平磷矿销售处住宿楼，80年代初修建
破坏情况：局部倒塌。

图20 天池煤矿住宿楼，80年代初修建
破坏情况：局部倒塌。

图21 中国农业银行汉旺营业所，90年代中期修建
破坏情况：未整体倒塌但局部倒塌。

3. 未整体倒塌但严重破坏或局部倒塌加严重破坏

1990～2000年间修建的房屋，按《89版规范》进行设计，因抗震设防标准有一定提高，并采取抗震构造措施，该时期修建的房屋，一般未出现整体倒塌但严重破坏，或局部倒塌加严重破坏。局部倒塌的原因有待分析。另外，汉旺镇几栋虽为70年代修建，但按《89版规范》进行抗震加固的房屋亦属于此类，没有整体倒塌但严重破坏。

图22 东汽职工宿舍楼，1970年修建，3层，80年代经加固扩建
破坏情况：未整体倒塌但严重破坏（坡屋面倒塌）。

图23 东汽职工宿舍楼，1980年以前修建，3层，后经加固，设有一定的抗震构造措施。
破坏情况：未整体倒塌但严重破坏。

图24 东汽办公楼，80年代中后期修建，11层
破坏情况：未整体倒塌但严重破坏（内部毁损严重）。

图25 东汽职工住宿楼，90年代中期修建
破坏情况：未整体倒塌但严重破坏。

图26 东汽档案馆，2000年以后修建
破坏情况：未整体倒塌但严重破坏（围护墙破坏，梁柱节点破坏）。

图27 汉旺镇某机关住宿楼，2000年修建，地基下沉，整体连接差。
破坏情况：局部倒塌加严重破坏。

图28 汉旺广场某小区，2005年修建
破坏情况：未整体倒塌但严重破坏（外观轻微损伤，内部严重破坏）。

4. 未整体倒塌但有破坏甚至严重破坏

2000年以后修建的房屋，按现行《2001版规范》进行设计，因抗震设防概念明确，抗震构造措施要求严格，该时期修建的房屋，即使烈度为10度，超过设防烈度约4度，一般也未出现整体倒塌或局部倒塌，仅为破坏甚至严重破坏，有些可能有加固价值，有些经鉴定应予拆除。

中篇：用全面辩证的思维分析问题 .169.

图29 东汽职工住宿楼，2000年以后修建
破坏情况：未整体倒塌但有破坏。

图30 东汽小学教学楼，2000年以后修建
破坏情况：未整体倒塌但严重破坏（圆弧围护墙破坏）。

通过对汉旺镇房屋倒塌毁损情况的研究分析，我们可以初步得出结论，只要完全按照现行的《2001版规范》设计施工，即使地震作用超过设防烈度一些，建筑物也可以在大震时不倒，保证室内人员的生命安全；基于唐山地震经验教训编制的《89版规范》，能够保证地震作用初期房屋不倒塌，为室内人员逃生赢得宝贵时间。

三、要做城镇房屋与农村房屋的震害对比分析

以上是对城镇房屋震害情况的分析，具有一定的规律性，特别是对于单纯受地震作用力破坏的房屋而言。

对于灾区大量的农村房屋，由于未纳入城镇建设监管体系，均由农民自主建设，其震害情况更为复杂，也更为严重。据有关部门统计，汶川地震共造成川、陕、甘三省房屋倒塌约1.6亿平方米，其中农村房屋约占八成多。

图31 陕西省略阳县权力村毁损农房　图32 甘肃省康县付坝村毁损农房

对此，《条例》规定，"地震灾区的县级人民政府应当组织有关部门对村民住宅建设的选址予以指导，并提供能够符合当地实际的多种村民住宅设计图，供村民选择。村民住宅应当达到抗震设防要求，体现原有地方特色、民族特色和传统风貌。"

以灾后重建为契机，全面加强农房建设，是我国城乡建设领域的一次重大进步，在城乡统筹发展进程中无疑具有深远意义。

全国各地都在积极推进城乡建设统筹的试点示范

仅举一例，河南省固始县作为农业大县在实施城乡建设统筹方面的经验和做法：免费提供12套农房设计图纸供农民自主选择、免费为农民提供测量和咨询服务、加强对农村工匠的技术培训、加强农房建设的质量安全检查与巡查等等。

灾后重建规模如此之大的城乡建设统筹还是空前的。目前，陕西、甘肃两省6个重灾县的灾后农民过冬房建设正有序、有效推进，建设主管部门主要负责指导、协调和帮助：派出农房建设指导专家组，着重帮助做好农房建设的设计图纸审查、施工现场指导和农村工匠培训三项工作。

农房设计图纸应体现"安全抗震、经济实用、就地取材、民族特色、节能环保、方便自建"的原则。

图33 陕西省宁强县亢家洞村农民过冬房建设点

图34 甘肃省舟曲县咀上村农民过冬房建设点

四、要做正常设计施工与非正常设计施工房屋的震害对比分析

上述房屋震害的典型分析，应当代表了灾区城镇正常设计施工房屋的震害规律。事实上，灾区绝大多数城镇房屋的毁损情况均在上述规律所描述的范畴内。为进一步加强恢复重建工程质量安全监管，近日，住房和城乡建设部发出通知，要求所有恢复重建工程都应按规定纳入正常的质量安全监管，要求四川、陕西和甘肃省灾区各级建设主管部门加大对恢复重建工程质量安全的监管力度，进一步完善相应的监督管理机制。

与正常设计施工相对应的是非正常设计施工的房屋震害，是指本应纳入城镇建设监管体系但却不满足设计施工要求而导致的房屋倒塌毁损情况。其中要区分哪些是由于设计不满足规范要求而造成房屋倒塌的；哪些虽然设计满足规范要求，但施工质量达不到设计要求，如材料质量以次充好，甚至偷工减料而造成房屋倒塌的。

根据《条例》的规定，灾区县级以上人民政府要负责组织工程质量和抗震性能鉴定并做出相应处理。我们认为，特别是实际地震烈度与设防烈度基本吻合的地震灾区，按《01版规范》设计建造而发生倒塌的房屋，更具典型性，有些个案在得出结论后也应尽可能纳入当地房屋震害研究报告。

五、要做超过与没有超过设防标准情况的对比分析

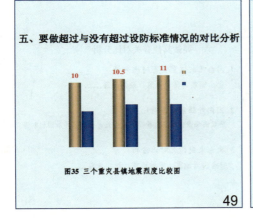

图35 三个重灾县镇地震烈度比较图

有关地震等级划分按三水准设防：50年一遇地震，475年一遇地震（设计基本地震），1975年一遇地震（罕遇地震）。一种观点认为，这次地震毫无疑问属罕遇地震！但历史上这一地区多次发生大地震，如1879年的8.0级地震，1933年的7.5级地震，因此简单套用上述理论很难解释本次大地震。

关于三水准目标："小震不坏、中震可修、大震不倒"

唐山大地震后，我国地震工程界明确提出了"小震不坏、大震不倒"的抗震设计思想，并首先体现在1989版《规范》，2001版《规范》坚持并延续了这个原则。汶川地震发生后编制的《建筑抗震设计规范》（GB50011-2010）指出：按本规范进行抗震设计的建筑，其基本的抗震设防目标是："当遭受低于本地区抗震设防烈度的多遇地震影响时，主体结构不受损坏或不需修理可继续使用；当遭受相当于本地区抗震设防烈度的设防地震影响时，可能发生损坏，但经一般性修理仍可继续使用；当遭受高于本地区抗震设防烈度的罕遇地震影响时，不致倒塌或发生危及生命的严重破坏。"

1、"小震、中震、大震"即"多遇地震、设防地震、罕遇地震"的概念：

《建筑抗震设计规范》（GB50011-2010）条文说明1.0.1中给出了其具体解释：根据我国华北、西北和西南地区对建筑工程有影响的地震发生概率的统计分析，50年内超越概率约为63%的地震烈度为对应于统计"众值"的烈度，比基本烈度低一度半，本规范取为第一水准烈度，称为"多遇地震"；50年超越概率约为10%，即1990中国地震区划图规定的"地震基本烈度"或中国地震动参数区划规定的峰值加速度所对应的烈度，规范取为第二水准烈度，称为"设防地震"；50年超越概率2%-3%的地震烈度，规范取为第三水准烈度，称为"罕遇地震"。

2、"不坏、可修、不倒"的界定：

《建筑抗震设计规范》（GB50011-2010）条文说明1.0.1中给出：一般情况下（不是所有情况下），遭遇第一水准烈度——众值烈度（多遇地震）影响时，建筑处于正常使用状态，从结构抗震分析角度，可以视为弹性体系，采用弹性反应谱进行弹性分析；遭遇第二水准烈度——基本烈度（设防地震）影响时，结构进入非弹性工作阶段，但非弹性变形或结构体系的损坏控制在可修复的范围[与1989规范、2001规范相同，其承载力的可靠性与《工业与民用建筑抗震设计规范》TJ11-78（以下简称78规范）相当并略有提高]；遭遇第三水准烈度——最大预估烈度（罕遇地震）影响时，结构有较大的非弹性变形，但应控制在规定的范围内，以免倒塌。

房屋建筑不坏、可修、不倒的破坏程度在《建筑地震破坏等级划分标准》（1990建抗字第377号）提出了定性划分：一、基本完好：承重构件完好；个别非承重构件轻微损坏；附属构件有不同程度破坏。一般不需修理即可继续使用。二、轻微损坏：个别承重构件轻微裂缝，个别非承重构件明显破坏；附属构件有不同程度的破坏。不需修理或需稍加修理，仍可继续使用。三、中等破坏：多数承重构件轻微裂缝部分明显裂缝；个别非承重构件严重破坏。需一般修理，采取安全措施后可适当使用。四、严重破坏：多数承重构件严重破坏或部分倒塌。应采取抢险措施；需大修、局部拆除。五、倒塌：多数承重构件倒塌，需拆除。

55

房屋震害研究中，要对比分析超过和没有超过设防标准两种情况，不能一概而论。哪些县镇的实际地震烈度没有超过设防标准，与超过设防标准地区的房屋震害情况是否存在异同；哪些县镇的实际地震烈度超过设防标准，其房屋破坏规律是否随着烈度超出程度的不同而不同。

56

六、要做其他有关对比分析

1. 国内几次强震灾害对比分析
   唐山地震、集集地震、汶川地震……
2. 国内外强震灾害对比分析
   房屋倒塌毁损的应急抢险机制以及评估、鉴定加固机制等
3. 次生火灾情况对比分析
   旧金山大地震、阪神地震、汶川地震……

57

通过房屋震害研究，应科学、理性、实事求是地回答若干重大科学技术的基本问题：

✓ 如何利用震害现场资料，整理总结建（构）筑物，包括城镇市政基础设施（特别是生命线工程）的破坏规律？

✓ 如何科学评价现行建筑抗震规范在抵御地震灾害、保护室内人员生命安全方面的实际效果？

58

✓ 抗震设防标准的调整应体现科学性和严肃性，是否应当以房屋震害研究结果为依据？

✓ 对于公共建筑和服务设施，在抗震设防等级确定、结构体系选择等方面有哪些需要思考的问题？等等

通过研究这类问题，进而引伸至技术标准和相关政策的调整。

59

图36 北川新城之禹王广场　　图37 北川新城之羌族特色小区

60

图38 北川新城之回族群众之家　　图39 北川新城之羌族特色街区

2008年四川汶川8.0级地震给了我们非常重要的启示和宝贵经验，在党中央、国务院的坚强领导下，全国人民万众一心战胜了严重的自然灾害，取得了抢险救灾和灾后重建的巨大成就，形成了伟大的抗震救灾精神。这次四川芦山7.0级地震，无论是范围和强度都小于汶川地震，我们有理由更加坚定和自信，相信在党中央、国务院的领导下，四川省委、省政府指挥的抢险救灾和灾后重建一定会取得胜利。

61

抗震减灾
关于5·12地震的后续思考

62

各国抗震设防标准的制定与国家的经济实力、对地震学科的研究，以及对世界上历次地震的认识有很大关系。我国先后颁布了几个版本的抗震设计规范：邢台地震后出了第一部抗震设计规范（1974版）；唐山地震后出了1978版抗震设计规范；改革开放开始又出了1989版抗震设计规范。经过几十年来的科研及技术发展，特别是研究总结了我国几次大地震的经验，形成了2001年制定的我国现行《抗震设计规范》（GB50011-2001）。当年1974版《规范》只有38页，而2001版《规范》已多达300多页，更加深入、更加全面（汶川地震后，已出了2010版抗震设计规范）。应当说，我国抗震规范的制定是严谨的、科学的、是在不断完善提高的。

63

1. 5·12汶川特大地震所证明的重要经验

通过对5.12汶川地震震情的调查研究，特别是对平原坝区房屋受破坏程度和破坏规律的分析，初步得出了以下结论：按现行2001版《规范》进行设计修建的房屋，基本未出现整体倒塌或局部倒塌，仅为破坏或严重破坏，即做到了"大震不倒"；按1989《规范》进行设计修建的房屋，一般未出现整体倒塌但严重破坏，或局部倒塌加严重破坏；按1978版《规范》进行设计修建的房屋，约有40%~50%整体倒塌，其余为局部倒塌加严重破坏；按1974《规范》进行设计修建的房屋，80%以上整体倒塌。这说明我国现行2001版《规范》的工程适用性还是比较高的。

64

2. 怎样看待抗震设防？

一个地区的抗震设防标准是以国家规定的当地地震设防烈度为抗震设计依据。按照我国现行的抗震设防区划图，汶川地区的设防烈度是7度，而这次震中映秀镇的实际地震烈度为11度。成都市虽距震中只有100多公里，但由于所处大陆架地质构造的因素，实际地震烈度只有7度，而成都的设防烈度也正好是7度，所以按现行7度设防的成都经受住了考验。汉旺镇的设防烈度为6度，但实际地震烈度约为10度，大大超过设防烈度，所以按1978版及其以前规范设计建造的房屋部分倒塌在所难免。但即便是这种程度的大震，汉旺镇凡按1989版《规范》，特别是按2001版《规范》设计建造的房屋基本上没有倒塌，这至少表明我国现行的抗震标准还是能基本满足工程建设需要的，做到了"大震不倒"。

65

要做到更科学地设防，更合理地设防，关键的问题是要尽量将一个地区的抗震设防烈度定得恰当、适当、准确。或者说，只要设防烈度与实际地震烈度大致相符，那么按现行抗震标准设计修建的房屋就能抵御相应地震烈度的破坏，最起码能够保证人的生命安全。这是被"5·12"汶川地震证明了的最重要的经验。

66

3. 应突出研究"抗"兼顾研究"报"

关于抗震设防的技术路线问题，不仅是一个重大的科技问题，也是一个重大的公共政策问题。对于抗震工作，应当既立足于报，更应立足于防，立足于抗。只要地震主管部门明确该区域的抗震设防烈度，建设主管部门就应该据此提出抗震设防的标准和要求。正如上面所述，只要抗震设防烈度与实际地震烈度大致相符的，就基本上能做到"小震不坏，中震可修，大震不倒"。

67

要做到这一点，就需要地震部门的科学研究了。虽然地震预报是世界难题，但地震学界认为，地震的长期预测是有可能的，这主要基于地震学家对断层历史的研究。这种长期趋势性预测主要预报一个地区在未来几年或几十年之内发生地震的可能性和最大震级。长期预报的主要作用就是指导该地区的建筑物抗震设防，用以调整抗震设防区划图及抗震标准。据悉，新的抗震设防区划图已经国家标准委员会批准。

68

4. 地震实时监测信息对抗灾救灾作用很大

如果说要进一步立足于防和抗，就要加强地震监测网的建设，通过对地震的实时监测，利用地震纵、横波的时间差来实施应急防灾。因为地震纵波在震中周边地区能很快测到，而地震横波则有一定传播时间，利用这种纵、横波的时间差，哪怕只有几秒钟，就可以利用捕捉到的信息，以电波速度，紧急启动抗震防灾预案，如地铁、电力、供水、供气部门等设置应急装置，防止出现次生灾害，这应当是今后的研究方向。

69

结 语：

学会用全面辩证思维分析研究重大技术问题。

70

提出问题应理性思维

知～行

71

分析问题应逻辑思维

来龙去脉

72

中篇：用全面辩证的思维分析问题

73

解决问题应辩证思维

把握好度

74

全面辩证思维与重大技术问题：
- 5·12房屋震害分析
- 建筑节能政策
- 钢筋混凝土技术路径
- 建筑保温技术分歧
- 高铁速度意见分歧
- 国家大剧院方案分歧

75

又例如：建筑节能政策
- 三大节能
- 三个气候区
- 新建与既有
- 住宅与公共建筑
- 城镇与农村

76

政策取向：

外保温技术

77

"凡属大事，都要慎重。第一要分析，方方面面的分析，把材料掰开了，揉碎了，分分类、排排队；第二要比较，逐类逐项比较，不同角度比较，多种方法比较；第三要综合，在分析比较基础上综合，从总体和发展上权衡，得出结论，产生方案；第四要反复，任何方案只要时间允许都要反复几次，反复听取意见，反复修改完善。但这一切的前提是把情况搞全弄准"。

——李瑞环

78

岩土工程发展方向与转变发展方式

十二五规划：

主题——科学发展

主线——转变发展方式

节地

土地是稀缺资源，趋势：

- 上天入地 ⟨ 关于国际化大都市CBD容积率问题讨论 / 关于地下空间开发
- 上山下海 ⟨ 山区城市破解土地之困 / 沿海城市填海造地成功经验
- 画地为牢 ⟨ 长投发展，尽可能多 / 现金流与固定资产的关系

关于上天入地，需解释。

城市规划建设三要素

- ✓ 城市天际线
- ✓ 建筑轮廓线
- ✓ 交通路网

土地是稀缺资源：

一方面，18亿亩耕地红线压力。

另一方面很多一线城市（如北京，上海）建设用地已经占到城市面积的48%～50%，而国际上一些著名城市（如香港、新加坡、伦敦）仅占20%～30%。

再一方面，一些地方已经严重依赖"土地财政"。2011年，土地招拍挂达3.15万亿，占地方本级收入的约60%。

关于上山下海，需借鉴。

- ✓ 沿海地区基础设施建设被迫下海，开山填海造地经验丰富、成效突出。
- ✓ 山区城市，特别是有资源优势但缺乏建设用地的城市，应鼓励大胆地试，延安的经验值得借鉴。

关于画地为牢，可参考。

- ✓ 鉴于以上所述土地资源的稀缺性，大型企业应考虑土地战略长投计划，"鸡蛋放在不同篮子里"。
- ✓ 兑现建设资金或馈还建筑房屋同样值得考虑。

谢谢！

用历史唯物主义和辩证唯物主义观点分析住房制度的主要矛盾

伴随中国经济社会的快速发展和城镇化进程不断推进，房地产市场一直处于既蓬勃发展又跌宕起伏的状态。一方面其对经济发展影响深远；另一方面其又在推动"住有所居"上发挥重要作用；再一方面，不断高企的房价始终为人们所诟病，成为社会关注的焦点问题。近年来，各类房地产市场调控政策不可谓不多，不可谓不全，2003年"18号文"，2004年"71号令"，2005年"国八条"、"新国八条"，2006年"国六条"、"九部委37号文"，2007年"24号文"，2008年"国十条"，2010年"新国十条"、2011年"国八条"、2013年"新国五条"及其实施细则。每出台一次政策，房价在稳定（或下降）一段时间后，又扭头向上，呈报复性上涨趋势。除纳入保障性安居工程供应体系的20%的城镇困难居民外，其余城市居民都要通过房地产市场来解决住房问题或改善住房需求。这其中，又有约30%属迫切需要解决住房问题的中等偏下收入居民的刚性需求，特别是年青群体，如高校毕业生等，其单凭自身收入越来越买不起住房，同时又不能进入保障体系，俗称"夹心层"。这一群体在一、二线城市比重不同。但有一条，他们是中国的未来，他们上网，他们激愤，他们又有关联人口（上有老、下有小），其呼声被放大。据不完全统计，近10年累计高校毕业生近5400万，加上关联人口将影响近两亿人。除他们以外，还有一部分城市居民虽然已有住房，但条件较差，有改善需求，也是刚需的一部分，但也买不起价格越来越高的住房，意见也很大。以上群体的住房问题能否解决？如何解决？住房政策到底出了什么问题？

本文已以笔名"铁语"发表于《学习与研究》2013年第11期，题目改为《对我国住房制度和房地产市场的思考》。

需要我们回到历史唯物主义和辩证唯物主义观点,分析当前住房制度的主要矛盾和矛盾的主要方面,以找出破解之道。

一、用历史唯物主义观点梳理住房政策走向

改革开放以前,我国城镇住房制度长期实行住房产权公有、实物分配、低租金使用的福利性供给制,由政府和职工单位承担职工住房建设、管理和维护的全部责任。改革开放以后,随着人民群众生活水平的不断提高,这种计划经济体制下形成的供给模式远远跟不上住房需求的发展,导致住房非常紧张,矛盾非常突出。经过不断试点探索,国务院于1998年下发《关于进一步深化城镇住房制度改革加快住房建设的通知》,决定停止住房实物分配,逐步实行住房分配货币化。这被认为是我国住房制度改革的里程碑。住房制度改革突出两点,即"老人老办法、新人新办法",对存量房采取成本价销售的办法出售给老职工,新职工则主要依靠房地产市场解决住房问题。这一重大政策出台得到了广大人民群众的普遍拥护,一方面老职工拥有了自己的住房,解决了历史欠账问题;另一方面打通了住房供给通道,市场化为新职工带来了希望,看得见、摸得着。住房制度改革极大地促进了房地产市场的发展,成为城镇居民解决住房问题的主渠道,人民群众的居住条件得到了极大的改善,从1998年人均住房面积18.7平方米提高到2012年的32.9平方米,住房的成套率、建设标准、居住品质都大幅提升。

在房地产市场快速发展的同时,房价上涨,低收入群体、困难家庭住房问题逐步积聚突出。实践证明,仅靠房地产市场难以解决社会各层次的住房需求,特别是在解决城市中低收入家庭住房的问题上,市场机制失灵了。政府有责任通过直接或间接的参与,制定合理的住房供应公共政策,来帮助这些家庭获得与社会发展水平相当的住房条件。1998年

我国住房制度也曾明确房地产市场和保障性住房建设两条腿走路的思路，即"对不同收入家庭实行不同的住房供应政策。最低收入家庭租赁由政府或单位提供的廉租住房；中低收入家庭购买经济适用住房；其他收入高的家庭购买、租赁市场价商品住房"。但很多地方政府都没有真正贯彻落实，保障性住房政策一度形同虚设。截至2005年底，全国仍有70个地级以上城市没有建立廉租房制度，全国有近一半以上的地级城市尚未建立严格的廉租房申请、审批制度。为切实解决城镇中低收入家庭住房困难问题，党中央、国务院下大决心开展保障性安居工程建设。2005年，国务院批准了东北地区棚户区改造项目，2007、2008年逐步推广至全国。2008年以来，全国共开工建设城镇保障性住房（含棚户区改造住房）超过3000万套，基本建成1700万套以上。这5年也是我国历史上保障性安居工程建设规模最大、投入最多、速度最快的时期。截至2012年年底，通过保障性住房建设和棚户区改造，以实物方式解决了约3100万户城镇低收入和中等偏下收入家庭的住房困难问题，保障性住房覆盖率达到12.5%。预计到"十二五"期末，全国保障性住房覆盖面将达到20%左右。

　　回顾历史，我们可以梳理出我国住房制度发展的清晰脉络。从1998年到2006年，突出的是发展房地产市场，形成完善的房地产市场机制，满足人民群众日益增长的住房需求。从2007年到现在，突出的是保障性安居工程建设，在市场失灵的情况下，政府介入解决城镇低收入家庭住房困难问题，保障性住房需求与房地产市场住房需求交织混淆的问题基本厘清。期间，也曾考虑用"两限两竞"方式，即限套型、限房价，竞地价、竞房价，增加中小套型的供给，抑制房价涨幅，解决中等偏下收入群体的住房问题，但推广效果较小。一些城市的经济适用房、限价房供应杯水车薪，推进缓慢。那么，从现在开始，则应认真研究破解"夹心层"——既进不了住房保障体系，又无法承受高房价的中等偏下收入居民的刚性需求问题。

二、用辩证唯物主义观点分析房地产市场的主要矛盾和矛盾的主要方面

房地产市场具有多重属性。最重要的有两种，一是政治属性，二是经济属性。从政治属性来看，"安居乐业"、"住有所居"历来是人们崇尚的理想状态。利益关系的和谐是社会和谐的核心，促进利益关系的和谐，最重要的是切实解决好人民群众最关心、最直接、最现实的利益问题。"我们党要巩固地位、完成执政使命，就必须始终把实现好、维护好、发展好最广大人民根本利益作为一切工作的出发点和落脚点，不断解决好人民最关心最直接最现实的利益问题，努力让人民过上更好生活"。目前不管是一线城市、二线城市，都有较大比例的刚性需求群体，以年轻人居多，有庞大的关联性。他们既进不了住房保障体系，又买不起市场上高价格的住房。他们的意见在网上具有极大的放大效应，有时还会有一些极端情绪爆棚。网上长期积聚的负面效应极易使他们产生离心离德倾向。所以，要从政治属性来认真研究解决这一部分群体的利益问题。

毫无疑问，房地产市场具有经济属性，客观上已经成为国民经济的重要支柱产业之一，特别是对一些城市政府而言，对经济社会发展具有越来越重要的作用。2012年，房地产开发投资额7.18万亿元，同比增长约16.2%，占全社会固定资产投资的近20%，带动钢铁、建材、交通、石化、家电家居等相关产业，解决了大量劳动力就业。可以讲，中国经济已经离不开房地产市场，保持房地产市场的长期稳定发展同样不可或缺。

不难看出，当前要破解的主要矛盾就是——刚性需求群体的住房困难问题。房价主要包括三大成本，即土地成本、建安成本、资金成本及

开发企业利润。毋庸讳言，近几年房价高企的原因主要在土地成本（当然，也包括开发企业推波助澜的暴利）。2001年，国务院要求各地停止协议出让经营性用地，实施招拍挂制度。该项制度的核心在于解决土地管理领域的腐败问题。但土地招拍挂制度的实施，客观上已然成为一些地方政府发展经济求之不得、欲罢不能的重要政策手段。1999～2008年，全国土地出让收入累计仅为5.3万亿元，而2011年一年就达到3.15万亿元，占到当年地方政府本级收入总额的60%，成为地方财力不折不扣的"顶梁柱"。各地"地王"不断涌现。2012年北京市西北三环与四环之间某"地王"，楼面地价高达4.15万元／平方米（与周边房价相当）。北京市南郊某两相近地块，2011年成交的地块楼面地价为9756元／平方米，2012年成交的地块楼面地价已上涨为16478元／平方米，短短一年时间涨幅达69%。

土地成本中又包含三部分，一是正常的征地拆迁和"七通一平"（或"九通一平"）的成本。这是合理的开发成本，与建安成本和资金成本一样，理应由购房人承担。二是地方政府为招商引资而转嫁的成本。如地方对工业项目的招商引资，都有很多优惠政策，有的是"象征性"地价（还要通过财政奖励返还），有的甚至"零"地价。同一区域房地产项目和招商引资工业项目，土地价差8～10倍，甚至百倍。这些土地成本都要由地方政府来承担，而财政上又没有这笔钱，只能转嫁到房地产项目的土地出让收入中。因此，土地出让收入往往被称为地方政府的"第二财政"。三是城市建设等成本（也包括保障性安居工程）。一些地方政府把土地作为"经营城市"的重要抓手，并且深谙此道，深刻领悟微观经济学的第二原理，即稀缺资源原理，几乎所有城市都把土地作为稀缺资源，价高者得，收益回报越高越好。每当"地王"产生，都掩饰不住一些地方官员的喜悦心情，这样政府就能有更多的资金用于城市建设。现在我们要回归理性，要从政策的出发点、落脚点来分析，以上第二、第三部分成本，是否应当由当地对住房具有刚性需求的居民来承担？这一思考就成为破解这一主要矛盾和矛盾的主要方面的突破口。

三、解决问题的思考建议

综上分析，我们不难看出有两种可行性。一是打破现有土地制度。但这将面临诸多困境，而且极有可能对国民经济产生"伤筋动骨"的影响。在我国，总体上讲土地始终是稀缺资源。据某研究报告指出，我国很多一线城市（如北京、上海）建设用地已经占到城市面积的48%～50%，与我国香港以及国际上一些城市（如新加坡、伦敦）的约20%～30%相比已经偏高。一些一线城市主城区内已面临"无地可用"的局面，必须坚持土地市场化配置政策。同时，许多地方政府已经对土地财政形成严重的依赖性，客观上已难以改变，实践中也难以为地方政府所接受。二是在既有土地招拍挂制度的基础上，将土地出让收入中的高溢价部分实行适当返还或补偿。即将土地成本中的第二、第三部分成本，对当地具有住房刚性需求的居民在合理的建筑面积内予以适当减免或优惠。例如：在人均15平方米，户均45平方米内，免除第二、第三部分成本；在人均15～30平方米之间，户均45～90平方米之间，给予适当的梯度优惠。这种制度设计的思路是，20%的城镇居民进入保障房体系，其余不能进入保障房体系中具有刚性需求或改善需求的居民，在合理建筑面积内，只承担土地成本的第一部分，而第二、第三部分成本可获得一定程度的减免或优惠。当然，这项政策是否启动的前提是当某城市土地出让价格高出正常土地成本或适当成本一定比例。

以上第二种可行性的优点在于无须改变现行制度设计，土地政策不受影响，只影响到某些土地出让价格高于正常成本的城市（即部分一、二线城市）的部分土地收入，对当地居民的第一次刚性需求给予一个基本保障，而土地成本的第一部分仍由购房人自行承担。这就使得这部分人能够分享当地经济社会发展的红利，实现住有所居。同时，如果实践层面解决得好，还可以再次促进这些城市的经济发展。当然，以上思考还有很多值得深入研究的问题，如是否实行普惠制（新购房人与已有住房居民的关系），即公平性问题；是否对现有房地产市场的限购、限价等政策进行适当调整问题，如侧重规范房地产市场行为，侧重限制开发企业暴利等；一些城市特别是部分一、二线城市的财政状况是否适宜等等问题。本文只是从历史唯物主义和辩证唯物主义的观点提出一种政策走向的思考，参考了香港、新加坡的住房制度设计理念，学习了一些地方领导同志和专家学者关于"地票理论"、"政策性房地产"研究的一些思路。必须坦率地承认，以上分析充其量仅仅是认识论层面的考虑，远远没有达到方法论层面的深入研究，谨供研究决策同志参考。

作者：王铁宏、韩煜、朱宇玉

建筑抗震工作应着力做好八个转变

要从践行"三个代表"重要思想和构建社会主义和谐社会的高度来认识抗震防灾工作，贯彻科学发展观，坚持"以人为本"的施政理念，以对人民群众生命财产高度负责的精神，加强领导，落实责任，采取措施，保证灾时最大限度地避免和减少人员伤亡，尽量降低国家和人民群众的生命财产损失，尽快恢复市政公用设施的功能，保障人民群众的基本生活条件。

29年前的今天，中国发生了一次巨大的灾难，1976年7月28日，唐山大地震夺去了我们24万同胞的生命，整座城市毁于一旦。在唐山大地震发生29周年之际，建设部抗震办决定召开一次"全国抗震办主任座谈会"意义非同凡响，它不仅仅是表达我们抗震工作者对遇难同胞的缅怀，也是我们对近年来全国抗震工作的一次检视与回顾，更是对未来工作的一次梳理与研究，特别是在印度洋海啸让世界再次承受几十万人口生命损失之后，这种回顾与展望显得更加重要和具有现实意义。我谨代表建设部向参加本次会议的全国抗震办主任在抗震防灾战线上所付出的辛勤工作表示慰问，对云南省人民政府、建设厅为本次会议的顺利召开所作的大量工作表示感谢。下面我从三个方面谈点意见。

一、要从构建社会主义和谐社会的高度认识抗震防灾工作的重要性

城市公共安全是党中央国务院高度重视和当前社会关注的热点，温

本文是作者2005年7月在全国抗震办主任座谈会上的讲话

家宝总理在2004年的《政府工作报告》中指出，各级政府要全面履行政府职能，在继续搞好经济调节、加强市场监管的同时，要更加注重履行社会管理和公共服务职能。特别要加快建立健全各种突发事件应急机制，提高政府应对公共危机的能力。抗震防灾工作是城市公共安全的重要内容，是提高政府应对公共危机能力的重要环节。

我国是世界上地震灾害最严重的国家之一，党中央国务院对防震减灾工作给予了高度重视，温家宝总理多次作出重要批示，对防震减灾工作提出具体要求。国务院还专门召开全国防震减灾工作会议，回良玉副总理作了重要讲话，提出了全面加强防震减灾工作的"三大战略要求"，会后发出了《国务院关于加强防震减灾工作的通知》。建设部党组将抗震防灾工作作为城市综合防灾的重要内容，多次批示和召开会议研究部署，把抗震防灾工作作为学习"三个代表"重要思想的具体实践，以科学发展观统领工作的必然要求，保障广大人民群众根本利益、体现"以人为本"的着眼点和关键点。

因此，我们要统一思想，进一步提高认识，认真学习和贯彻落实党中央国务院领导的指示精神，从践行"三个代表"重要思想和构建社会主义和谐社会的高度来认识抗震防灾工作，贯彻科学发展观，坚持"以人为本"的施政理念，以对人民群众生命财产高度负责的精神，加强领导，落实责任，采取措施，保证灾时最大限度地避免和减少人员伤亡，尽量降低国家和人民群众的生命财产损失，尽快恢复市政公用设施的功能，保障人民群众的基本生活条件。

二、以往的实践为抗震防灾工作打下坚实基础

确保地震中房屋建筑安全和市政基础设施正常运转是保障灾区人民的生命财产安全和正常生活的关键。唐山大地震以后，当时的国家建委

即成立抗震办，开展抗震设防管理工作，二十多年来，针对已有工程的抗震加固、新建工程抗震设防、城市抗震防灾规划的编制与实施、村镇建设抗震防灾、工业与民用建筑的抗震重点及部门协调配合等方面的实际情况，做了大量工作。近年来，全国建设系统在国务院的统一领导下，依据有关法律法规和国务院设定的建设部"三定"方案的要求，按照《中华人民共和国减灾规划（1998—2010年）》，在工程抗震领域认真履行职责，取得了很好的成效。

1．加大依法行政管理力度，促进抗震防灾水平提高

近年来，我部先后印发了《关于加强建设工程抗震设防管理工作的通知》、《关于加强村镇建设抗震防灾工作的通知》、《关于充分发挥建设行政主管部门的综合职能，加强工程建设、城乡建设抗震防灾工作的通知》、《抗震防灾"十五"计划》、《建设部2004年抗震防灾工作总结及进一步加强抗震防灾工作的意见》等文件，对建设系统抗震防灾工作进行了全面部署，起到了很好的指导作用。地方建设主管部门如北京、上海市建委、江苏省建设厅等也制定了大量的符合地方实际情况的行政法规和技术政策。

2．完善法律法规体系，为抗震防灾工作夯实基础

建设部依据《防震减灾法》、《建筑法》、《城市规划法》以及《建设工程质量管理条例》、《勘察设计管理条例》，颁布了《建设工程抗御地震灾害管理规定》、《超限高层建筑抗震设防管理规定》、《城市抗震防灾规划管理规定》，正在拟订《房屋建筑抗震设防管理规定》。这些部门规章从规划、勘察、设计、施工、监理各个环节，对建设主管部门、建设、规划、设计、监理企业等相关单位的责任和强制性要求以及必须执行的技术标准等都做出了明确和严格的规定。为了提升这些规定的强制性和法律地位，正在组织开展《建设工程抗御地震灾害管理条例》的调研工作。地方法规建设也有较大进展，江苏、河北、陕西、吉林、

宁夏等省（区）都颁布了一系列地方性法规规定。如《江苏省防震减灾条例》、《河北省建设工程抗震管理条例》等。

3. 建立标准规范体系，为有序管理搭建统一平台

为给贯彻执行上述有关行政法规提供技术依据，建设部非常重视工程抗震等防灾技术标准规范的制定和管理工作。根据我国的实际情况提出了抗震设防的三个水准目标：小震不坏，中震可修，大震不倒。依此组织编制和修订了抗震设防标准规范40余项，如《建筑抗震设计规范》、《建筑抗震鉴定标准》、《构筑物抗震设计规范》、《市政设施抗震设计规范》等国家强制性标准。特别是1998年以来，我部组织专家总结、研讨我国云南丽江、内蒙古包头、河北张北、台湾集集、新疆伽师和土耳其等破坏性地震对工程设施造成的破坏情况和工程震害经验，重新修订了一系列工程设计规范，并注意及时将成熟的抗震新结构、新工艺、新材料纳入工程抗震防灾的技术标准体系，以保证技术标准的先进性。其中新修订的《建筑抗震设计规范》于2002年开始执行，使我国建筑的抗震设防水平有所提高。新修订的《建筑抗震设防分类标准》，提高了幼儿园、小学等建筑的设防类别，更加体现了以人为本的原则。此外，各地方、各行业也相应出台了一些地方标准和行业标准，基本满足了工程抗震设防的需要。实践证明，凡是按照抗震设防法规和规范合理设计，严格施工，就可以达到理想的抗震效果。

4. 编制抗震防灾规划，为抗震防灾做好空间安排

抗震防灾规划是城市总体规划的一个重要组成部分，建设部一向高度重视抗震防灾规划的编制。到目前为止，全国共编制完成市、县抗震防灾规划近700项。其中，仅"九五"期间全国大中城市就编制完成或修订城市抗震防灾规划200余项。苏鲁皖地区、内蒙古和新疆维吾尔自治区等地还编制了抗震防灾综合防御体系。山东、云南、内蒙古、江苏、陕西、吉林、安徽、四川等省（区）的抗震防灾规划编制工作覆盖面广，

成绩明显。西安、合肥等城市还将抗震防灾规划的实施与新建工程抗震设防管理紧密结合起来，为城市建设和工程建设的抗震设防提供了更加科学合理的依据。这次会议还将介绍综合防灾规划的编制案例。各地抗震防灾规划的编制和实施，使城市综合抗震防灾能力得到了较大的提高。

按照中央关于加快小城镇发展的战略部署，针对村镇建设快速发展的形势，建设部于1999年在江苏召开了村镇建设抗震工作现场会，并发出《关于加强村镇建设抗震防灾工作的通知》，明确提出在编制村镇总体规划时增加抗震防灾的内容，要求把村镇建设中的基础设施、公共建筑、中小学校、乡镇企业、三层以上的房屋工程作为抗震设防的重点，必须按照现行抗震设计规范进行抗震设计、施工。2004年召开了两次村镇建设抗震防灾座谈会；组织调研并撰写了《地震高发地区农村抗震能力建设与震后重建》；编写了《村镇建筑抗震技术规程》、《村镇建筑抗震对策与技术措施》；还组织编制了全国村镇房屋抗震图集、挂图，为村镇建筑抗震工作提供了技术支持。

5. 制定建设系统破坏性地震应急预案

2002年按照国办要求，结合部内部司局调整，建设部重新修订发布了《建设部破坏性地震应急预案》（建抗[2002]112号）。2004年，按照《国务院关于实施国家突发公共事件总体应急预案的决定》要求，编制和颁布了《建设系统破坏性地震应急预案》。

新的预案更加紧密地结合了建设系统的特点，加强了系统内各部门的协调，明确了各自的责任，提高了可操作性。为了保证一旦发生地震灾害，应急预案规定的各项工作能够有效落实。今年，建设部将重点完成预案中各项保障措施的落实工作。

6. 强化监督检查，为国家和人民生命财产安全负责

到1998年，全国已普遍建立了新建工程抗震设防专项审查抽查制度。根据《建设工程质量管理条例》确立的施工图设计文件审查制度将

抗震和结构安全作为重要内容，执行包括抗震设防标准在内的强制性标准。如江苏省2000年、2001年共对3560个项目进行抗震设防专项审查，其中30%的项目存在质量隐患，通过审查消除了结构不安全因素。随着高层建筑的增多，建设部加强了超限高层建筑工程抗震设防管理，建立了超限高层建筑工程抗震设防审查制度，专门制定管理办法，成立国家和省级专家委员会，目前，全国已完成近200项超限高层建筑工程抗震设防审查工作，确保了超限高层建筑的质量。仅2004年一年，全国专家委员会就对中央电视台新台址主楼、五棵松文化体育中心篮球馆综合体、国家体育场、国家游泳中心等12项（总面积147万平方米）工程进行了抗震设防专项审查。

近来组织的全国范围工程质量大检查中，也都将抗震与结构安全作为检查的重要内容，2003年底，建设部又组织开展了全国抗震设防质量检查，2004年初，以文件形式公布了检查的情况和结果，以指导建设系统的抗震防灾工作。

7. 支持研究开发，通过技术创新提高抗震防灾水平

建设部积极支持高等院校、科研和勘察设计单位开展科技创新，加大对工程抗震领域的科研投入，推出科技成果，积极支持社会力量开展抗震防灾工作。在新结构体系抗震性能研究、高层建筑抗震设计、抗震加固的新技术、新方法、新材料、隔震减震技术等方面，一批具有国际先进水平的科研成果已经得到了应用。为保证采用新技术工程的抗震质量，在全国范围内审查批准了60多万平方米采用隔震、减震等新技术建设的示范工程。通过适时将其纳入标准规范，使抗震科研的研究方向与工程建设的需要结合得更紧密，科技进步进一步促进了工程抗震防灾水平的提高。

8. 加大资金投入，对既有建筑抗震加固，确保城市整体安全

唐山大地震以后，我们重点进行了抗震设防区建筑的加固工作，取得了显著成效。1998年至2000年国家集中安排国债资金13.1亿元，用于首都圈中央国家机关行政事业单位建筑工程的抗震加固，包括国家博物馆、农业展览馆、清华大学主楼、协和医院等357个项目，使得按照产权隶属关系应由中央财政负担的在首都圈范围内的工程已基本消除了抗震隐患。

各地也通过对现有工程抗震能力的普查、鉴定，结合城市的发展，制定抗震加固计划。积极落实资金，相继完成了一批重点工程、城市生命线工程和有安全隐患的工程的抗震加固工作。特别是云南丽江地区1996年地震，检验了我们的加固成果。

9. 强化教育培训与交流合作，提高社会总体防灾水平

《中华人民共和国防震减灾法》颁布后，建设部认真组织学习，印发了《关于认真贯彻〈防震减灾法〉，加强抗震防灾工作的通知》，并在建设系统全面开展宣传活动，各地建设系统通过召开座谈会、研讨会、举办各种培训班、专题宣传图片展览、印发专题宣传品以及广播、电视等各种形式，提高对抗震防灾工作及其意识的认识。

为了更好地贯彻执行工程抗震等防灾技术标准，还组织专家编写了统一的抗震设计规范培训教材，制定培训计划，有计划、有目的、分层次组织培训，培训对象包括勘察、设计、施工图设计审查单位的技术人员及建设主管部门有关管理人员等。

建设部一直非常重视在工程抗震领域的国际合作。多次发起、支持有关科研单位举办各种主题的国际研讨会。如，中日美生命线地震工程研讨会、中日美基础设施研讨会、中美新世纪地震工程研讨会等，2004年，还与中国地震局联合成功申办了2008年第十四届世界地震工程会议。这些活动交流了工程抗震与城市防灾领域的最新研究成果，直接促进了我国工程抗震科研水平的提高。

三、未来工作的重点和主要思路

在座很多都是长期从事工程抗震工作的同志，一些还是老抗震办主任，通过总结回顾以上这段历史，大家可能都有酸甜苦辣，五味杂陈，但更多的是自豪和成就感，总体来看，我们的工程抗震基础是坚实的，而这个基础是靠大家辛勤工作打下的，为进一步开展抗震防灾工作搭就了一个很好的平台。

2005年是全面贯彻《国务院关于加强防震减灾工作的通知》精神的重要起步之年，通知要求我们在今后一个时期，坚持防震减灾工作的指导思想：以"三个代表"重要思想为指导，认真贯彻落实科学发展观，把人民群众的生命安全放在首位。坚持防震减灾同经济建设一起抓，实行预防为主、防御与救助相结合的方针。根据国务院的总体部署和建设部党组的具体要求，我们全体抗震工作者要共同努力，将坚持科学发展观，坚持以人为本，全面建设小康社会，构建和谐社会的目标落实到抗震防灾工作中来。根据社会发展的需要，今后我们的抗震防灾工作应从以下几个方面进行调整和加强：

1. 从房屋建筑设防为主转向提高市政设施的抗震能力

过去抗震防灾工作重点在房屋建筑单体设防，随着城市人口和建构筑物密集度的增加，对城市生命线系统的抗震防灾要求越来越高。特别是要落实国务院应对突发事件对应急预案的要求，保证市政设施的抗震能力至关重要。我们的工作要实现从房屋建筑单体设防向提高市政设施综合抗震能力的转变，提高城市的综合防灾能力。

2. 继续强化超限高层抗震审查，特别注意大型公共建筑的抗震设防

建设部从2002年开始开展超限高层建筑工程抗震设防审查工作。还成立了全国超限高层建筑工程抗震设防专家审查委员会，各省也成立了审查委员会。随着一大批大型工程和基础设施项目纷纷上马，大量的

建筑设计追求外观新颖、风格独特，与之配套的结构承重体系相当复杂，相当一部分工程突破了现行技术标准，超大、超长、超高、超深、超厚，潜在技术风险加大。今后，超限审查范围要扩大到大型公共建筑的抗震设防领域，各地要本着对人民负责的态度抓好这一工作。

3. 从城市房屋建筑抗震转向城乡房屋建筑抗震并举

一些地方工程抗震防灾工作基础薄弱主要体现在一些经济欠发达地区、城乡结合部、县级以下的乡镇，特别是在农村。一些在城市不会造成重大损失的地震如果发生在农村，往往造成较大的人员伤亡。因此，必须加大村镇建设防灾工作的管理力度，全面展开村镇抗震设防工作，促进抗震防灾工作的城乡并举。

4. 从应急预案编制和颁布转向日常演练和救援措施落实

国内外破坏性地震的经验表明，工程防灾是减轻自然灾害最有效的手段之一，提高工程本身抗灾能力并减少次生灾害，就能大大减少灾害所造成的损失，减灾效益也是最大的。但是，灾害发生时受灾者、救灾人员相互配合，自救、互救、组织营救相结合的模式也是减轻灾害程度的关键。因此，在已经颁布破坏性地震应急预案的情况下，利用一切可以利用的机会和手段提高全民的防灾意识至为重要。希望利用预案发布的有利时机，加强演练，促进措施落实，抓好以社区为重点的全民防灾意识普及和教育。

5. 要重视基础资料收集，重点抓好在役建筑的抗震能力普查

抗震加固工作的基础是摸清家底。有些省市已经开展了普查工作，对在役建筑进行抗震能力的鉴定和评估是一项技术性很强的工作，我们已经有一批成熟的技术队伍，借助完善的鉴定标准和评估方法，我们很快可以取得系统确切的数据。依据这些资料很快就要开始下一步工作，大家要有打硬仗的思想准备。我们希望通过将防灾投入纳入工程成本、建立专项基金、开展防灾保险等手段，增加投入，为抗震加固工作提供

人力物力保障。

6. 从注重新建筑抗震设防转向注重使用过程中维持设计抗震能力

建设系统工程抗震防灾的实践证明，凡是严格遵守法律法规，按照建设工程标准设计、建造或加固的工程设施都经受住了地震灾害的考验；但在役建筑，在全寿命周期内除了重点建筑外，还有相当部分建筑仍不具备相应的抗震能力，特别是根据新颁布的《中国地震动参数区划图》，有相当一批在役建（构）筑物无法满足新的抗震设防要求，另外，一些建筑用途和可能的主体结构改变都将引起抗震能力的变化，我们的工作重心也必须随之转移，要从以人为本、确保人民群众生命安全的高度继续做好抗震防灾工作。

7. 重视抗震防灾规划的编制工作，注意留有足够的庇护空间

编制和实施城市抗震防灾规划是指导城市抗震防灾工作从源头上减轻地震灾害的有效措施，也是提高现代化城市综合抗震能力的有效手段。实践证明，凡是按照国家法律法规认真编制和实施城市抗震防灾规划的城市，其综合抗震防灾能力都得到较大提高，历次地震也印证了这一做法的有效性。各地要结合新一轮城市总体规划的修编，积极编制抗震防灾专项规划，纳入城市总体规划统一实施。编制规划时要充分考虑开敞空间的防灾庇护功能，并在规划文本中明确这一功能，管理上要在城市政府领导下形成城市综合防灾的管理体制，对现有的抗震、防洪、消防、防风、人防等力量加以整合，确保信息通畅，防灾设备和物资储备充足，救援反应及时，形成城市整体综合防御能力。

8. 高度重视新技术在抗震防灾中的应用

随着科学技术的进步，科研和勘察设计单位开展了大量科技创新活动，建设部也加大对工程抗震领域的科研投入，培育和推出了不少科技成果，如在新结构体系抗震性能研究、高层建筑抗震设计、抗震加固的新技术、新方法、新材料、隔震减震技术等方面，取得了一批具有国际

先进水平的科研产品，要充分利用这些来之不易的新技术、新方法、新产品，支持我们的工作实践，强化抗震防灾能力，并与其他防灾措施有机结合起来，提高我国城乡综合防灾能力。

  同志们：党的十六大提出了全面实现小康社会的宏伟目标，十六届四中全会又提出了构建社会主义和谐社会的要求，抓好全国的抗震防灾工作正是实现这一宏伟目标、达到这一要求的具体工作，是我们工程抗震界同志工作的关键点和切入点，我们要在"三个代表"重要思想的统领下，全面贯彻科学发展观，以多年来抗震防灾工作的研究和实践为基础，再接再厉，不断创新，努力开创全国抗震防灾工作的新局面。

作者：王铁宏

努力做好稽查工作的体制机制创新

建立建设稽查制度、规划督察员制度是一项重大的制度创新、体制创新工作。要研究和思考以下几个关系：一要研究体制与机制的关系；二要思考领导意志和工作重点的关系；三要思考厅的中心工作与机构的工作重点的关系；四要研究建设市场与建设系统、建设领域或者叫行业与市场的关系。

今天这个座谈会开得很好、很及时，大家争相发言，特别是16个建立了稽查制度和机构的地区谈了很好的意见。

大家的发言，归纳起来有四点：

第一，领导重视。建立建设稽查制度、规划督察员制度是一项重大的制度创新、体制创新工作，没有领导重视，是做不了的，所以这一条非常重要。几个省的经验都说明了这一点，领导重视，一把手亲自抓。建设部决定建立稽查制度，推广推行规划督察员制度都是这样，没有部领导重视，这项工作很难开展起来，所以领导重视是抓好这项工作基础的基础。

第二，理清思路。要干什么，怎么干，每个单位都有自身的特点，也都谈了很好的经验。我们要总结，要归纳。比如我们一直在研究直辖市的稽查工作怎么抓，上海成立联席会议制度的经验给了我们很大的启发。上次开会的时候他们就表态要推进这项工作，现进展很快，三个月，就有了今天的成效。

第三，体制机制创新。体制上能推动就推动体制，体制上一时还难以推动，机制上可以先做起来，可以做些调整，所以有体制问题也有机

本文是作者2006年5月在部分地区建设稽查工作座谈会上的总结讲话

制问题。目前，有的省推动体制方面已经走在前面了，不但有稽查，还有执法，综合执法，范围比部里四个领域还要宽泛；有的省推行督察员制度，由事后监督检查向事中、事前转移，把问题解决在发生的初期，把构建和谐社会这个工作做在前期，而不是等到发生了案件，电视台报道了，领导同志批示了才发现问题。

第四，工作创新。稽查工作也好，规划督察工作也好，建设部的一些做法都是通过总结地方的经验，以点带面逐渐扩大的。中国这么大，地域差别很大，必须要分类指导，分阶段实施，不可能有一个包打天下的政策。因为一个政策不可能解决全部问题，但是有比没有好。这就需要各省创新，你往前推进一步，进而可以以点带面推动全国。规划督察员制度就是率先从四川、重庆等几个省市开展的。所以说工作创新方面有很多好的经验和做法，我们感觉很有收获，我想各地的同志也都有所收获。

刚才大家提了很多的问题，有些是对我们草拟的《工作意见》（起草稿）的意见。我们这个意见刚刚在研究，还比较粗糙，内容和文字上的问题还不少。今天是抛砖引玉，就想利用这个开会的机会，在会议之前拿出来，主要是将想法告诉大家，我们想做什么事情，请大家要积极参与，帮我们把这个文件研究好，制定好。这个稿子研究出来以后，我们先要在部里相关司局征求意见，还要报告主管部长，之后开始走程序会签，会签后报请主管部长同意上常务会，由常务会通过。我们在部内征求意见的同时可能会再小范围征求各省市区的意见。

制定这样一个意见，着眼点在哪儿？大家可能关注比较多的是我们如何做，我们省怎么办，我们应当怎么办，告诉我们怎么办。但我觉得还得回答这样一个问题，就是为什么？大家是从事建设稽查工作的领导同志，你得替厅长回答咱们省为什么要开展建设稽查和规划督察。领导的决心定了，要这么干，你就要回答为什么。干不干是领导的意志，一旦定了要干，就要我们来回答为什么，回答什么是建设稽查，什么是规划督察，我们都得搞懂。每个省情况不同，侧重点不一样，经济发达地区和经济落后地区不一样，直辖市和省也不一样，所以不可能有一个统一的模式。有一个比喻，不一定很恰当，我们搞工程的都知道，大的设计院都是自己独立要编程的，而小设计院则不编程序，购买通用程序使用，两者是不一样的。看来在中国，在我们这个层面拿来主义是不可能了，必须我们自己编程序，编本省的加强建设稽查和规划督察的程序。所以我说了，问题的表象在具体工作层面如何操作，但是回答问题要从为什么上回答。

对下一步的工作思路，要围绕这么几个层面来思考，一是实事求是；二是与时俱进；三是积极创新；四是务求实效。就这几个思路，谈一点我的意见。

第一，实事求是。首先我们实事求是体现哪里？对建设部来讲国务院有三定方案，每个省也都有三定方案，在目前情况下你不能说我想怎么样就怎么样，你得研究一下国务院的三定方案、省的三定方案，然后学习和深刻掌握。实际上就是学会辩证法，它就是一个渐变过程，逐渐演变过程。大家在这里就是想干事的人，但是不可能达到我们的理想境界，一步就达到是不可能的。我们就在这里起一个推动作用。我们稽查办几个同志在部里工作感触非常深，稽查办现有工作领域，比如人事部要同意，中央编办要同意，法制办要找到依据。你要做什么非常清楚，四个领域，城乡规划、建筑市场、房地产市场、风景名胜区的政府监管要到位。至于用什么措施、手段，怎样达到，都是建设部具体操作的事，既不能脱离"三定"方案，又要找到推动工作的切入点。

第二，与时俱进。现在各省都处在和即将处在政府换届时期，"三定"方案都是随着政府换届而调整的，有微调的，有刚性调的，要加以研究，配合综合部门主动地研究这一问题。我们要加强城乡规划、建筑市场、房地产市场、风景名胜区的监管。我们要主动研究，即要从比较注重建设领域的立法、制定政策,向既注重立法和制定政策,也注重政府监管,特别是事中、事前的监管转变。当前我们要考虑,现在的稽查机构能不能做好这项工作,我现在是谁,我们打算是谁,我们怎么开展工作,我们准备在哪几个方面开展工作,切实当好厅党组、厅长、主管厅长这方面工作的助手。决定干这件事以后,确实起到我们应有的政策研究和出谋划策的作用。党组决定要不要干,怎么干,谁来干,如何干,我们要来回答,在座的都要回答。

所以,我想要研究和思考这么几个关系:

一要研究体制与机制的关系。体制好改改体制,体制不好改先改机制。这里就有质变和量变的关系,不要都等质变以后再量变,与其等还不如先量变。制度创新是领导的意志,机制创新取决于我们,这是要思考的关系。

二要思考领导意志和工作重点的关系。工作的重要性、紧迫性、可行性在我这个地区谁来研究?我们大家来研究。你要帮助领导研究清楚,因为领导是主张把复杂的事情简单化的。你就要说几条,如何重要,为什么重要,如何紧迫,为什么紧迫,如何可行,为什么可行。我们的想法要让领导认同、认可,必须把我们的研究工作做在前面。

目前已经建立稽查制度的省市区,这个压力相对小一点,但是也还有不断完善的问题,还有如何进行规划督察员工作制度建设问题。刚刚组建的和即将组建的省市区这项工作就成为重中之重,大家不要等,建设部即使下发意见也是一个指导意见。即便是有个通知能说明白,但如果不能把编办的同志说明白,不能把省长说明白还是没有用。现在我们已经做了几个省的工作,是从建设部的角度讲的如何重要,如何紧迫,如何可行,各省自己结合实际的还没有去说。一旦领导重视就会要求加强,抓紧落实,其他部门协调配合。所以我说要转变工作重点,不要以为咱就等建设部发个文件。16个省没有等,已经往前推进。

三要思考厅的中心工作与机构的工作重点的关系。这一点一定要明确，否则我们就不知道自己在忙什么。我们在制定部稽查办工作要点的时候，特别突出围绕部的中心工作。要研究中心工作，配合中心工作，要把机构的工作重点与它协调起来。

四要研究建设市场与建设系统、建设领域或者叫行业与市场的关系，再延伸就是经济基础与上层建筑的关系。在当前经济发展水平，工业化、城镇化发展过程当中，建设领域在国民经济当中所处的地位，一方面是支柱产业，拉动国民经济发展，同时不要忘了它又是最容易产生问题，特别是稳定、和谐方面问题的地方，因为涉及千家万户。建设系统的管理一定要适应经济基础，这是不以人的意志为转移的，所以我们的思维要随着经济发展进行调整。建设部党组中心组定期组织学习，都是围绕着经济基础、上层建筑理清大的思路，一直是带领我们在这方面着力。对于我们稽查工作来讲，四个领域，哪一个不是跟宏观层面有关的。城乡规划，各地领导最关注的就是规划。建筑市场不用说了，大家最熟的就是建筑市场。房地产市场、风景名胜区都是这样。

五是研究问题表象与深层次原因，形式与本质，过程与结果的关系。我们可能感觉有些困难、有些问题，其实有时候你分析它的深层次原因，也就不需要唉声叹气了。因为整个体制机制改革都是渐变过程，特别在机制上。咱们还得处理好权和责的关系，有些地方稽查机构的同志对权和责还得深入辩证地分析一下。从机构内部考虑，就是代表谁，谁代表，干什么的问题。我们都是代表建设主管部门，建设部是稽查办代表还是某个司局代表，我觉得不是本质。有权就得负责，而且现在还要问责。

六是思考有为和有位的关系。你得为领导想事，为领导琢磨事，为领导干成事。所以咱们还得踏踏实实干出点儿成绩来。听了几个省的情况介绍，大家还是很有信心的。另外，还得研究有为与无为的关系，别什么事儿都揽到自己头上。在部里非常明确的界定稽查办工作，四个领域，三个过程；组织专案稽查，参与专项稽查，建立举报投诉系统、统计系统，指导地方建设稽查和规划督察工作，负责稽查特派员、规划督察员日常管理。三个过程就是立案、查证、提出处理意见。实际上我们理解在建设部层面目前稽查办还只是一个调查机构，但有些省不但是调查机构，可能已经是真正意义上的行政监察机构，有处罚权力。但在国务院层面，能够叫执法监察机构的部委可能还很少。按照行政监察机构要求，责任大了，要求更高了，比我们的压力更大，比我们的责任更大。所以查与处，我们的重点是查，相关司局重点是处。

规划督察案例分析在建设稽查和规划督察工作中，是加强监管的起点，标志着规划督察工作的开始。尽管它还是事后，发生了，但它说明必须要向事中、事前过渡。规划督察与规划效能监察的关系，简单地说效能监察是专项工作，专项工作涉及方方面面，而且涉及多个部门，规划督察是一个体制机制工作，是长期的管理。

第三，积极创新。我觉得应及时回答，"什么是"、"为什么"、"如何做"、"谁来做"、"什么时候做"，这些问题都要考虑，要问自己我们省开展建设稽查、规划督察怎么搞，确实给厅党组、厅领导当好助手。要研究体制机制，不等不靠，求人不如求己。几个走在前面的省市区已经很有感受。

第四，务求实效。建设稽查四个领域，城乡规划、建筑市场、房地产市场、风景名胜区方面的违法违规问题，人民群众关注的热点、难点问题，中央领导高度重视的问题，我们就会按领导的要求把问题查清楚，促进和改进工作。

部领导一再要求我们学会举一反三，一定要能够上升达到专项稽查的效果。规划督察是与管理过程相结合，从事后监督向事中、事前监督转变。许多案例都说明这一点，等到已经造成既成事实，在人民群众当中造成的负面影响已经产生了，对我们某个地方政府的威信造成损害了，纠正起来难度很大，成本很高，还会有一些领导干部要为此受到相应的处分。如果在事中、事前，特别是事前发现问题，给他讲明利害关系，并且告诉他如何按程序办事，依法行政，就要好得多。事实上各地建设主管部门是迫切需要规划督察员或规划督察员组的，由上级行政主管部门为他们撑腰，说他们想说而不敢说的话，办他们想办而不敢办的事儿，其实是欢迎的。即便是领导同志明白了，事情要办，讲明应如何办后也会理解支持。所以四个领域加上规划督察，务求取得实效。16个省、直辖市、自治区，还有即将组建的地区都要在这方面下功夫。

今年2月咱们已经开过一次座谈会。在那个会上我已经谈了稽查办的几个关系，与原来部里稽查办有什么不同，新的职责是什么，对7项职责做了介绍，就我们的机构怎么设置，我们与部内各司局什么关系，稽查怎么立案，怎么审结，最后怎么督办，与地方的关系，怎么层级监管，如何开展稽查工作谈了一些意见。已经发给大家了，大家可以研究，你们还可以创新。部稽查办的职责在那次座谈会后部党组做了调整，加强了规划督察，另外还交办了一个专项工作，开展治理商业贿赂领导小组办公室的工作。

与地方的关系我们主要是四个领域，三个环节。上次说得很清楚，我们是层级指导和监督的关系，当然也是协作配合的关系。省里面赋予你们四个领域以外的职能，仍按你们既定的工作程序。

规划督察工作的要求大致说了一下，6月我们初步拟定规划督察员组派出方案，征得主管部长同意。6月底或7月初，选择5～6个由国务院审批总体规划的城市派出规划督察员组作为一期试点，待取得成效以后再推广。不是由国务院审批城市总体规划的，原则上都由各省建设主管部门派出规划督察员或者规划督察员组。至于是员还是员组刚才说得很清楚，各省也有各自的经验体会，有成功的，也有过程当中还不太顺利的。管得好的，规划督察员方方面面的能力和素质都比较高，但若某一个专业和能力比较单一的，也可能就不大顺利。我们比较倾向于规划督察员组，由一个组定期、不定期地对试点城市进行规划督察。我们还想争取8月份召开全国建设稽查和规划督察工作会议。希望在这之前把几个省的经验、做法好好总结一下。你们好的经验、做法，打算做和正在做的，我们要及时总结发现。

最近，我们稽查办向部领导汇报前一段建设稽查和规划督察工作。去年6月，人事部批准稽查办文件下发以后，到现在正好一年了，在此基础上，要向中央编办和人事部通报情况。主要三方面内容，第一是创新建设稽查工作的体制机制，开展建设领域全方位稽查工作取得初步成效；第二是积极稳妥推进规划督察员制度，当然这里都包括地方的做法；第三是加大对违法违规案件的查处力度，特别是中央领导同志批办的案件，另外部党组交办的承担治理商业贿赂领导小组办公室的专项工作。

以上把大家的意见归纳一下。总的讲这个会开得非常好，对于我们进一步推进建设稽查工作、开展规划督察工作确实非常重要，也是一个非常关键的时候。大家很关心，很支持，希望我们共同努力把这项工作做好，切实把建设领域违法违规，特别是城乡规划、建筑市场、房地产市场、风景名胜区方面的违法违规的稽查工作做好，切实为进一步发展建设事业，发展经济、构建和谐社会发挥我们应有的作用。

作者：王铁宏

把握辩证统一
扎实做好城乡规划督察工作

规划督察员制度建立了一种快速反应、及时处置的层级监督机制，是对现有规划监督体制机制的完善和创新。一方面，督察员对城市总体规划实施情况进行监督，不受当地行政管理部门制约，可以独立、公正地提出督察建议和意见。另一方面，督察员通过对规划执行情况的实时监督，可以及时发现规划执行的实际情况，多数违法违规案件可以发现于初期、制止于萌芽状态，从而有效避免了重大违法违规案件的发生。

今天的座谈会开得非常好，各督察组发言的同志准备很认真，汇报内容很充实，既交流了经验也研究了问题，并且对下一阶段的工作开展提出了很好的建议，达到了预期目的。下面我讲三点意见。

一、充分认识城乡规划督察工作的重要意义

随着工业化、城镇化的快速发展，我国城乡面貌发生了显著变化。城乡规划和建设在为经济社会发展做出重要贡献的同时，也暴露出一些问题。一些城市忽视资源环境约束，盲目扩大城市规模，全国200多个地级以上城市就有183个曾经提出过建设国际化大都市的设想。一些城市随意对历史街区大拆大建，甚至毁坏历史文化建筑和街区，全国109座历史文化名城中有相当多的城市不同程度地受到了"建设性破坏"。有的城市为了招商引资，不惜违规批准在国家风景名胜区核心景区内建

本文是作者2008年3月在建设部城乡规划督察员试点工作座谈会上的讲话

建设部派遣第一批城市规划督察员

别墅,致使大量自然和文化景观迅速退化和消失。还有的在城市建设中互相攀比,贪大求洋,劳民伤财地搞"形象工程",有些还引发了社会稳定问题。这些现象屡禁不止,从一定程度上反映出一些地方政府忽视规划严肃性和权威性,违反法定权限和程序随意调整城市规划、擅自批准进行建设的问题已经十分突出,严重影响着城乡建设的健康发展,也损害了党和政府在人民群众中的威信,成为构建和谐社会中的不和谐之音,必须加以有效制止。

产生上述问题的原因是多方面的。从主观方面分析,有三个主体。一是部分开发商受利益驱动,希望从违规中获得超额利润;二是少数地方主要领导为了吸引投资加快发展,常常违规干预规划审批;三是规划主管部门或是迫于压力被动违规审批,或是个别人私下与开发商权钱交易主动违规审批。几种违规动因相互交织,形成了一个利益链,最终使规划丧失权威性严肃性,无法起到法定文件作用。通过分析,我们注意到在诸多矛盾中,一些地方个别主要领导在树立科学发展观和正确的政绩观方面发生偏差，急于招商引资、大干快上，往往起决定性的作用，是矛盾的主要方面。从客观方面分析，这些问题也的确暴露出现行规划管理体制存在着薄弱环节。一是国务院或省级人民政府对审批城市总体规划执行情况缺乏切实有效的层级监督方法和手段；二是主要依靠群众投诉或者媒体曝光，以事后查处为主的传统监督方式，显得十分被动，而且经济损失过大。

针对上述矛盾的主要方面和制度中存在的薄弱环节，2003年我部借鉴国外的做法，在四川等省探索规划监督体制机制创新。取得实践经验后，2006年9月我部开始直接向南京等18个由国务院审批总体规划的城市，派出两批共27名规划督察员，启动了城乡规划和建设监督管理模式体制机制创新工作，有针对性地解决上述问题。可以说，这项工作是在为城镇化健康发展提供制度上的保障，其意义十分重大。

二、部派督察员工作取得初步成效

刚才听了9个组的发言，主要工作可以归纳出四个方面的特点：

1. 加强沟通了解，建立畅通的规划督察渠道。各督察员组进驻试点城市以来，进一步与城市政府进行沟通，积极与地方建立融洽、规范、有序的规划督察渠道。武汉、长沙督察组与省建设厅、市人民政府建立了畅通的工作情况沟通渠道。郑州、西安督察组建立了对规划局审批项目的随机抽查制度。

2. 注重工作方法，加深地方政府对部派规划督察员工作的理解和支持。各督察组寓监督于服务之中，没有把自己置于地方政府的对立面上，而是注重工作方法、讲究沟通技巧，既充分肯定试点城市规划管理工作中的经验和做法，又积极协助地方规划部门探索解决一些规划管理上存在的体制机制问题，使地方政府切身感到部派规划督察员工作对城市政府加强和规范规划管理是一种促进和帮助，是好事。

3. 新老督察员步调一致，积极探索规划督察工作思路。督察员注重交流工作经验和方法，老督察员做好传帮带，新任督察员全面熟悉了解所在城市的规划编制和管理方面情况，在实践中积极探索城市规划督察工作程序、工作方法，逐步形成了一些成功经验和做法，力争早发现问题，在未造成直接经济损失前制止违法违规建设活动。

4. 各督察组结合具体情况，积极创新督察工作机制。昆明、贵阳督察组取得市政府主要领导的支持，与被督察城市建立起既监督又沟通的融洽关系。西安、郑州督察组紧密依靠规划管理部门开展工作，制止违法违规行为。兰州、西宁督察组努力与地方政府达成共识，使规划建议得到采纳。桂林、南宁督察组积极探索部省督察联动机制。石家庄、太原督察组重视规划督察手段创新，积极推动遥感动态监测工作。

一年多的试点工作取得了如下成效：一是试点城市主要领导对规划权威性严肃性的认识显著增强。通过开展试点工作，试点城市主要领导高度重视规划的权威性严肃性，强化了自觉执行规划的意识。二是试点城市规划主管部门依法行政的执行力普遍提高。在督察员的监督与制约下，规划主管部门减少了被动违规的压力，得以理直气壮地严格依法行政。他们对设立规划督察员制度表示由衷地拥护。三是地方规划管理体制进一步理顺。在督察员的建议下，相关城市进一步严格规划审批程序，规划管理工作日趋规范。四是试点城市违法违规问题被及时纠正在事前、事中。督察员派驻后，及时发现一些违法违规苗头，实时提醒和警示，各试点城市再未发生重大违法违规问题，所有问题都解决在事前、事中，规划督察工作取得了明显成效。

通过实践，我们对规划督察工作有了一些深切体会，主要包括：

1. 完善体制、创新机制。规划督察员制度建立了一种快速反应、及时处置的层级监督机制，是对现有规划监督体制机制的完善和创新。一方面，督察员对城市总体规划实施情况进行监督，不受当地行政管理部门制约，可以独立、公正地提出督察建议和意见。另一方面，督察员通过对规划执行情况的实时监督，可以及时发现规划执行的实际情况，多数违法违规案件可以发现于初期、制止于萌芽状态，从而有效避免了重大违法违规案件的发生。

2. 准确定位、实时监督。规划督察员制度不是在现有规划管理体制之外重新"叠床架屋"，而是依据"到位不越位，监督不包办"的原则，在充分尊重地方事权、不影响正常的规划编制、报批和行政管理情况下，采用与城市政府沟通、列席当地政府相关会议、定期抽查规划审批情况等旁站式监督方式开展工作，因此得到了地方政府的认可和充分理解。

3. 低成本、高效率。试点工作派出的督察员都是从规划管理部门退下来的老领导和老专家，他们熟悉规划管理的法律法规和技术标准，富有领导工作经验和协调能力，能够准确把握城市规划编制与执行的关键环节，能及时发现城市规划执行中存在的问题，并提出纠正的办法。经对18个试点城市的统计分析，每个试点城市规划督察成本年平均不到20万元，真正做到了低成本、高效率。

三、下一步工作安排和要求

城乡规划督察是一项具有重要意义的创新性工作，各位督察员肩负的使命重要、责任重大。在去年桂林召开的组长座谈会上，我谈了开展规划督察要把握好四个辩证关系，今天在全体督察员会上我还是要再次强调"开展规划督察一定要把握好四个辩证关系"。

1. 把握好城乡规划的科学性、严肃性和权威性的关系。城乡规划是龙头，是综合政治、经济、人文、历史、科技的法律性文件。城乡规划既是经济基础，又是上层建筑。城乡规划同时具有时效性和局限性，是一个集大成者。在执行中存在的问题，归纳起来有三方面：第一是规划的科学性问题，第二是规划的权威性问题，第三是规划的严肃性问题。我们派出规划督察员一定要突出重点，我们的重点核心是牢牢把握权威性和严肃性，牢牢把握我们发的文件和通知的内容，紧紧围绕"五察"开展工作。支撑规划督察的重要依据就是"五察"，所以一定要牢牢把握"五察"，即一察需报国务院审批的城市总体规划、历史文化名城保护规划和国家重点风景名胜区总体规划的编制、报批和调整是否符合法定权限和程序；二察分区规划、详细规划、专项规划等的编制、审批和实施，是否符合城市总体规划强制性内容、国家历史文化名城保护规划和国家重点风景名胜区总体规划；三察重点建设项目和公共财政投资项目的行政许可，是否符合法定程序、城市总体规划强制性内容、国家历史文化名城保护规划和国家重点风景名胜区总体规划；四察国家历史文化名城保护规划和国家重点风景名胜区总体规划、《城市规划编制办法》、《城市绿线管理办法》、《城市紫线管理办法》、《城市黄线管理办法》、《城市蓝线管理办法》的执行情况；五察群众举报和投诉以及媒体反映的城乡规划重大问题。紧紧围绕"五察"，重点把握"四线"，这是强调的第一个辩证关系。

2. 把握好事前事中与事后监督的关系、到任以前问题和到任以后问题的关系及规划督察工作与专案稽查工作的关系。我们到任以后的重点是事前事中，确保试点城市不再出现新的问题，如果出现了新的既成事实的问题，我们就有一定的责任，或者说我们"五察"没有到位。到任以前，各地可能都会有这样那样违反规划的问题，有的还比较严重；到任以后，群众也可能会有投诉举报。如果经了解，认为问题确实比较严重，那么一定要报告部稽查办。由部稽查办按照程序报请部领导同意，组织专案稽查。

3. 把握好督察与被督察的关系。当前，我国城乡建设正处在历史上发展最快的时期，一些地方政府由于想发展得快一点，而忽视城市规划的权威性和严肃性，需要做工作进行沟通并取得地方政府的理解。我们规划督察工作最核心的监管对象就是地方政府，但是我们还要与地方政府沟通好，要让地方政府客观地、辩证地理解规划督察员到任后对当地城市建设健康有序可持续发展的重要而独特作用。当前，一些违法违规问题之所以较难处理，不仅仅是由于市场主体的责任，往往还有一些矛盾交织在其中，所以可能会形成这样那样的掣肘，需要我们来沟通。督察与被督察关系是一个辩证关系，不是一个简单对立关系，如果是一个简单对立关系就什么事情都不好办了。因此，规划督察工作要妥善处理好、协调好督察与被督察关系，要切实做到"三个满意"，即领导同志、地方政府、人民群众都满意。任何一项制度创新都是在领导同志的关心和积极倡导下才能顺利开展；督察一个城市，没有城市人民群众的满意，就没有成果；没有当地政府的配合也很难成功。

4. 把握好全局与局部的关系。目前，规划督察员已经有27位同志，我还要强调处理好全局和局部的关系。部稽查办要与督察员及时沟通，把部里最新的动态和信息给你们，让你们了解；你们也要把自己的想法与部稽查办多沟通，这里有一个全局和局部的关系。另外，规划督察员到了一个城市以后，当地都会很重视，各种新闻媒体会经常找督察员采访。督察员就政策上的问题发表意见一定要谨言慎行、少言多行，因为言多必失。

鉴于目前各地政府刚刚换届，新任领导同志都会相继提出新的发展思路以促进经济社会发展，这很可能会形成新一轮的发展热潮。此时，加强和完善规划督察工作，促进各地切实贯彻落实科学发展观，显得尤为必要和迫切。为此我们今年已做好如下安排，在此向大家通报如下：

1. 进一步扩大派出规划督察员试点的覆盖范围。2008年，我们将全面实施部派城乡规划督察员工作，陆续向国务院审批城市总体规划的所有省会城市派出城乡规划督察员，并督促各省也建立派驻规划督察员制度，逐步建立起完善的层级监督体系，促进我国城镇化健康有序可持续发展。新组建住房和城乡建设部后，规划督察还要适应职能转变的需要，逐步扩展到住房保障和城中村改造中的违法违规问题督察。

2. 进一步完善规划督察员队伍的管理制度。随着规划督察制度的建立和规模扩大，一方面我们将继续选聘符合条件的老同志担任督察员，并逐步建立和完善管理制度；另一方面，我们也在研究增加一部分在职同志通过异地交叉挂职的方式担任督察员的可行性，加快建设一支坚持原则、精通业务、富有成效的规划督察队伍。

3. 研究制定关于规划督察工作的指导性文件。我们将在总结试点工作经验基础上，适时研究制定关于在全国建立和完善规划督察员制度的指导性意见。

今年政府工作报告要求"加强行政监督"，"着力转变职能"，"完善行政监督制度"，"强化政府层级监督"。我们理解，稽查和规划督察工作将会进一步加强。部领导对城乡规划督察工作非常重视，我们要坚定信心，认真贯彻部领导的要求，切实把做好城乡规划督察工作作为我们贯彻落实科学发展观的重要工作内涵、构建社会主义和谐社会的工作切入点、展示我们依法行政提高执行力的工作平台。

作者：王铁宏

> 后续访谈

关于城市天际线、建筑轮廓线与交通路网的思考

在本书编辑过程中,作者王铁宏同志表示对北京总体规划有一些新的想法和思考。对此,本书特约编辑对他作了一次访谈。

关注城市规划不只是天际线

编辑:您是部总工程师,怎么还对城市规划有所研究和思考?

作者:当然谈城市规划我是外行。之所以对城市规划有接触,是因为我在担任部总工程师期间还兼任部稽查办公室主任,而稽查办的一项重要工作就是向各地派遣规划督察员。围绕规划督察工作,自然就对城市规划有了一些了解,并有一些个人的体会和思考,但更多的是规划权威性和严肃性方面的思考,对规划科学性的思考显然还基本上是外行。另外,本人也参加了中组部组织的斯坦福大学的规划研讨班学习,当然我还是北京市人大代表。基于这些,也尝试着对城市规划发表点拙见。

编辑:请问您对北京市的总体规划和城市建设有什么看法?

作者:任何城市在作总体规划时都有一个核心问题,就是首先要考虑城市整体视觉形象,考虑如何在城市面貌上形成(或保持)独特的识别标志。而城市天际线和建筑轮廓线就是城市视觉形象识别体系中非常重要的组成部分。对于国际化大都市和历史文化名城来讲,这更是城市规划建设中必须重视的问题。所以我一直比较关注北京等城市的天际线和建筑轮廓线。

北京城古往今来

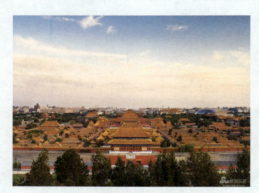

北京故宫天际线

新北京标志性建筑轮廓线有待形成

所谓天际线，通俗地讲就是在城市中的一个相对制高点所看到的天地交界的城市整体形状，天际线所勾勒的是一座城市的总体风貌与空间特征，是城市特色的重要组成部分，它不仅反映了城市的变迁与发展，还折射出城市的文化与风格，往往是传达城市形象的"视觉名片"。

优美而独特的建筑轮廓线展示的是建筑学、人文传统与自然地景的完美和谐组合。特别是地处海

本页图片摄影：马文晓

上海陆家嘴建筑轮廓线

20年前的陆家嘴

上海外滩建筑轮廓

岸、江畔、湖滨的城市，可以充分利用水岸优势塑造城市空间，其漂亮的建筑轮廓线无不呈现出海市蜃楼般的美轮美奂。比如，在建筑轮廓线方面具有特色的香港、纽约、芝加哥、上海等都是滨水城市。

"9·11"之前的曼哈顿建筑轮廓线

"9·11"之后的曼哈顿建筑轮廓线

城市规划应更加注重建筑轮廓线

上海的建筑轮廓线，无论是传统的外滩建筑轮廓线还是全新的浦东建筑轮廓线，都称得上是世界建筑轮廓线的经典之作。外滩建筑轮廓线近百年来一直是上海城市形象的经典标志。进入21世纪，随着浦东新区的开发建设，上海又逐渐形成了新的建筑轮廓线——陆家嘴中心区建筑群，其建筑高度被不断刷新。正在建设的"中国第一高楼"上海中心将与金茂大厦、环球金融中心形成"品"字形格局，组成浦东超高层建筑群的"金三角"。三座建筑顶部呈优美的弧线性上升，同时也考虑了与东方明珠塔、外滩建筑群在城市空间上的关系，以达到和谐共存、遥相呼应的效果，丰富且重新定义了陆家嘴中心区乃至上海的城市风貌。

南京的建筑轮廓线也给人留下深刻印象。从南京火车站广场向南远眺，是碧波荡漾的玄武湖，湖岸是恢复重建的古城墙，再后是市中心错落有致的高层建筑群，与远处的紫金山遥相呼应。所形成的建筑轮廓线是南京城市形象的标志性景观。

香港建筑轮廓线

芝加哥建筑轮廓线

南京玄武湖建筑轮廓线

　　谈到北京的建筑轮廓线，从地理和历史两个方面的条件来看：其一，北京没有宽大水面，在地理方面"缺"条件；其二，是历史方面的"有"条件，即首先是注重保护好北京古的风貌，突出的就是天际线。

　　北京最美的是城市天际线。最经典的天际线，或者说最能代表北京城整体形象的标志景观，当然是紫禁城为中心构成的城市天际线。站在最佳观景点景山万春亭，这也正是当年皇权统治这座城市的制高点，极目向南远眺，尽收眼底的便是以故宫金碧辉煌的建筑群为中心的北京旧城——一个拥有壮丽天际线的全世界独一无二的古城。

  北京旧城正是以其近乎完美的城市天际线而成为世界城市规划的典范。随着城市建设的发展，北京在努力保护好古都风貌的基础上，也意图在CBD地区打造出一片能代表新北京的新的建筑轮廓线，或者说再塑造一处北京新的标志景观。虽然CBD高层建筑群已初具规模，但要在全世界成为北京城市新的识别标志还需做进一步的规划和设计。正在建设中的CBD又要展开新一轮东扩，这个时候尤其需要重视建筑轮廓线的设计与控制，需要做好每栋高层建筑之间的相互协调。北京在过去比较忽视建筑轮廓线。长安街上很多高大建筑，从单体上看设计都很好，但在空间关系上缺乏协调。一是缺乏几何尺寸即体量的协调；二是缺乏造型上的、外立面的协调；三是缺乏色彩上的协调。而这方面上海陆家嘴中心区就做得比较好，凡是后设计建造的建筑总要考虑与已有建筑的关系，做到在空间关系上、在体量上、在造型上、在色彩上的协调。如金茂大厦的塔式结构经典隽永，环球金融中心的外立面简洁明快，上海中心的螺旋式上升则充满动感。三座建筑既风格各异，又和谐共存，合奏出了一曲浦东建筑轮廓线的优美旋律。虽然上海外滩建筑轮廓线经典而恒久，但陆家嘴建筑轮廓线依然能让全世界"一眼就认出"这是上海。这充分证明浦东的建筑轮廓线规划与控制是相当成功的。一座城市同时拥有新旧两张建筑轮廓线"标准照"，上海在全世界是独此一家。

  所以在我看来，到现在能够代表北京城市形象的天际线还当属"故宫天际线"。北京新的有特色的建筑轮廓线还有待形成。一个共同的愿景是：希望将来还会有像景山这样一处最佳天际线"视窗"，也能让全世界一眼就能认出这道建筑轮廓线就是新北京。要完成这样的命题无疑是有很大难度的。因此有关部门必须对北京在城市规划、城市设计、建筑设计、公共环境艺术等方面进行前瞻性与战略性的探索，同时还要在城市规划管理层面对城市天际线和建筑轮廓线的塑造和管理控制方法进行探索性的研究。

应注重快速交通与路网密度的解决之道

编辑：北京的交通拥堵越来越严重，请您谈谈对北京道路交通规划的看法。

作者：如果从城市总体规划或者道路交通规划的层面研究北京的交通拥堵问题，我有一个粗浅的看法，认为这与北京路网规划不合理，或者说路网结构失调有很大关系。

北京的道路交通是以北京的老城区，即元大都形成的胡同为基础的。以步行为尺度的胡同是与城市街、巷混合使用的，街坊因此融入了城市，城市也获得了高密度的路网。但那是没有机动车的时代，当城市进入机动化后，这些处于市中心的胡同路网也就显得先天不足了。

按照路网密度来规划交通是有科学依据的，一个城市应按人均、车均占有道路面积率来规划道路交通。按国际化大都市商务中心区的路网标准，一般的路网密度应是 50 米 × 60 米，而我国的标准则是 200 米 × 300 米。这本来已经大大低于国际标准，而北京中心城区的标准则更低，甚至达到 500 米 × 600 米。这是因为在新中国成立后，城市规划一度学习苏联，提倡宽马路、大广场，马路宽而稀。由于那时机动车较少，所以车辆通行的压力和矛盾没有显现。随着改革开放和经济社会的发展，机动车的快速增长给道路交通带来很

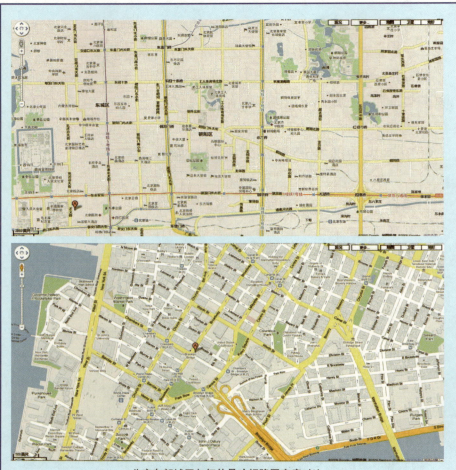

北京东部城区与纽约曼哈顿路网密度对比

大压力。特别是近年来，机动车的增长是几何式的增长，几年就要翻番；而道路的增长则是算术式的增长，每年仅增长几个百分点，这样的反差越来越大，对交通的压力也越来越大，已到了难以为继的地步。一方面北京的路网密度相对其他城市本来就偏低，另一方面北京机动车的增长速度比其他城市更快，所以北京的交通拥堵问题显得更加突出。

北京的道路尽管看起来很宽，但照样拥堵，其中一个原因就是出口少。有的地段500米、600米都没有一个出口，甚至一公里都没有出口，所以机动车都堵在宽马路上。有学者将北京与伦敦作了对比：北京市区与伦敦市区人口相当，但伦敦的交通效率比北京高出许多。除了一些不可比的因素外（如地铁的密度不同），很重要的一个原因就是路网结构的差异。伦敦的道路窄而密，因而伦敦得以组织高效率的单向交通系统（2/3的路段为单行线），而北京的道路则是宽而稀，加之出口少，所以机动车通过率就比较低。纽约曼哈顿的路网密度标准也是中规中矩的50米×60米，尽管红绿灯多，但不拥堵排长龙。我国的一些城市，如哈尔滨、沈阳、大连、青岛、上海等，路网密度也相对比较高。

北京在城市规划中同样受苏联模式影响的还有"单位大院"和"住宅小区"。20世纪50年代规划的机关大院和小区面积一般在20公顷上下，边长约400米×500米，内部道路不能与外部贯通，这样社会车辆就被排斥在院墙之外。实际上城市路网就被这种"城中围城"撑大了，或者说路网密度降低了。

当然，要从根本上解决北京交通问题，还需要大力发展公共交通特别是轨道交通。目前，北京的轨道运营里程只有200多公里，而机动车增长已提前突破400万辆。据统计，北京市区日常小汽车出行方式比重已由1986年的6%上升到目前的32%，而公共交通承担的日常出行份额则由过去的35%下降到不足30%。而在西方发达国家特大城市，公共交通承担城市日常出行量一般在60%以上。因而优先发展以轨道交通为骨架的公共交通，是解决北京交通问题的根本出路与必然选择。

现在北京有多条地铁线路同时在建，将逐渐形成地铁交通路网。

但要改造中心区的马路路网密度却难度很大，成本很高，因此只能作为一个教训，为今后的规划或其他城市提供镜鉴。上面提到的我国几座城市，其中心区的路网压力就相对较小，他们所要集中解决的只是城市的快速公交或轨道交通问题。而不是既要解决路网密度问题，也要解决轨道交通问题。

采访：古春晓

关于城市总体规划和城市建设的思考

王铁宏

[1]

- 战略思维
- 创新思维
- 辩证思维

[2]

"十二五"规划

主题——科学发展

主线——加快转变经济发展方式

[3]

五个坚持——

- 坚持把经济结构战略性**调整**作为加快转变经济发展方式的主攻方向。
- 坚持把科技进步和**创新**作为加快转变经济发展方式的重要支撑。
- 坚持把保障和改善**民生**作为加快转变经济发展方式的根本出发点和落脚点。
- 坚持把建设**资源**节约型、环境友好型社会作为加快转变经济发展方式的重要着力点。
- 坚持把改革开放作为加快转变经济发展方式的强大动力。

[4]

顺应大势

把握大局

制定大策

[5]

城市总规与城市建设

- 既体现上层建筑

- 又体现经济基础

[6]

7

- 定位
- 方向
- 落实

8

五大体系

- 空间
- 产业
- 生态
- 人文
- 交通

9

关于城市总规和城市建设的思考

一、总体规划和城市建设的结合上应强调三要素

二、城市入口与景观大道的规划与建设

三、中心城区标志性建筑的协调性

四、低碳城市与低碳建筑

五、城乡统筹

六、规划的科学性权威性严肃性

10

思考一：

总体规划和城市建设的结合上应强调三要素

- 城市天际线
- 建筑轮廓线
- 交通路网

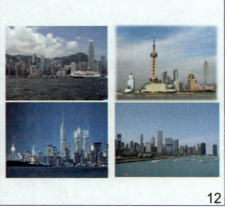

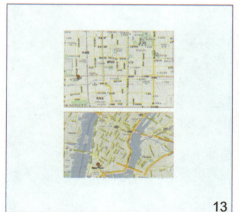

13

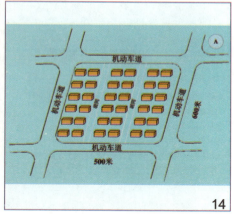

14

500米×600米路网人均占地面积

路网面积为：500×600=30万平方米

如容积率按0.3计算，建筑面积（1层）约为10万平方米

如按每户100平方米，可容纳1000户

如每户按5人计算，可容纳5000人

人均占地面积约为：30万平方米/5000人=60平方米/人

15

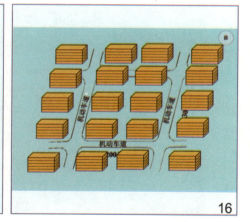

16

200米×300米路网人均占地面积

路网面积为：200×300=6万平方米

如容积率按0.3计算，建筑面积（5~6层）约为10万平方米

如按每户100平方米，可容纳1000户

如每户按5人计算，可容纳5000人

人均占地面积约为：6万平方米/5000人=12平方米/人

17

18

50米×60米路网人均占地面积

路网面积为：50×60=3000平方米

如容积率按0.5计算，建筑面积（30层）约为6万平方米

如按每户100平方米，可容纳600户

如每户按5人计算，可容纳3000人。如作为办公楼，可容纳5000人。

人均占地面积约为：3000平方米/3000人=1平方米/人

19

20

21

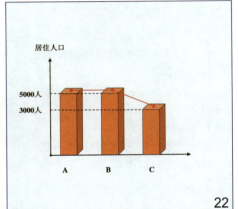

22

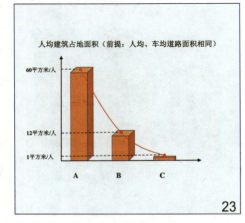

23

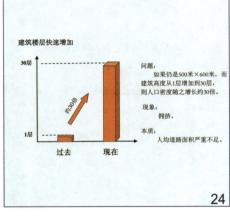

问题：
如果仍是500米×600米，而建筑高度从1层增加到30层，则人口密度随之增长约30倍。

现象：
拥挤。

本质：
人均道路面积严重不足。

24

中篇：用全面辩证的思维分析问题　.225.

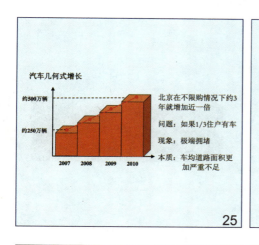

汽车几何式增长

约500万辆
约250万辆

2007　2008　2009　2010

北京在不限购情况下约3年就增加近一倍
问题：如果1/3住户有车
现象：极端拥堵
本质：车均道路面积更加严重不足

25

两大突出矛盾：北京交通拥挤堵的双重压力

一、路网没增加，楼层增加，居住人口明显增加

二、路网没增加，机动车呈几何式增加

26

提出一个思考：

　　国际化大都市交通管理核心问题
　　　——千方百计鼓励公交出行
　　　——千方百计让公交出行快速便捷

27

应以出行人角度设计交通管理办法：

　　——核心是围绕公共交通出行人
　　——关键是让公共交通出行人点到点，
　　　最快、最方便、最经济

28

北京轨道交通路网图
（含规划线路）

柏林轨道交通路网图

29

思考二：

　　城市入口与景观大道的规划与建设

30

.226. 转变建设领域发展方式的思考

成功案例：
- 首都机场高速的规划建设
- 深圳深南大道的规划建设

首都机场高速

31

32

深南大道

南京玄武湖

33

34

思考三：

中心城区标志性建筑的协调性
- 高度
- 体量
- 色彩
- 风格

成功案例：
- 巴黎拉德芳斯广场
- 上海浦东陆家嘴金融区

35

36

中篇：用全面辩证的思维分析问题 .227.

巴黎戴高乐将军广场（老城）

巴黎新凯旋门（新城）

37

上海新天地（新老结合）

上海浦东（新城）

38

思考四：

低碳城市与低碳建筑

- ✓ 节能建筑 ⟶ 低碳建筑
  （运行节能＋建造节能＋拆除再利用）
- ✓ 绿色建筑与节地节水
- ✓ 转变发展方式与转变市场模式

39

低碳经济
⟶
低碳城市
⟶
低碳建筑

40

几个概念

- ✓ 节能建筑
- ✓ 绿色建筑
- ✓ 生态建筑
- ✓ 可持续建筑
- ✓ 节能省地环保型建筑（四节一环保）

41

广义节能 ⟶ 低碳建筑

趋势一：尽可能节省钢材水泥玻璃等用量。
1吨钢消耗1.1吨标准煤排放2.2吨CO_2。

趋势二：尽可能实现建筑工业化（建筑部品化），减少工地消耗和污染。

趋势三：尽可能从方案论证开始排除碳排放高的建筑方案。

42

新建建筑：✓
- 全部做到节能50%～65%
- 并且"四节一环保"

（全面实行新建筑节能6年，现在每年可节近5000万吨以上标煤，减排1亿吨CO_2，每年拉动经济增长约3000～6000亿）

43

既有建筑：？
- 如何做到节能50%～65%潜力巨大
- 供热体制改革与合同能源管理

（如果实现所有既有建筑节能，每年可节2～3亿吨标准煤，减排4～6亿吨CO_2；如果5年完成既有建筑节能改造，每年可拉动经济增长约1万亿，改造后3～5年即可收回投资）

44

节地：
- 山区扩展发展空间
- 城市地下空间利用

45

成功案例：
- 延 安

46

延安新区开发示意

延安老城区现状

47

节水：
- 再生水资源

48

中篇：用全面辩证的思维分析问题 .229.

成功案例：
- 新加坡中水战略
- 天津大中水战略
- 北京再生水资源利用

49

永定河

50

转变发展方式：
- 根本性转变取决于建设模式转变
- 关键性转变取决于市场模式转变

51

我国基本建设领域有两种市场模式
- 一是传统的沿革于计划经济条件下的模式；
- 二是从1987年推广鲁布革经验开始引入的，国际上也比较普遍采用的总承包模式。

52

微观经济学

三个假定：经济人假定、资源稀缺假定、保护个人产权假定。

三个原理：利润最大化原理、供求原理、等价交换原理。

三个方法：成本收益分析法、均衡分析法、帕累托标准。

53

传统模式从微观经济学的基本原理来看，属于花别人的钱办别人的事，其效果必然是客观上既不讲节约也不讲效率，有悖于经济规律，企业从体制机制上普遍缺乏优化设计、缩短工期、降低造价的根本动因。

54

55

我国除房屋建筑工程以外的工业项目已普遍采用了总承包模式。

56

从体制机制上转变市场模式，推广总承包模式，是转变建设模式的必然要求。

57

转变市场模式：三个有利于

- 有利于又好又快发展
- 有利于市场主体发展
- 有利于杜绝腐败

58

成功案例：

- 深圳地铁5号线
  - 节省10%
  - 工期比目前全国在建地铁工期缩短38%～56%
  - 公共投资项目管理人员大幅度减少
  - 腐败环节大大减少（截止目前未报道过一起）

59

思考五：

城乡统筹

社会主义新农村建设中规划的作用

60

农村规划建设：

- 农房规划（风格、体量、色彩）
- 现场指导（图纸、安全）

成功案例：
- 江西省婺源县
- 河南省固始县

江西婺源

思考六：

规划的科学性权威性严肃性

- 实践表明，往往针对规划科学性的不慎重改变，可能带来更大的城市风貌的破坏，甚至留下千古骂名
- 应千方百计把违反规划问题制止在事前、事中

注重总规对"5线"的限定：

- 紫线（国家历史文化名城内的历史文化街区和省、自治区、直辖市人民政府公布的历史文化街区的保护范围界线，以及历史文化街区外经县级以上人民政府公布保护的历史建筑的保护范围界线）
- 蓝线（城市规划确定的江、河、湖、库、渠和湿地等城市地表水体保护和控制的地域界线）
- 黄线（对城市发展全局有影响的、城市规划中确定的、必须控制的城市基础设施用地的控制界线）
- 绿线（城市各类绿地范围的控制线）
- 红线（经过批准的建设用地红线、规划道路红线和建筑红线）

综上所述：建议把握好五个辩证关系

- 总体规划与城市建设（外在表现与内涵）
  再好的总规也要靠标志性建筑来体现，或者说，标志性建筑控制不好，再好的总规也是失败的
- 老城区与新城区
  老城体现历史文化底蕴，新城体现现代文明
- 城与乡
  城市建设拼不过，还可以拼农村风貌
- 科学性与严肃性
  切记重视规划的严肃性、程序性
- 访客与市民
  城市既是给人住的，也是给人看的。两方面都说好才是真好

.232. 转变建设领域发展方式的思考

巴黎戴高乐将军广场（老城）

巴黎新凯旋门（新城）

67

苏州老城

苏州新城

68

上海新天地（新老结合）

上海浦东（新城）

69

南京　值得一提，从火车站广场眺望：近处是玄武湖，湖畔是城墙，城墙后是新的建筑轮廓线，远处是紫金山。

杭州

70

江西婺源

贵州黎平

71

市民关注：

✓ 生活安逸

✓ 面貌改观

✓ 出行方便

✓ 环境改善

✓ 住有所居

——本质 ➡ 宜居

72

中篇：用全面辩证的思维分析问题　.233.

访客关注：
- 城市的独特性（与其他城市的区别）
- 观察当地市民的感受
- 与上次来访时的感受对比

值得注意——访客对新农村规划建设可能感觉更好。

73

归结一点：

把握好总体规划与城市建设的结合

（Hold）

74

案例一：

漳　州

75

主城区

区位图

76

我的建议：5个"一"
- 一江 —— 九龙江
  （沿江打造优美独特建筑轮廓线，城市形象的"视觉名片"）
- 一城 —— 历史文化街区
  （体现地方传统风貌，彰显闽南文化底蕴）
- 一路 —— 迎宾大道
  （城市入口，既是景观大道，访客第一印象，又是承接厦门梯度转移开发区）
- 一园 —— 九湖万亩荔枝园
  （既突出生态宜居特色，发挥自然资源潜力，又是城市独特园林景观）
- 一山 —— 圆山
  （制高点，鸟瞰城区风貌，可作为漳州天际线最佳观测点）

77

案例二：

大　同

78

79

80

结合 —— 辩证思维的把握
- 战略～创新～辩证思维的结合
- 上层建筑～经济基础的结合
- 定位～方向～落实的结合
- 五大体系的结合
- 宏观～中观～微观的结合
- 现实～历史的结合

81

其实最重要的结合

发展～功能

82

所谓结合

—— 其实就是把握好辩证

83

中国人向来善于**辩证**思维,其与德国人的**逻辑**思维和古希腊人的**理性**思维并称突出的三大民族特点。中国人的辩证思维从《易经》开始到程朱理学的儒家思想发展绵延至今,对任何单位的管理,把握好对管理主客体的辩证分析,就能把握好各种事物的来龙去脉与是非曲直。

84

中篇：用全面辩证的思维分析问题　.235.

　　心到者，凡事苦心剖析，大条理、小条理、始条理、终条理，理其绪而分之，又比其类而合之也。

　　　　　　　　　　　　——曾国藩

85

城市建设重大技术的几个辩证思维案例：
- 5·12房屋震害分析
- 建筑节能政策
- 钢筋混凝土技术路径
- 建筑保温技术分歧
- 高铁速度意见分歧
- 国家大剧院方案分歧

86

如，房屋震害研究，应突出把握好全面和辩证的分析，主要内容包括：
- 要做各种破坏原因分析
- 要做各种破坏状态分析
- 要做城镇房屋与农村房屋的震害对比分析
- 要做正常设计施工与非正常设计施工房屋的震害对比分析
- 要做超过与没有超过设防标准情况的对比分析
- 要做其他有关对比分析

87

提出问题应理性思维

知～行

88

分析问题应逻辑思维

来龙去脉

89

解决问题应辩证思维

把握好度

90

重大决策

—— 核心是辩证

结束（一个非规划专业人士的建议）：

- ✓ 六个思考（结合、入口、标志性建筑、低碳、城与乡、严肃性）
- ✓ 五个关系（总规与建设、老城与新城、城与乡、科学性与严肃性、访客与市民）
- ✓ 一个关键 —— 总规与建设的结合（Hold）

谢谢！

分析来龙　把握去脉
及时准确地提出对策建议

　　要把握好房地产业发展的双刃剑特点,既要关注改善民生,也要关注经济发展。对于房地产业出现的新情况,我们必须注重把握好全面与辩证分析,深入研究其来龙去脉,进而为制定下一步经济政策提供参考依据,即要"分析大局、把握大势、制定大策"。

　　根据国家统计局数据,今年以来,我国70个大中城市的房价涨幅持续趋缓,而且出现了新建商品住房、二手房成交量萎缩的现象。对于房地产业出现的这种新情况,我们必须注重把握好全面与辩证分析,深入研究其来龙去脉,进而为制定下一步经济政策提供参考依据,即要"分析大局、把握大势、制定大策"(关于"十一五规划"的基本定调)。

　　一方面,分析"来龙"。从改善民生的角度来看,在中央政府陆续出台多项宏观调控政策的背景下,房价出现一定幅度的下降,有利于解决中低收入家庭的住房困难问题,因此无论是政府部门、学术界,还是社会舆论都普遍给予积极的正面评价。针对近几年房价增长过快的情况,国务院在继2005年"国八条"、2006年"国六条"两个文件的基础上,去年又下发了国发[2007]24号文,要求各地制定住房建设规划,调整供应结构,增加经济适用住房、廉租住房、中低价位中小套型普通商品住房的供应,建立多层次住房保障体系,规范市场行为,着力解决城市低收入家庭住房困难问题。今年,为控制物价过快上涨、防止经济增长由

本文作于2008年10月,正值世界金融危机影响之际

偏快转为过热，我国又采取了从紧的货币政策，银行信贷不断紧缩。尽管一些地区或一些人会对某项政策有不同的意见和看法，但是由于这些宏观调控政策的根本出发点都有一个非常明确的价值取向，就是改善人民群众的居住条件，并兼顾资源节约型、环境友好型社会建设，因此受到了人民群众的广泛拥护。目前房地产市场的状况表明，宏观调控的目标正在逐步实现。

另一方面，把握"去脉"。从发展经济的角度来看，对成交量萎缩的问题，包括政府部门和学术界在内有着不同的观点和看法，既有悲观的，也有谨慎乐观的，但总的来说，积极乐观观点的比例比较小。房屋成交量直接影响着房地产业的总体发展，房地产业是基本建设的重要组成部分，基本建设又是固定资产投资的源动力，固定资产投资则始终是拉动国民经济发展的重要"火车头"，约占国内生产总值的60%。基本建设又带动着钢铁、建材、家装、交通运输等相关产业的发展，还影响着包括建筑业、家装业、物业管理等行业的劳动力市场。因此，要把握好房地产业发展的双刃剑特点，既要关注改善民生，也要关注经济发展。

现阶段，我们应当高度重视成交量萎缩的问题，理清成交量与房地产业、房地产业与基本建设、基本建设与固定资产投资、固定资产投资与国内生产总值，以及增加劳动力就业与提高人民生活水平构建和谐社会的辩证与逻辑关系，不能单纯就成交量讨论成交量，就房地产业讨论房地产业，就基本建设讨论基本建设。对成交量萎缩的问题，应做以下四个层面的全面而辩证的分析：

一、要分析成交量的真实下降幅度。一是应将现在的成交量与去年、前年的年平均成交量作对比，而不能简单地与去年7~9月的畸高数值相比，消除个别特殊时期产生的影响；二是应做套数成交量变化的数据分析，由于市场上中小套型房屋供应量的增多，在解决相同户数居民住房问题的条件下，成交面积可能会相应减少；三是将经济适用住房、廉租住房的成交量或供应量纳入房屋成交量的统计数据，进而体现出房屋成交量的整体变化。经过这些处理，才能判断出成交量真实的下降幅度及其是否处于合理的范围。

二、要分析成交量下降对城市经济的影响。可选取 10 到 20 个不同类型的城市，从当地土地放量、政府财政收入、国内生产总值以及当地建筑业、家装业、物业管理等从业人员数量的变化情况来综合分析判断。以 10 到 20 个城市的普遍规律为小子样分析 70 个城市的大子样规律，进而分析和把握全国房地产业、基本建设乃至总体经济的走势。

三、要分析成交量下降对基本建设的影响。可各选取 10 到 20 家主要从事房屋设计的设计院（即过去常称的民用设计院）、主要从事房屋建筑施工的施工企业，以月、季度、半年为统计周期，通过对其新接任务量、正在设计或施工业务量的环比、同比对比分析来综合判断。以 10 到 20 家设计与施工企业的普遍规律为小子样分析整个建筑业企业的大子样，进而分析和把握全国房地产业及基本建设的发展趋势。

四、要研拟对策建议。通过以上三个层面分析，可以较为清晰地判断：成交量是否总体下降且在合理的范围之内。成交量下降是否对统计的样本城市经济产生影响，且影响面有多大。成交量下降是否对统计的样本建筑业企业（包括设计和施工企业）及其劳动力市场产生影响等。针对三个层面的分析提出不同的对策建议。

作者：王铁宏、马骏驰、朱宇玉

齐心协力抓好地铁安全生产管理

轨道交通的安全与规划、建设、运营各个阶段密切关联，决定了轨道交通安全管理的系统性和整体性；高速运转更突显了系统多方面协调配合的重要性，每一个系统每一个细节都可能是影响安全的因素。城市轨道交通一旦发生安全事故，其后果是极其严重的。各级建设主管部门一定要有清醒的认识，予以高度重视。

很高兴参加全国城市轨道交通安全联络员第一次会议，并与大家一起讨论有关城市轨道交通安全管理工作。城市轨道交通安全工作关系到人民群众的生命财产安全，关系到改革发展和社会稳定大局，长期以来一直得到国务院领导同志的高度关注。做好城市轨道交通的安全管理工作，既是考验我们政府执政能力的重要指标，也是建设社会主义和谐社会的客观要求。今天我们在这里召开这个会议，对进一步推动我国城市轨道交通安全工作，保障我国城市轨道交通健康发展具有重要意义。下面，我就城市轨道交通的安全管理工作讲三点意见。

一、要高度重视城市轨道交通安全管理工作

随着经济的迅猛发展，我国正进入城市化快速发展阶段，城市人口的不断增长，经济活动的日益频繁，给城市交通造成了很大的压力。一些城市交通拥挤、堵塞的现象非常突出，影响了经济的发展和人民群众的日常活动。根据国内外的普遍经验，缓解城市交通最有效的措施就是

本文是作者 2005 年 6 月在地铁安全生产管理工作联络员会议上的讲话

要大力发展城市轨道交通，构建起方便、快捷、安全的城市轨道交通网络体系。

目前，我国城市轨道交通发展迅速，已有十几个城市在开工建设，短时间内，仅北京、上海、广州这三个城市每年就要分别开工建设40多公里线路，这种发展进度是中国历史上从未有的，也是国际上所罕见的。但是，由于我国城市轨道交通发展历史比较短、经验也不足，加之，我国尚未建立起独立自主的城市轨道交通的制造产业，目前除了土建以外，几乎所有城市轨道交通的车辆、通信信号、控制等系统，以及盾构等设施、设备都是从不同国家引进或所谓的国内组装。这些标准不一、制式不同的轨道交通系统，有可能给建设和运营管理留下不容忽视的问题和安全隐患。

地铁是一种在狭小空间内快速载运高度密集人群的复杂系统，空间狭小决定了其管理措施的难度和复杂性；轨道交通的安全与规划、建设、运营各个阶段密切关联又决定了轨道交通安全管理的系统性和整体性；高速运转更突显了系统多方面协调配合的重要性，每一个系统每一个细节都可能是影响安全的因素；人口高度密集决定了轨道交通一旦发生事故就是巨大的危险和灾难；而且反恐怖要求也对地铁安全管理工作提出了新的挑战。这些说明了城市轨道交通一旦发生安全事故，其后果是极其严重的。各级建设主管部门一定要有清醒的认识，予以高度重视。省（直辖市）、城市和运营公司三级安全联络员也要牢记自己的六项职责和任务，研究安全工作的目标，与时俱进、实事求是，确保城市轨道交通运营安全，工作中不可掉以轻心。

二、建设部近年来所做的工作和下一步工作打算

针对轨道交通的这些特点，中央领导同志多次就地铁的安全管理工

北京市轨道交通建设

北京城建集团在亦庄线进行盾构施工

北京机场快轨盾构隧道贯通

北京机场快轨

图片摄影：北京城建集团 黎方益

作作出重要批示。近年来，建设部按照中央的要求，狠抓轨道交通的安全管理工作，努力提高安全管理水平。根据建设部党组的意见，由建设部质量安全司全面负责城市轨道交通行业全过程安全的管理工作，也就是说要从前期论证、规划、设计、建设和运营等全过程、各个环节抓好安全管理工作。过去，建设部作为主管部门基本不介入各地的城市轨道交通项目，只是重点对投入运营的项目承担行业监管工作。但是实践证明，运营环节城市轨道交通能否正常和安全地运行，关键要靠前期的方案论证、设备和信号的选型，以及设计和施工环节打下的基础，这里有前因后果的逻辑关系。

在九部委联合颁发《关于进一步加强地铁安全管理工作的意见》以后，建设部编制完成了《国家处置城市地铁事故灾难应急预案》、正在编制《地铁安全评价标准》和《城市轨道交通安全督查要点》，并且于2003年3月开展了地铁安全大检查；2005年5月要求各地开展了安全自查工作；7月中旬建设部还将牵头组成督查组分赴各地开展第二次安全大检查活动。

下一步，建设部将重点在以下五个方面开展工作。一是研究制定城市轨道交通安全方面的法规和政策；二是建立城市轨道交通安全评价制度，用系统论和方法论科学确定安全评价标准，并与有关部门合作选择一批安全评价机构；三是根据安全评价结果，督促落实安全责任机制；四是组织编制一系列安全导则，如专项审查导则、试运行导则、试运营导则和抢险指南；五是继续完善有关安全标准体系和职业安全防护标准，针对城市轨道交通的七大系统分别制定建设、运营的安全标准。目前建立城市轨道交通安全联络员制度，就是建设部开展"保持共产党员先进性活动"落实管理创新的一项举措。

三、上下齐心努力，共同做好城市轨道交通安全工作

城市轨道交通的安全管理责任主要在地方，为建立城市轨道交通安全工作的长效机制，我代表建设部提出以下几点希望和要求：

1. 理顺城市轨道交通管理体系，加强层级监督

各地建设行政主管部门要理顺城市轨道交通管理体系，加强规划、建设、运营管理的协调一致和相互配合，提高依法行政和整合作战能力，加强城市轨道交通管理的系统性和整体性；要加强安全管理职能，建立健全城市轨道交通安全管理机构，配备强有力的安全管理人员，认真开展城市轨道交通安全监督工作。

2. 加强在建城市轨道交通项目的安全管理

（1）各地建设行政主管部门要按照国家的有关规定，提前参与城市

轨道交通规划、设计、施工阶段的安全性论证工作；各地施工图审查部门一定要把好质量安全关，加强对有关安全强制性条文的审查力度；各地城市轨道交通运营单位也应当提前参与前期各项安全审查工作，从有利于安全运营的角度提出合理建议，帮助完善有关安全措施，并提前做好有关安全设施和技术参数的交底工作。

（2）根据《安全生产法》的要求，督促有关部门加大安全方面的投入，新建、改建、扩建城市轨道交通的安全设施，努力做到与主体工程同时设计、同时施工、同时投入使用。安全设施的投资要纳入建设项目概算。

（3）各地在发展城市轨道交通过程中，在没有国家技术标准可以适用的情况下，所采用的新工艺、新技术、新材料或者使用新设备，有可能影响建设工程质量和运营安全的，应当由国家认可的有关检测机构进行试验、论证，并出具检测报告。特别重大的事项要按照法律程序经过国务院有关部门或者省、自治区、直辖市人民政府有关部门组织技术专家委员会进行审定。各地务必要克服贪大求洋的思想，一些未经实践检验的所谓新奇特轨道交通系统要严格论证，慎重引进。

3．加强运营城市轨道交通项目的安全管理

（1）城市轨道交通运营单位应当加强对城市轨道交通的关键部位和关键设备的监测工作，评估其安全状况；还要定期对城市轨道交通进行安全性评价，并针对薄弱环节制定安全运营对策。

（2）我部编制的《国家处置城市地铁事故灾难应急预案》已被纳入国家二级专项预案，并即将由国务院公开发布。各地已经编制完成或正在编制的有关应急预案，也要按照国家的总体部署抓紧进行完善，并提炼成可以公开的发布稿，按照国家统一要求公布。

（3）要发挥在座各位安全联络员的积极性，加强联系和配合，完善城市轨道交通安全管理联络员制度，尽快搭建信息共享、消息快报和网络指挥的平台，争取探索出一个部、省、市建设行政主管部门和

运营单位的联动机制，保证轨道交通的安全运营。

最后我要强调，在座的各位安全联络员同志一定要认识到自己肩上所担负的重大责任和光荣使命，让我们从保护人民群众的安全利益出发，共同努力，开创我国城市轨道交通领域安全工作的新局面。

作者：王铁宏

抓好建设工程质量管理的
几项重要工作

  严格监督执法是建设工程质量的重要保障，也是各级建设主管部门义不容辞的责任和使命。在工作方式上要充分考虑各环节间的联动以及组织机构的整合，统筹兼顾工程建设的设计、施工和使用全过程，减少管理环节重叠和行政资源浪费，不断提高监管效能。在工作内容上要及时跟进国民经济发展的大政方针，更加注重公共管理和社会服务，突出抓好重点环节和薄弱环节。

  全国建设工程质量管理工作会议即将结束。这次会议是10年来又一次专门针对工程质量管理的工作会议，与以往的工程建设管理年度例会只布置当年工作不同，这次会议着眼于"十一五"期间的质量管理工作思路、工作目标，着眼于长远的监管体制机制和重点工作领域。同时，这次会议也可以说是质量工作的一次盛会，会议规模大、代表涉及面广，来自各省（区、市）和国务院有关部门从事设计、施工监督管理以及房地产管理的同志们一起，共同分析当前质量工作面临的形势，研究解决问题的措施，对于统一思想、坚定信心，进一步推动工程质量管理工作是非常及时也是必要的。大家一致认为，本次会议内容充实，安排紧凑，任务明确，重点突出，大会典型发言和参观活动都很有代表性，会议开得非常成功。下面，我就落实会议精神，并结合近期重点工作谈几点意见。

本文是作者2006年11月在全国建设工程质量管理工作会议上的总结讲话

一、进一步加强工程质量监管工作

严格监督执法是建设工程质量的重要保障，也是各级建设主管部门义不容辞的责任和使命。当前部分企业忽视质量管理、市场行为不规范在一定程度上也与政府监督执法不严、市场清出不力有很大关系。可以说，所有质量事故的背后都存在不遵守法律法规和技术标准问题，有没有去管、有没有管到位、敢不敢于严格执法，都是对我们建设主管部门依法行政能力的考验，也是对建设主管部门工作能否让最广大人民群众满意，让他们的根本利益得到保障的考验，切不可碍于人情而大事化小、小事化了，损害人民群众利益，损害全国建设主管部门的形象。强化质量监管，一是要不断改革完善现有管理制度。在工作方式上要充分考虑各环节间的联动以及组织机构的整合，统筹兼顾工程建设的设计、施工和使用全过程，减少管理环节重叠和行政资源浪费，不断提高监管效能。在工作内容上要及时跟进国民经济发展的大政方针，更加注重公共管理和社会服务，突出抓好重点环节和薄弱环节。二是要畅通信息收集渠道，加强信息化建设。及时地通过施工图审查、工程监理、质量检测、质量监督、质量检查、群众举报、事故处理等工作发现建设工程各方责任主体和有关机构存在的违法违规情况。三是要严格执法。据我部对2005年各地的建设工程质量责任主体行政处罚情况的统计，有4个省（区）是零记录，这反映出部分地区监管工作的薄弱和软弱。对于各方责任主体以及有关机构的违法违规情况，一定要给予处理，对于屡屡出现质量问题的企业和机构，一定要依法予以处罚，情节严重的要坚决依法清出市场。

二、以技术创新推动工程质量水平提高

创新是我们推进各项工作并取得成效的不竭动力和源泉，建设工

程质量技术水平的提升离不开整个行业的自主创新能力,企业的持续发展和不断壮大也离不开技术创新。党中央国务院高度重视技术创新工作,今年召开的全国科学技术大会上,胡锦涛总书记、温家宝总理发表了重要讲话,指出一个国家的现代化,关键是科学技术现代化,并提出了要支持自主创新、重点跨越、支撑发展、引领未来的指导方针。前不久,建设部印发了《关于进一步加强建筑业技术创新工作的意见》(建质[2006]174号),对技术创新工作的指导思想和工作目标,对如何开展技术创新工作也提出了具体的要求,各地要抓好贯彻落实。我想一是强化基本的技术技能培训,抓好从业队伍建设。二是要充分发挥企业的自主创新主体作用。要鼓励企业加大技术投入,加强技术储备和人才培养,提高自主研发和科研成果及时转化的能力,形成具有自主知识产权的专利和专有技术,这是质量技术水平不断提高的重要保障。三是政府要做好引导工作。要通过"四优"、鲁班奖等评选工作,推动勘察、设计和施工技术发展。研究制定相关政策措施,鼓励先进适用技术、材料、产品在工程中的应用,以提高项目建成后的综合效益,提升资源节约、环境保护水平,降低维护管理成本。

三、改革设计施工生产组织管理方式,促进技术发展和质量保证

在推进产权制度改革,推动建筑企业兼并重组和提高产业集中度的基础上,要研究改革传统的设计施工生产组织方式,使之更适合市场的自然要求,更适合技术发展和质量保证的要求。这一工作也是近年来各方面比较关注的问题,我们过去讲建筑业改革,比较注重企业的体制机制改革,实际上建筑业改革包括三个层面。第一,建设模式的改革,包括根据资源节约型环境友好型社会发展的要求,建设节能

省地型住宅和公共建筑，也包括规定一定比例的中小户型住宅建设。第二，市场模式的改革，我们长此以往已经形成惯性，认为建筑市场的主体就是由一个建设单位分别对应勘察、设计、施工、监理、检测，这是计划经济延续下来的，目前还是一个主要的市场模式。但这并不是唯一的市场模式，我们知道世界各国普遍存在的是一个业主对应一个总承包商的市场模式，而在我国，自1987年以来民用建筑工程外的工业项目已经普遍率先借鉴鲁布革经验推行了工程总承包，由业主对应一个承包商，负责勘察、设计、施工、监理的所有过程，取得了很好的成效。改革的目的是改变设计与施工脱节的状况，实现设计与施工环节的互相渗透，提高工程建设整体效益和质量水平。当前一是大型工程设计企业进一步强化方案设计和扩初设计能力，大型施工企业要进一步强化施工图深化设计能力，发展各类专业施工详图的集成设计能力，大力发展兼具设计施工能力的专业承包企业，促进设计与施工技术的结合与发展。二是要在积极推行工程优化设计的同时，稳步推行初步设计文件作为招标文件编制依据，采用工程量清单计价方式，通过公开招标选择工程总承包单位的总承包模式，由工程总承包单位负责施工图设计，并全面承担质量、工期、造价控制责任。这个时候通过优化设计降低工程造价、缩短建设周期的低价中标才是合理的低价中标，而目前我们不少在施工阶段的低价中标则在某种意义上可能是违反客观规律的低价中标。当然，要实现这些转变，现行的市场、资质、质量管理的规定也需要做出相应的调整，应加快研究。政府投资的市政基础设施和大型公共建筑，以及国有企业控股投资的大型工业交通项目，应当率先试行含施工图设计的工程总承包方式，率先推行优化设计和设计咨询，积极推进。第三，才是建筑业企业自身的体制机制改革。

四、抓好住宅工程质量工作

住宅工程质量关系人民群众的生命财产安全，关系社会的稳定和谐。随着我国经济社会的发展、人民生活水平的不断提高，以及住宅商品化带来的城镇居民对住房质量要求的不断提高，出现了不少新情况、新问题、新矛盾、新挑战，各地一定要高度重视，认真研究总结治理住宅工程质量通病的经验和教训，制定切实的工作目标和任务，完善相应的制度措施。近几年来，在加强质量监管的基础上，部分地区积极研究，并率先在住宅工程中探索试行工程质量保证保险。北京市等地也推行了住宅工程质量分户验收制度，实践表明，分户验收对于提高工程质量、降低返修率、提高居民满意度有明显的效果。应该说，这一制度符合我国社会主义市场经济发展的要求，符合以人为本执政理念的要求，符合住房制度改革的要求，符合政府行政改革的要求，更重要的是符合落实市场各方主体质量责任的要求。上半年，质量安全司专门召开交流会，并转发了北京市的相关文件规定，目前已有一些省市开始了试行，继续推进这一工作，还需要各地建设主管部门进一步提高认识，加强领导，各地要做好宣传工作，让大家有一个正确的认识，并结合本地实际认真贯彻落实，不断总结完善，防止走形式、走过场，确保工作质量。

当前还要突出抓好中小户型住房的质量监管，国办发[2006]37号文《建设部等部门关于调整住房供应结构稳定住房价格意见的通知》的关键是要立足人多地少的基本国情，引导建立合理的住房建设和消费模式，这既是解决中低收入群体住房困难、构建社会主义和谐社会的需要，也是集约土地资源，厉行资源能源节约的重要举措，是保证我国经济可持续发展的必然要求，一定要从战略高度领会和思考，坚定不移地贯彻执行。一是各参建企业要精心设计、精心施工，确保房屋的功能合理、安全舒适。二是各审查机构和质量监督机构要认真做好相应的审查和监管工作。三是各地建设主管部门要结合当地实际，通过组织中小户型住房设计方案竞赛、编制设计导则或设计要点、编制标准设计图等工作，加强引导。部里正在抓紧《90m² 以下住房设计要点》和《90m² 以下住房标准设计》的研究工作，也将会尽快下发为各地提供参考。四是各级规划、房产、建设部门要加强协作，严格执法，切实保证这一政策的落实。

五、加快村镇工程质量监管制度研究

随着我国城镇化进程的加快，村镇建设工程的质量监管越来越显得薄弱和滞后。今年以来连续发生的多起农房建设质量安全事故，以及今年"桑美"台风造成浙江、福建等地大量农房倒塌的现象，都反映出我们在村镇建设工程质量监管的体制机制上还有很多的工作要加以研究。3月份，我部在北京专门召开了送图下乡活动，各地也加强了对村镇工程质量和抗震防灾工作的技术服务和技术指导工作，取得了一定的成绩，但是村镇建设工程的管理与城镇化快速发展的需要还存在着不适应性，加强管理也还需要解决好机构、人员、经费等多方面的困难。如何做好村镇建设工程的管理，做到"横向到边，纵向到底"，使质量监管全面覆盖，不留死角，还需要下更大的功夫研究探索和试点。

消除城乡工程质量差距、提高农村基础设施和农民自建住宅质量，关系城乡和谐发展，关系广大农民的切身利益，关系城镇化进程和新农村建设健康发展的大局，要提高认识，加紧研究村镇建设工程包括农民自建房的质量管理措施，完善相关的法律法规，创新管理方式。特别是近年来发生了村镇建设工程质量安全事故的地区，一定要结合事故处理，总结反思，提出切实可行的监管措施来。大家在讨论中也提到了责任与能力匹配的问题，这是非常关键的，要通过我们的实际工作争取省政府的理解，有效地解决机构、编制、经费等问题。

六、深化建筑节能质量监管工作

大力推动建筑节能是贯彻落实科学发展观，保证经济社会可持续发展的一项重要工作。建筑节能有非常大的潜力，从现在到2010年，如果按规划实现建筑节能目标，累计可节省标准煤1.1亿吨左右，占"十一五"节能目标任务的20%左右，这将是对我国资源能源节约战略非常重要的贡献。实现这一目标，工程设计与建造两个环节至关重要。

去年以来，建设部围绕建筑节能做了大量的工作，关于进一步做好建筑节能质量监管，我部也印发了《民用建筑工程节能质量监督管理办法》，系统地规定了建设各方主体的责任和义务。各地要认真贯彻，结合本地区实际，确定工作目标和工作步骤，及时调整工作重心，不断完善监管措施，要注重工程建设各环节间的紧密配合，提高监督执法的有效性，特别是要注重做好施工图建筑节能审查和工程质量监督工作，把好节能质量关。需要强调的是作为耗能大户，大型公共建筑尤其是政府投资工程一定要率先垂范。今年，我部还将继续开展全国建筑节能专项检查，今年的受检城市将在去年的省会城市和计划单列市的基础上，扩大到地市一级。也希望各地高度重视，切实加强组织领导，周密制订工作方案，明确工作目标和责任，认真做好自查工作和配合工作，借检查之机，切实推动建筑节能工作。

七、抓好企业质量管理工作

工程质量归根到底是靠企业干出来的，而不是政府管出来的，企业的质量责任也是无法替代的。在工程质量管理工作中，要突出抓好企业的质量管理工作。要落实好各方主体和有关机构的质量责任,强化企业自律,在企业内部机制建设上,也要给予一定的指导和引导。建设部最近组织编制了《工程建设勘察企业质量管理规范》和《工程建设设计企业质量管理规范》,这对于促进勘察设计企业的质量管理工作很有意义,《规范》是对企业质量保证能力的最低要求,执行与否是政府主管部门和建设单位判定勘察、设计企业质量保证能力的重要依据,也是企业自我评价质量保证能力的准绳,要抓好宣贯工作。同时,各地在工作中一定要注意发挥好市场自身的调配作用,要注意培育有效的市场约束机制,积极推动企业诚信建设。各地要继续贯彻落实好《建设工程质量责任主体和有关机构不良记录管理办法》,做好对企业和有关机构不良记录的管理工作,通过通报、公示等手段,通过建立"绿色通道"和"黑名单"制度,鼓励优胜劣汰,推动企业自律,通过市场的约束,通过企业自身的愿望和需求,切实推动工程质量管理工作。

同志们,在多年的质量监管工作中,大家付出了很多热情和辛劳,也做出了很多贡献,希望大家继续努力,积极探索,为全国建设工程质量水平的提高做出新的贡献。

作者:王铁宏

切实改革工程建设组织实施方式

  各级建设行政主管部门要牢固树立科学发展观，把搞好工程质量作为全面建设小康社会的一个重要组成部分；把提高工程质量水平，作为建设领域构建和谐社会的重要途径；把提高质量管理水平，作为节约资源、走可持续发展道路的重要体现。要进一步深化对工程质量管理工作重要性的认识，增强搞好工程质量的责任感和使命感，切实确保我国建设工程的质量水平。

  经过两天的紧张工作，全国工程建设管理工作会议即将结束。这次会议，在各位代表的共同努力下，在湖南省建设厅的大力支持和精心安排下，圆满地完成了各项议程。

  大家一致认为，这次会议召开得很及时、很必要。对过去几年的工作进行了全面总结，对今后工作提出了工作思路，指明了方向。五个组提出了很好的意见和建议，归纳起来，主要涉及十一个方面：

  1．关于行业自律。建议行业协会要发挥更大的作用，为企业提供更多的信息；国有企业也应该规范自己的行为，起带头作用。

  2．关于建筑节能。建筑节能已经成为我国基本国策的重要内容，责任重大，各地要加强指导和实践、抓好落实。同时就建筑节能如何因地制宜、实事求是、避免简单一刀切的做法提出了很好的意见。

  3．关于信用体系建设。大家一致认为，应当尽快建立全国统一的信息平台，对各地信息平台的建设加强指导进行整合。

  4．关于安全许可证动态管理办法。大家认为应该尽快制订出台。

本文是作者2007年5月在全国工程建设管理工作会议上的讲话

5. 关于建造师和项目经理的过渡衔接问题。建议尽快制订政策，促进企业发展和市场规范。

6. 关于如何对业主加大监管的问题，大家认为，通过对市场混乱主要原因的分析，可以看出业主行为不规范问题已成为矛盾的主要方面，应当制订有关法律法规，对业主行为加以约束。

7. 关于制度的落实问题。许多同志认为，我们现有的一些法律、制度已形成体系，关键是如何抓好落实，抓好执行，重要的是加大法律、法规制度落实监管的力度。

8. 关于安全费用的问题。认为这一措施非常好，建议将安全费用尽快纳入工程概算，不参与投标竞争，并尽快出台有关规定。

9. 关于设计单位的改革问题。许多同志认为，在新形势下设计单位的发展遇到了新情况、新问题、新矛盾，也有一些新的困惑，市场各方主体之间的关系需要与时俱进，要有针对性、公平、公正地加以调整，下一步如何改革，期待指导性的政策。

10. 建筑业作为国民经济的支柱产业，其重要性应当进一步强调，各省市都应给予充分重视。

11. 关于"走出去"战略,与会同志普遍建议建设部加强指导和协调，发挥更大的作用。

同志们普遍反映，这次会议主题鲜明，内容集中，任务明确，效率很高，大会典型发言很有代表性。大家一致认为，部领导报告提出的今后一段时期的工作措施，符合党和国家大政方针，符合工程建设管理工作的实际，对抓好工程建设管理工作具有重要的指导意义，会议对于统一思想、坚定信心，进一步推动工程建设管理工作是非常及时和必要的。

同志们，这次会议是建设工程管理工作的一次很重要的会议，会议着眼于总结党的十六大以来全国工程建设管理工作所取得的经验，着重落实近期国务院领导同志关于工程建设的批示和要求，研究部署

"十一五"期间的工程建设管理工作思路和目标，着眼于长远的监管机制建设和重点工作安排。下面，我结合近期重点工作，就落实会议精神谈几点意见。

第一，切实做好建设工程施工安全监管工作。大家都注意到，最近一段时期，一些省市接连发生重特大事故，全国安全生产形势非常严峻，也暴露了安全生产仍然存在许多漏洞和薄弱环节，给我们敲响了警钟。各地建设主管部门各单位要按照全国安全生产工作会议的部署要求，以务实的工作作风，采取切实有效的措施，进一步强化建筑施工安全监管，全面推进安全生产两个主体、两个责任制的落实，严防死守，层层把关，坚决遏制重特大安全事故多发的势头。要切实加强对安全生产工作的领导和安全监管，进一步搞好对安全重点部位和薄弱环节的检查，加强对重点地区、重点领域和重点单位的安全检查和督查。为加强建设工程安全生产管理，规范建设工程开工安全生产条件，防止和减少安全事故，前不久，建设部组织起草了《建设工程开工安全生产条件审查规定（征求意见稿）》，并征求了各地意见。该规定出台后，各地要加大工作力度，狠抓贯彻落实，切实履行安全监管职责，认真做好建设工程施工安全工作。

第二，增强做好工程质量工作的责任感和使命感。当前，我国正处于大规模建设时期，党中央、国务院对我国的工程建设和质量安全极为关心，胡锦涛总书记亲自视察奥运工程并对工程建设做出了重要批示。对此，我们必须引起高度重视，工程质量是百年大计，关系人民群众的生命财产安全，关系社会的和谐稳定，我们这一代工程建设者建造的工程要经得起历史的检验。这次会议提出了"强化工程质量监督管理，关注工程全寿命周期安全"的要求。各级建设行政主管部门要从贯彻落实"三个代表"重要思想的高度，从对国家和人民生命财产安全负责的高度，牢固树立科学发展观，把搞好工程质量作为全面建设小康社会的一个重要组成部分；把提高工程质量水平，作为建设领域构建和谐社会的重要途径；把提高质量管理水平，作为节约资源、走可持续发展道路的重要体现，进一步深化对工程质量管理工作重要性的认识，增强搞好工程质量的责任感和使命感，切实确保我国建设工程的质量水平。

第三，要把建筑节能工作落到实处。中央提出建设资源节约型、环境友好型社会战略以后，我们建设主管部门从2004年中央经济工作会议后，2005年提出发展节能省地型建筑指导意见，把发展节能省地型建筑作为一个重要的战略性平台工作来抓，从法律法规、标准规范、政策措施、科技进步四个层面全方位推进，法律法规今年国家将出台《建筑节能管理条例》，标准规范已经做到了地区、建筑类型、过程三个全覆盖，建筑节能各方面已经取得了初步成效。去年全国建筑节能大检查中，我们对全国31个省市的60个城市，涉及700个项目建筑节能进行了检查，从检查情况来看，设计阶段执行建筑节能标准已达到标准的96%，施工阶段达到57%，整体推进进度很快。各级建设主管部门要认识到，"十一五"期间建筑节能要达到20%，每年要节能4%，压力很大。各级建设行政主管部门要全面贯彻国务院《关于加强节能工作的决定》，把建筑节能、节地、节水、节材和环保的要求落到实处，抓出成效。当前要着重抓好大型公共建筑工程建设和管理中的节能环保工作。大型公共建筑工程往往集中代表着我国工程建设的最高水平，理应成为资源节约型、环境友好型的示范工程。各地要认真抓好大型公建工程建设管理工作，提高大型公共建筑项目的设计和建造水平。

第四，要以技术创新推动工程建设整体水平提高。党中央国务院高度重视技术创新工作，去年专门召开的全国科学技术大会，提出了要支持自主创新、重点跨越、支撑发展、引领未来的指导方针。工程建设技术水平的提升离不开整个行业的自主创新能力，企业的持续发展和不断壮大也离不开技术创新。当代科技的主线就是信息技术、生命科学和纳米技术，除此之外我们建设行业的科技进步还有一条资源节约的主线，节能、节地、节水、节材和环保，怎样围绕这两条主线搞好技术创新，对我们是一个新的考验。2006年建设部出台了《关于进一步加强建筑业技术创新工作的意见》，对如何开展技术创新工作也提出了具体的要求。这次会议专门着重强调要坚持科技创新，促进建筑业改革与发展。以大家关心的企业资质为例，新修订的工程勘察设计、施工、监理和招标代理4个企业资质标准，都不同程度增加了对企业加大技术投入，加强技术储备和人才培养等方面的要求。尤其是在新颁布的特级总承包企业资质标准中，增加了有关专利、工法、企业标准、技术中心和信息化应用等方面的内容，积极引导企业增强自主创新能力，切实转变经济增长方式，在行业内和社会上引起了较大反响。对此，各地要从完善机制和体制入手，抓好贯彻落实，推动勘察、设计和施工技术发展，提高工程项目建设的综合效益。

第五，要切实改革工程建设组织实施方式。目前，我国建筑市场的主要模式还是由一个建设单位分别对应勘察、设计、施工、监理、检测等多方主体，这是计划经济延续下来的思维，长此以往已经被大家接受，似乎形成了建筑市场的惯性模式。我们所说建筑业改革包括建设模式、市场模式和企业自身改革三个方面，其中最重要的是市场模式的改革。我们知道世界各国普遍存在的是一个业主对应一个总承包商的市场模式。即使在我国，工业项目也已经普遍推行工程总承包，由业主对应一个承包商，负责勘察、设计、施工、监理的所有过程，并取得了很好的成效。要以工程建设实施组织方式改革为突破口，加快建筑业改革步伐。因此，我们要研究改革传统的建设生产组织实施方式，大力推行工程总承包和项目管理，改变设计与施工脱节的状况，实现设计与施工环节的互相渗透，使之更适合市场的自然要求，更适合技术发展和质量保证的要求，提高工程建设整体效益和质量水平。

第六，要完善建筑市场监管长效机制。当前，建筑市场在体制上和机制上还存在一些问题，市场主体行为诚信度不高，建筑市场的监管手段有限。这次会议上，大家普遍形成了一个共识，规范建筑市场秩序必须注重长效机制建设，要按照工程建设的规律，严格实施法定基本建设程序，集中力量，抓住关键环节，强化建筑市场和施工现场的"两场"联动管理，实现属地化、动态化和全过程监管，逐步形成行政决策、执行、监督相协调的机制。要将涉及建筑市场监督管理的建筑业管理、工程管理、资质和资格、招标投标、工程造价、质量和安全监督以及市场稽查等相关职能机构，进行协调，实现执法联动，相互配合，监督管理既分工管理又联动执法，既不重复执法又不留下空白，进行全过程、多环节的齐抓共管，并将制度性巡查与日常程序性管理相结合，形成建筑市场监督管理的合力和建筑市场闭合管理体系，共同促进建筑市场的规范。要按照国务院新发布的《政府信息公开条例》，加快建筑市场监督管理信息系统建设，加大计算机和信息网络技术在工程招标投标、信用体系建设、施工现场监管、工程质量安全监管、施工许可、合同履约跟踪监管中的应用，并实现信息在建筑市场监管职能机构之间的互联、互通和信息共享，强化政府部门对工程项目实施和建筑市场主体行为的监管，并逐步形成全国建筑市场监督管理信息系统；要加快电子政务建设，强化公共服务职能，方便市场主体，及时全面发布政策法规、工程信息、企业资质和个人执业资格等相关信息，全面推行政务公开，不断提高行政行为的透明度和服务水平。

同志们，工程建设管理工作事关经济社会发展大局，中央高度重视，群众非常关心，社会也很关注。这次会议提出的各项任务，都是根据中央、国务院的统一部署所确定的，各地一定要坚持求真务实，坚持改革创新，坚持规范执法，坚持关注民生，结合本地实际，加强调查研究，创新工作机制，解决突出问题，认真贯彻落实好这次会议精神，建设部将会同有关部门，对各地贯彻落实情况进行督查。同志们，让我们继续努力，积极探索，不断提高工程建设管理水平，为促进经济平稳运行与社会和谐稳定，为迎接党的十七大胜利召开做出贡献。

作者：王铁宏

新形势下工程质量监督体制机制创新

建设工程投资大，社会影响面广，工程质量的好坏直接影响投资效益和国民经济的运行质量，因此，必须对建设工程质量实行政府监督、社会监理和企业负责的管理体制。政府对工程质量监督是工程建设中不可或缺的重要环节。

今天很高兴前来深圳参加建设工程质量监督检测工作座谈会暨中国建设工程质量论坛。这次能够前来参加会议，也是受部领导的委托。今天围绕的主题非常重要，即在新形势下，质量管理体系的研究和探讨。众所周知，25年前，深圳率先在全国成立了建设工程质量监督站，开创了建设工程质量监督的先河，为全国各地质量监督机构的建立提供了宝贵的经验。昨晚我同李局长交谈时强调，深圳建设工程质量管理方面的很多做法很先进，可以说，深圳的今天，可能就是全国其他地区的明天。所以你们遇到的问题，所需要研究解决的问题，对全国其他地区都有重要的指导和借鉴意义，为全国各地质量监督机构的建立提供了宝贵的经验。在此，我谨代表建设部，对深圳市建设局为工程质量监督检测工作所取得的成绩表示祝贺，也对全国25年来为工程建设事业做出巨大贡献的全体监督检测工作者表示诚挚的问候。

今天的座谈会，我想谈三个方面的看法。

第一个就是要充分肯定深圳建设工程质量监督管理体系的经验和贡献；第二就是研究和探讨在新形势下，工程建设质量监督管理体制机制

本文是作者2006年9月在建设工程质量监督检测工作座谈会暨中国建设工程质量论坛上的讲话

的创新；第三就是要把握好全方位的建设系统质量安全监督管理工作的内涵。

　　建设工程投资大，社会影响面广，工程质量的好坏直接影响投资效益和国民经济的运行质量，因此，必须对建设工程质量实行政府监督、社会监理和企业负责的管理体制。政府对工程质量监督是工程建设中不可或缺的重要环节。深圳特区建设初期，建设工程质量监督人员克服种种困难，怀着高度的责任感，以严谨的工作作风和认真负责的态度，对建设工程实体的质量进行认真的监督检查，为确保深圳市建设工程的质量，为深圳速度的实现，起到了保驾护航的作用，最突出的案例就是国贸大厦项目。在全国各地区以及有关部门相继成立了质量监督机构，逐步形成了政府对建设工程质量监督管理制度以后，深圳依然不断创新，提出了实物质量监督与行为质量监督并重的方针，对规范各方主体的质量行为，依法进行工程建设，起到了很好的效果。

　　经过25年的努力，全国已经形成了较为完善的建设工程质量监督管理制度。法律法规层面、标准规范层面、政策措施层面和科技创新层面都有了长足的发展，质量监督工作基本做到有法可依，有技术标准指导，质量监督的效果有目共睹。当前，全国普遍实施工程质量管理制度，包括监督的巡查制度，重点部位的抽查制度，建设各方主体质量行为合法性的核查制度，建筑材料、设备和构件的抽查制度，竣工验收和备案制度，违法、违规调查取证和处罚制度，质量不良行为记录和公示制度，全国目前已有各类的质量监督机构3200多个，质量监督人员4万余人，遍及全国各个省市和自治区，98%县级以上都设立了质量监督机构，形成了完整的工程质量监督网络，为全国提高工程质量，降低事故发生、促进施工、监理企业加强质量管理发挥了重要作用。应当说，是现有市场体制条件下有效的监管手段。现在，深圳市又首先提出针对不同投资主体工程，即政府投资工程和社会投资工程实行不同的监督管理模式，这充分体现了与时俱进又实事求是的工作作风。我认为，这符合政府的角色定位，符合市场经济的基本原则。希望深圳能积极探索，勇于创新，及时总结经验，为全国建设工程质量监督工作提供典范，起到开创性作用；也希望进一步深入研究，扩大试点，待时机成熟后在全国范围内予以推广。现在，国家大规模经济建设方兴未艾，建设工程质量监督管理工作大有可为，任重道远，国家建设需要工程质量监督工作，工程质量监督应在国家建设的总体框架下发挥更加积极的作用。据了解，今天还将举行论坛，探讨新形势下的质量监督工作，希望各位专家学者解放思想，畅所欲言，为共同探讨摸索工程质量监督管理方面新的工作思路、新的办法，献言献策，这是第一个方面。

下面谈第二个方面，研究和探讨新形势下，工程建设质量监督管理的体制创新、机制创新。这次"十一五"规划在制定过程中，中央提出了三句话，第一句话是谋全局，第二句话是看大势，第三句话是出大策。谋全局就是要对我国到2020年全面建设小康社会的总体的经济发展形势有一个全面的了解，进而加深对"十一五"规划的认识。在此，我们作为基本建设的从业同志，就是要加深对支柱产业的认识。什么是支柱产业？支柱产业有四个指标，第一是在国民经济中的比重最大，第二是对促进国民经济增长作用最大，第三是拉动相关产业作用最大，第四是科技贡献率最大，这样的产业，可以定为支柱产业。现在在有关的文件中，已经正式把建筑业作为支柱产业来定性，建筑业能起到什么作用？我们来分析一下，共有五个特点，第一是与人民群众的利益密切相关，无论基础设施建设还是房地产业的发展，都涉及千家万户；第二建筑业在国民经济中的作用愈发突出，基本建设包括基础设施建设和房地产业，这两个投入相加按国家统计局2003年统计的比例，大约是固定资产投入的40%，2004～2005年国家不再公布基本建设的比例，而是只公布固定资产投入，按照2005年固定资产投入的统计，去年基本建设投入为

3.5万亿，其中一半是基础设施建设，一半是房地产业；第三是快速发展，这几年，每年都保持在20%以上的增长速度；第四个特点是保持充分的市场竞争，现在我们基本建设项目包括基础设施和房地产，可能除了个别项目在个别地区和个别行业带有某种意义上的垄断以外，基本上是处于充分的市场竞争；第五个特点是高就业率，从事基本建设的从业人员已经超过了5000万，包括3000多万农民工，那么它背后所影响的人口可以达到2亿~3亿，所以它在国民经济中的影响力非常大。我们可以看到，全面建设小康社会到2020年这个发展目标不会改变，到建党100周年前后的时候，我们要实现全面的小康社会；到2050年，也就是新中国成立100周年前后的时候，我们要达到中等发达国家水平，在这其中，基本建设起到了重要的作用，所以是支柱产业的作用，所以我们从业的同志对这样的发展趋势有全面了解，加上工业化、城镇化、市场化、全球化进程，在这些方面都起到了突出的作用。

　　第二要看大势，对于我们来说，有几个方面要重视和关心，一是要转变经济增长方式，基本建设要以节能、节地、节水、节材和环保为工作主线，这就对我们的质量工作又提出了更高的要求，不单单是一个结构安全的质量，也包括节约资源、能源的质量；二是消费结构升级；三是城镇化发展，到2020年，每年都将保持1%~2%的增长；四是科技进步日新月异，很多新的技术和产品应运而生，我们的质量和安全监管体制，既要保证工程质量的安全，又要促进科技进步，这里有一个并重的把握；五是法制不断完善，任何一项工作都离不开四个层面的推动，最高层面就是法律法规，其他是标准规范、政策措施、科技进步。而路径呢，是倒过来的，首先是科技进步，然后由政府主管部门通过行政措施来推动科技进步，当达到一定量再全面推广时就要有技术法规来保证，再进一步就要有行政法规来保证，所以法制要不断完善，也是一个循环的过程；六是竞争全球化，我们的很多项目，国际、国内两个市场中已经充分体现出竞争全球化。

三是出大策，今天各位专家学者、政府主管部门的同志共同探讨的，实际上就是我们国家工程建设质量监督管理体制、机制创新的问题，从某种意义上来说，就是大策，所以这个主题非常好，非常重要，部里面很重视，也很支持。那么，围绕着的主要内容，我个人认为是三个方面，第一是投资主体多元化以后，我们的监督管理体制、机制创新问题，由过去政府投资为主到以社会投资、多元投资主体为主，政府的作用将发生转变，如何分类指导，这成为研究和探讨的重要内容。深圳的实践对其他地区都有重要的影响，尽管投资主体多元化，但政府的职责最核心的，还是维护全体人民的利益，这是个社会问题，所以深圳提出"监督为民、服务为民"非常准确，我们要辩证、唯物地看问题，我们研究的是市场机制，而非市场化，无论市场化到什么程度，政府都要承担最终的社会责任，这一点是毋庸置疑的。实践也已经证明，如果机制解决不好，人民群众最终的投诉还是会集中到政府，所以，统一大市场的想法很好，依法行政，所以我们对深圳在这方面的创新和经验非常关注。第二是市场管理模式要不断地变化，现在我们的模式是由一个投资主体对应市场中的设计、勘察、监理、施工、检测单位，这些单位都是市场的主体，这是一种主要的市场管理模式，特别是在民用建筑中，这是唯一的管理模式。但是，在1987年以后，推广鲁布革经验以后，我们国家基本建设当中，很多产业和行业已有了新的市场管理模式，比如说施工图加施工总承包的管理模式，对应这种模式，由一个市场投资主体对应一个总承包主体的时候，它的管理模式又是不同的，又需要加以研究和探讨。这方面，民用建筑基本不采取这种模式，但在我国的工业项目中，已经普遍采取这种管理模式，今后，民用建筑中是否有一部分高端市场需要采取这种模式，还需要研究和试点。第三是全方位的质量安全内涵，我们现在所说的质量安全，大家了解最多、形成共识的主要是房屋建造过程的质量安全，实际上，质量安全应包括四个内涵，房屋建造过程的质量安全为主，它既涉及千家万户，又关系到建设者的生命安全，所以我们高度重视，这个体系，我们一直监管得很好。除了这个体系，还有一个建筑物全寿命使用周期的安全，深圳在这方面也进行了探讨，我们对此很关心，比方说在城镇化过程中，一些农民自建房，城镇化以后能否纳入城市住房管理体系，这实际上是一个全寿命使用周期的问题，这类问题还很多，也包括20世纪90年代初一些地区所发生的质量安全隐患对建筑物全寿命使用周期的影响。比方说，按照结构安全度，一座建筑物已无法达到，但还没有坍塌，周围环境的变化将影响到建筑物，使建筑物出现危险，这个问题时有发生，这就是全寿命使用周期安全，这也是我们将要加以关注的。第三个质量安全就是城市基础设施运营的质量安全，包括地铁、市政、燃气各类的运营安全，包括周边对其影响及它对周边的影响，比方说，北京曾发生地铁施工造成路面坍塌的事故，虽然没有人员伤亡，但造成了巨大的社会影响，主要交通路线因此而阻断，这件事的影响，已经超出了房屋建造过程的质量安全的概念，也是我们政府要加大监管力度的，都是政府的职责，是无法回避的，需要我们质监总站、检测中心研究和关注的新内容。最后一个质量安全就是应对突发事件的质量安全，在城市建设过程中，有很多突发事件的安全应急预案是要由我们来组织和实施的，要动员全社会力量来参与，因此，全方位的质量安全内涵必须加以研究。

第三个就是把握好全方位的建设系统质量安全监督管理工作的内涵，也就是我刚才所提到的四大质量安全监管领域，房屋建造、全寿命使用周期、城市基础设施运营和应对突发事件四个方面都要加以研究，包括市场监管体制、法律法规、标准规范、政策措施、科技进步，都要与这四个领域对应，有些方面，还要培育市场主体，专门从事某个领域的质量监督、检测工作的单位，对应的四个领域也要观念创新、技术创新、管理创新。观念创新就要与时俱进，政府层面要观念创新，市场主体也要观念创新，要了解客观需求和市场需求；管理创新就是体制、机制的创新，与此相应就是大量的技术创新，对应四个领域，质量安全监督管理体系都有大量的技术创新需求。

以上三个方面的想法，如有不对的地方，请大家批评指正。预祝本次论坛圆满成功，对全国建设工程质量监督管理再提出好的建议，共同促进我们国家工程质量监督管理方面的体制、机制创新，为支柱产业的发展贡献自己的力量。

作者：王铁宏

关于甘肃、陕西两省灾后农民过冬房建设工作的调研报告

住房和城乡建设部村镇办、质量安全司和稽查办共同组成工作指导组，赴甘肃、陕西两省六个重灾县（区），指导协调有关工作。两省各级地方政府和建设主管部门均意识到，随着农民过冬房建设的全面展开，专家组的指导和帮助是非常必要的。专家组的工作赢得了灾区干部群众的赞扬和肯定。

为确保入冬前房屋倒塌和毁损严重的农民至少有一间可过冬的永久性居所，我部于6月13日在兰州召开甘陕地震灾区农民过冬房建设座谈会，全面部署两省灾后农民过冬房建设工作。为进一步做好我部相应的指导、协调、帮助和督促工作，部领导专门做出批示，要求村镇办、质量安全司和稽查办共同组成工作指导组，赴甘肃、陕西两省六个重灾县（区），指导协调有关工作。7月6日至11日，工作组先后听取了省、市、县三级政府及建设主管部门主要领导同志的情况介绍，与我部派驻甘肃省康县、武都区的专家组成员及援建两省示范农房的企业代表进行了座谈，实地考察了宁强县亢家洞村、舟曲县咀上村等过冬房建设点，现将情况汇报如下：

一、甘、陕两省工作情况

总体上看，两省六个重灾县（区）农民过冬房建设已经全面启动，

本文作于 2008 年 7 月

灾区到处呈现出农房建设的场景,公路两旁到处堆放着红砖等建筑材料,有些乡村农房已经开始建设,并有不少已建成。截至目前,甘肃省灾后农民过冬房应建27.7万户,已开工7.8万户陕西省应建6.8万户,已开工1.8万户。两省工作情况主要表现在以下三方面:

一是组织保障。两省各级党委、政府高度重视灾后农民过冬房建设工作,专题研究部署,层层建立领导小组,每个村都明确了负责领导、帮扶单位和工作队员,将灾后重建工作纳入目标责任考核,全面抓好落实。同时出台相关的政策规定,在制度上规范农民过冬房建设。例如,陕西省政府印发《陕西省地震受灾农村房屋恢复重建实施方案》,明确了受灾民房重建工作的指导思想、基本原则、补助范围和标准等。另外,两省对我部给予的指导、协调和帮助,表示由衷的感谢。

二是材料保障。两省灾区市(县)政府在充分挖掘当地企业产能的基础上,依靠向省内其他地区采购的方式保障材料供应,并着手恢复或新建砖厂、水泥厂等以增加供给。例如,陕西省政府决定在汉中市扩建页岩砖厂4个,新建页岩砖厂、水泥面烧砖厂和粉煤灰加气混凝土砖厂各1个。与此同时,两省各级物价部门负责建材价格监管,维护市场稳定。各受灾市(县)也明确要求农民建房所需的主要原材料价格不得超过震前水平,采取价格干预措施,核定建材最高限价,实行提价申报制度等。

三是技术保障。地震发生后,两省派出大量规划、结构等方面的技术人员,深入灾区开展规划选址、房屋鉴定等工作。我部派出的云南、新疆、深圳专家组也发挥了重要作用。甘肃省武都区政府已在我部派驻专家组的帮助下培训农村工匠,并聘请区内离退休的工程技术人员,以解决农民过冬房建设技术力量不足的问题。另外,两省建设厅还专门组织力量,为农房重建免费设计图纸,供农户选用。

四是组织建设示范房。根据兰州会议要求,两省农民过冬房的示范建设工作业已全面展开。据我们了解,由中铁一局房屋建设分公司、甘肃省建筑工程总公司分别援建的略阳县牌坊坝村（10户）和康县豆坪村（201户）示范房，已进入现场施工阶段；由对口支援陕西灾区的天津市、中建西北市政设计院分别援建的宁强县金山寺村、庙子岭村、略阳县徐家坪村、权力村（共计286户）和武都区柏林村（5户）示范房，已进入图纸设计阶段。

二、专家组工作情况

6月13日，在兰州召开的甘陕地震灾区农民过冬房建设座谈会后，由我部直接组织的新疆、云南、深圳专家组即赴甘肃省康县、武都、文县开展工作。根据会议要求，甘肃省舟曲县、陕西省宁强县、略阳县的专家组分别由两省建设厅负责选派。

我部派驻康县、武都、文县的专家组工作热情很高，到达驻地后立即主动开展工作。尽管灾区农民正忙于麦收，地方政府也将工作重心放

在灾后重建规划编制等前期工作上，绝大多数农民过冬房尚未进入施工阶段，但专家组仍然克服各种困难，认真贯彻部领导指示，及时调整工作内容：在过去的一个月中，驻三地专家组深入10多个乡进行实地勘查指导，帮助农民审查、修改农房施工图；驻康县专家组编写了《农房施工质量控制要点》，自费印刷，向农民发放；驻武都专家组协助区建设局编制了《地震灾后农房重建施工技术指导手册》，组织了对当地农村工匠的培训，还配合当地建设局对20多个乡的农房及大量的公共建筑、办公楼进行震害应急评估。专家组的工作赢得了灾区干部群众的赞扬和肯定。

通过此次调研，甘、陕两省各级地方政府和建设主管部门均意识到随着农民过冬房建设的全面展开，专家组的指导和帮助是非常必要的。

三、存在的问题

一是组织保障有待加强。我们发现，灾区各级政府都将灾后农民过冬房建设的工作重心放到整村搬迁，异地新建上来，其原因不言而喻，还是比较注重"面子"。而对于量大面广、分散在各村庄的房屋倒塌和毁损严重农户的原址重建工作落实力度还不够。另外，据陕西省的同志反映，农民过冬房建设的国家补助资金尚未拨付到位；由于短期内需求量猛增，建材价格和运输成本已有上涨，特别是对于异地采购的建材，灾区政府的价格干预措施作用不明显，还需进一步加强。

二是主要建筑材料有缺口。由于灾情严重地区多为经济欠发达市（县），难以完全做到"砖石不出县、水泥不出市、钢材不出省"。据我们了解，陕西省的2个重灾县均已从关中地区订购了大量的黏土砖，甘肃省的4个重灾县（区）尽管也采取了一些措施，但工作开展不够扎实，主要建筑材料的需求底数不是很清晰。

三是施工技术力量薄弱。随着农民过冬房建设的全面展开，施工力量和专业技术人员的不足已成为影响过冬房建设进度和质量的主要因素。甘、陕两省已经和正在向舟曲、宁强和略阳三县派出指导农民过冬房建设的专家组，这三个县的专家组工作亟须加强。

四是农村建设机构缺失。农房恢复重建暴露出村镇建设服务机构不健全，只有一些兼职人员从事村镇建设管理方面的工作，根本无法顾及农房建设的服务指导。农村建筑工匠缺乏有效的组织和管理。这属于体制机制的问题，不可能一蹴而就通过灾后农民过冬房建设完全解决。

四、几点建议

一是灾区某些地方政府重建预期目标过高，既脱离实际，又难以实现。对于量大面广、分散在各村庄的原址重建农户，应充分发扬自力更生、艰苦奋斗的精神，坚持因陋就简，就地取材。既可以合理利用倒塌房屋的原有材料，也可以鼓励生产本地特有的建材，以缓解材料供应的压力。建议应多宣传这方面的经验和做法。

二是我部派驻康县、武都和文县的专家组，两省建设厅派驻舟曲、宁强和略阳县的专家组，应着重做好农房建设的图纸审查、现场指导、工匠培训三项工作，在此基础上，可根据当地政府要求，适当开展一些城镇房屋的评估鉴定工作。

三是针对农民过冬房建设过程中出现的材料缺口和施工力量缺乏等问题，两省三市（州）都采取了一些临时性干预措施。例如，汉中市政府要求拟进入当地城镇灾后重建市场的建筑施工企业，在少计甚至不计利润的条件下，量力参与农民过冬房建设，否则将不允许其承接城镇的灾后重建项目。对这类干预性措施，我部可采取适度宽容政策。

四是我部应尽快落实专家组的工作经费，保证专家组心情舒畅地正常开展工作。另外,我部和派出专家的省(市)级建设主管部门应注意总结专家的工作经验,表彰先进事迹,并及时告知所在单位,并可适时地通过媒体给予宣传报道。

五是为及时掌握进度,建议今后采取周报制度,两省业已做好相应的准备工作。另外,本着实事求是的原则,两省六个重灾县(区)中难免会有个别地方可能因规划选址等问题无法保证全部按时完成任务,建议我部会同民政部,组织协调对两个省各准备100~200套活动板房和棉帐篷,并要求两省建设、民政主管部门做好具体实施工作,以备应急之用。

作者:王铁宏、焦占拴、赵宏彦、盛宏伟、马骏驰、徐明星

下 篇

对发展节能省地环保型建筑的研究

对发展节能省地型住宅和公共建筑的研究与思考

——建设部发展节能省地型住宅和公共建筑工作研究小组报告

中央从转变经济增长方式、促进经济结构调整,从国家能源和粮食安全的战略高度,提出发展节能省地型住宅和公共建筑,为城乡建设中促进资源节约和合理利用,转变城乡建设方式,提高质量效益,建设节约型城镇指明了方向。

发展节能省地型住宅和公共建筑要高度重视"四节"问题,充分发掘"四节"的潜力,注重城镇发展布局,降低建筑在建造和使用中对能源、资源的消耗。同时要全面推广和普及节能技术,制定并强制推行更严格的节能、节材、节水标准,走可持续发展的道路。

2004年中央经济工作会议上胡锦涛同志明确指出,要大力发展节能省地型住宅,全面推广和普及节能技术,制定并强制推行更严格的节能节材节水标准。温家宝同志也指出,大力抓好能源、资源节约,加快发展循环经济;要充分认识节约能源、资源的重要性和紧迫性,增强危机感和责任感。2005年政府工作报告中又明确提出,鼓励发展节能省地型住宅和公共建筑。

建设部党组对发展节能省地型住宅和公共建筑工作非常重视,提出要从贯彻"三个代表"重要思想,以科学的发展观统领建设事业发展,全面建设小康社会,促进经济结构调整,转变经济增长方式的战略高度,

本文作于2005年5月

宣传贯彻《民用建筑节能条例》

认识大力发展节能省地型住宅和公共建筑重要性和紧迫性，深入研究节能省地型住宅和公共建筑工作，并组织有关同志撰写了《建设节约型社会必须抓好建筑"四节"》（以下简称《文章》。注：节能、节地、节水和节材，简称"四节"）。

《文章》深刻分析了发展节能省地型住宅和公共建筑的重要意义，从我国能源资源条件、城镇发展的质量和效益以及建筑"四节"的巨大潜力，分析了建筑"四节"工作的重要性、紧迫性和可行性。明晰了"立足现有工作基础，借鉴国际经验，深入研究思考建筑'四节'问题的基本思路"，指出要认真分析当前存在的问题，用城乡统筹和循环经济的理念来研究思考节能省地型住宅和公共建筑工作；"以发展节能省地型住宅和公共建筑为工作平台，努力建设节约型城镇"；要促进城镇发展用地的合理布局，提升建设部门的工作水平，扎扎实实推进建筑"四节"；要从"绿色建筑创新奖"起步，由点到面逐步推广；要加快深入研究节

发布《公共建筑节能设计标准》　　　　　推进绿色建筑评价标识工作

能省地型住宅和公共建筑的深刻内涵。《文章》的发表，有利于统一部内思想，理顺工作思路。

《文章》受到中央领导同志的重视，曾培炎副总理为此做出重要批示："推进'节地、节能、节水、节材'四节工作是落实科学发展观，缓解人口、资源、环境矛盾的重大举措，意义重大，经济社会效益显著。要作为当前一项重要工作，从规划、标准、政策、科技等方面采取综合措施，部门协调，扎实推进，务求实效。"

《关于发展节能省地型住宅和公共建筑的指导意见》（以下简称《指导意见》）是在《文章》的基础上形成的。《指导意见》的研究和编写工作经历了三个阶段，第一个阶段重点是研究建筑"四节"的技术参数，分析整理出"四节"的重要技术数据；第二个阶段是参与研究讨论《文章》，形成《指导意见》初稿；第三个阶段是制定措施，广泛征求各司局和相关直属单位的反馈意见并不断充实完善。《指导意见》在形成过程中经历了多次修改。部领导高度重视《指导意见》的研究和编写，多次指导并提出意见和建议，如要特别注重政府公共建筑节能问题，要重视各类开发区占用土地的监管问题，要抓好"四节"的试点示范工作，要强调建筑从建造到使用全过程开展"四节"工作，要认真推敲各种数据，要

图片摄影：古春晓

分析对比节能省地型住宅和公共建筑与节能、绿色、生态及可持续建筑的内涵和要求，要注重研究住宅产业化推动"四节"工作等，这些意见均已在《指导意见》中体现。《指导意见》中关于重要意义、指导思想、工作目标、基本思路和途径与《文章》内涵完全一致，部节能省地型住宅和公共建筑工作研究小组的同志也参与了《文章》的研究、讨论工作。

参与研究工作的各司局和相关直属单位对《指导意见》非常重视和关注，认真研究并及时反馈修改意见。特别是对主要政策和措施部分，结合本单位的工作提出了适宜、可行的意见与建议，这对工作研究小组的同志进一步完善《指导意见》很有帮助。

一、从转变经济增长方式、促进经济结构调整的高度充分认识发展节能省地型住宅和公共建筑的重要意义

我国是一个人口众多的发展中国家，在全面建设小康社会、实现工业化和城镇化的过程中，党中央、国务院高度重视处理好经济社会发展与能源、资源和环境之间的关系，努力缓解煤电油运压力，提出要坚持以人为本，全面、协调、可持续的科学发展观，大力发展循环经济，建设节约型社会。目前，我国建筑总面积400多亿平方米，预计到2020年还将新增建筑面积约300亿平方米。建筑占用大量土地，挤占发展农业的耕地资源。同时在建造和使用中直接消耗的能源占全社会总耗能近30%，建材的生产能耗占16.7%，用水占城市用水的47%，建筑使用的钢材占全国用钢量的30%，水泥占25%。城乡建设与能源短缺的矛盾日益突出，将面临严峻的能源和资源压力。我们必须高度重视节约能源资源的重要性、紧迫性，认真分析可行性，增强危机感和责任感，从建筑的建造和使用两个方面努力做到节能、节地、节水和节材。

首先，从我国能源资源的现实条件分析。我国人口多，人均资源相

对贫乏，煤炭、石油、天然气、可耕地、水资源和森林资源的人均拥有量仅为世界平均值的约 1/2、1/9、1/23、1/3、1/4 和 1/6。全国耕地只占国土面积的 13%，目前人均耕地仅有 1.43 亩，且优质耕地少，后备资源严重不足。为保证国家粮食安全，到 2010 年耕地保有量必须达到 17.28 亿亩，但目前仅有 18.51 亿亩。1993 年到 2002 年城乡建设年均新增用地 4389 平方公里，集约和节约使用土地、保护耕地的任务十分紧迫。我国水资源短缺，人均水资源拥有量 2200 立方米，北方和西部有的地区已处于公认的极度缺水的程度。600 多个城市中有 2/3 供水不足，其中 1/6 的城市严重缺水。石油对外依存度超过 30%，重要矿产资源储量不足。保证能源和重要资源的供应是发展经济和实现现代化目标的重要条件。当前经济增长方式粗放，带来能源资源的矛盾更加突出，转变经济增长方式刻不容缓。比如在建筑的建造和使用中，能源资源消耗高，利用效率低，单位建筑能耗比同等气候条件下发达国家高出 2～3 倍，建筑用钢高出 10%～25%，每立方米混凝土多耗水泥 80 公斤等等。

其次，从城镇发展的质量与效益分析。目前我国住宅和公共建筑的建设仍未从根本上摆脱粗放式的增长方式，高投入、高消耗、高污染、低产出的问题尚未很好地解决，造成巨大的资源浪费和环境的污染，"四节"问题突出。根据有关统计资料，土地利用方面，2002 年城乡建设用地总量比 1993 年增加 24.13%，年均增长 2.43%，城乡人均建设用地从 1993 年的 120 平方米增至 2002 年的 141.5 平方米，其中城市人均建设用地从 54.9 平方米增加到 82.3 平方米，增长 49.9%，村镇人均建设用地从 147.8 平方米增加到 167.7 平方米，增长 13.5%。一些城市在兴建工业项目中大量圈占土地，有的开发项目用于别墅建设和大户型住宅，粗放用地十分普遍，村镇农民建房分散无序，新旧住宅双重占地现象普遍存在。重地面形象建设，地下基础设施建设的问题没有有效解决。有些地方仍然存在盲目扩大用地范围的倾向，建设不切实际的大广场、宽马路现象仍然存在，有些城市大拆大建，人为降低了建筑的使用年限，居住建筑的平均使用周期约为30年。节能方面，既有建筑中95%达不到节能标准，新建建筑中也仅有不足20%达到节能标准，对建筑的节能工作重视不够。一些城市和镇盲目追求夜间亮化，浪费资源，一些山区农村生活能源利用仍沿用传统方式，浪费宝贵的森林资源。在水资源利用方面，因家用节水器具推广措施不力，使用率低，比国际水平多耗水30%，一些城市污水收集管网不配套，污水处理设施不能完全发挥作用，一些地区供水管网老化，漏损严重，对节水和污水再生利用重视不够，生活污水排放量逐年递增，再生利用率低，仅为15.2%。2003年，全国城市污水处理率为42.39%，其中污水处理厂集中处理率仅为27.48%。三分之一的污水处理厂因管网不配套等多种原因不能投入正常使用，有的处理工艺简单，严重影响了中水的回用，造成水资源浪费。在材料利用上，一些中小城市和村镇大量使用黏土砖，建筑建造中普遍使用低性能钢材，新型和可再生建筑材料使用率低，循环利用率低，造成资源严重浪费。另外，相当多的城市没有生活垃圾无害化处理厂，主要污染物排放总量超过环境承载力，3亿多农民喝不上安全的饮用水，空气污染比较严重的城市超过60%。

第三，从建筑"四节"的巨大潜力分析。尽管我们所面临的问题很突出，但同时也要看到我国住宅和公共建筑能源资源节约潜力巨大。据有关专题报告预测，到2020年，如果城镇建筑达到节能标准，每年就可节省3.35亿吨标准煤，空调高峰负荷可减少8000万千瓦时，约相当于1998到2003年5年新增电力装机容量的总和，相当于4.5个三峡大坝的发电量，相当于每年可减少电力建设投资约1万亿元。通过推进城镇化，合理规划布局，提高土地利用的集约和节约程度，到2010年，城乡新增建设用地占用耕地的增长幅度要在现有基础上力争减少20%；到2020年，城乡新增建设用地占用耕地的增长幅度要在2010年目标基础上大幅度减少。降低供水管网漏损率10个百分点，一年可节水47亿吨；推广使用节水器具等，全国城镇家庭一年可节约用水17亿吨。提高建筑品质，延长建筑使用寿命，推广可循环利用新型材料和再生能源，到2010年对不可再生资源的消耗可降低10%，到2020年可在此基础上再降低20%。

以使用地源热泵技术为例，据调研分析：使用地源热泵技术，仅供暖一项，可节省能源30%～50%。据专家初步计算，使用地源热泵技术，投资增量回收期约为4～10年。其中63%的项目运行费用低于燃煤集中供热的采暖价格，所有被调查项目均低于燃油、燃气和电锅炉供暖价格。

首届全国绿色建筑创新奖获奖项目

原建设部于2005年3月评出"首届全国绿色建筑创新奖"获奖项目（综合类）14项，其中一等奖1项，二等奖5项，三等奖8项。另评出节能专项4项，其中二等奖1项，三等奖3项。

上海建科院生态建筑示范楼（一等奖）

广州新白云国际机场（二等奖）

初投资比目前常规燃煤锅炉房供暖系统，高出1～3倍，比之热电联产集中供热系统，高出34%～150%。这种比较均未计算传统供热输送基础设施投资，也未量化计算地源热泵系统除供暖，还能制冷，提供新风、热水所带来的成本节约。

在节材方面，如果能够将目前使用的钢材和混凝土提高一个强度

首届全国绿色建筑创新奖获奖项目

武汉绿景苑小区（三等奖）

新疆昌吉世纪花园（二等奖）

中国银行总部（三等奖）

浙江省安吉县山川乡高家堂村生态建设示范（三等奖）

等级，则可以获得明显的经济效益和社会效益。粗略计算，到2010年，仅通过推广应用高强钢和高性能混凝土，就可节省资金约596.94亿元，同时产生间接经济效益144.18～216.27亿元／年，合计可节约640～810亿元／年。另外采用高强材料，可以提高施工作业效率，提高建筑质量，延长使用年限，减少维护使用费用，解决了建筑结构中肥梁胖柱问题，这样不仅能增加建筑使用面积，增大建筑使用空间，也可以使结构设计更加灵活，提高建筑使用功能。推广应用高强钢和高性能混凝土，在建设阶段可以节约钢材和混凝土，减少土地、煤、水、矿石、砂等资源和能源的消耗量，进而减少二氧化碳、二氧化硫等有害气体和废渣的排放；在使用阶段，则可以降低建筑采暖、空调、热水供应、照明、家用电器、电梯、通风等能耗，减少维护使用费，实现建筑节能。据有关专家统计分析，节约1吨钢材可以节省电能300千瓦时，标准煤0.70吨；节约1吨水泥，可以节省电能110千瓦时，标准煤0.2吨。比照以上数据，到2010年，通过推广应用高强钢和高性能混凝土，则每年可节省电能58.56亿千瓦时，标准煤1120.2万吨，大量减少二氧化碳排放。

综上分析，发展节能省地型住宅和公共建筑要高度重视"四节"问题，充分发掘"四节"的潜力，注重城镇发展布局，降低建筑在建造和使用中对能源、资源的消耗。同时要全面推广和普及节能技术，制定并强制推行更严格的节能、节材、节水标准，走可持续发展的道路。坚持建设与节约能源资源并举，转变经济增长方式，切实做到从发展循环经济中求发展，从节约资源能源中求发展，从保护环境中求发展。

二、以科学的理念思考发展节能省地型住宅和公共建筑工作的基本思路

中央从转变经济增长方式、促进经济结构调整，从国家能源和粮食

首届全国绿色建筑创新奖获奖项目

南京聚福园住宅小区（二等奖）

上海安亭新镇一期（建筑节能专项二等奖）

杭州金都·富春山居（建筑节能专项三等奖）

安全的战略高度，提出发展节能省地型住宅和公共建筑，为城乡建设中促进资源节约和合理利用，转变城乡建设方式，提高质量效益，建设节约型城镇指明了方向。我们要以新的理念来开阔思路，以科学发展观为指导，用城乡统筹和循环经济的理念来研究思考发展节能省地型住宅和公共建筑。要立足当前的发展阶段和基本国情，立足建筑"四节"已取得的进展；要用城乡统筹和循环经济的理念，研究思考节能省地型住宅和公共建筑的深刻内涵及其之间的辩证关系，认真解决当前的突出矛盾和问题；要处理好建筑"四节"工作中点与面、近期工作重点与长远发展目标的关系。既要考虑单体建筑，又要考虑城市或区域的统筹规划和总体布局；既要考虑新建建筑的"四节"，又要研究不同历史时期不同性质的既有建筑的节能节水问题，注重降低建筑建造和使用过程中总的能源资源消耗。现阶段要着重从规划、标准、科技、政策及产业化等方面综合研究，积极研究和引进国外关于绿色建筑、生态建筑、可持续建筑等新理念和新技术，并制定规划和政策措施，多渠道推进节能省地型住宅和公共建筑建设。

节能。着重从五个层面推动。一是城镇供热体制和供热方式改革；二是新建建筑严格执行建筑节能标准；三是研究既有建筑节能改造政策，突出抓好政府公共建筑的节能改造；四是推广应用新型和可再生能源；五是合理布局城市各项功能。

节地。着重从三个层面抓好。一是规划层面，合理规划布局，提高土地利用的集约和节约程度，当前突出强调抓好各类开发区土地的集约和节约利用；二是加大墙改力度，进一步减少黏土砖生产对耕地的占用和破坏；三是深入开发利用城市地下空间。

节水。要抓好四个层面工作。一是降低供水管网漏损率；二是强化节水器具的推广应用；三是再生利用、中水回用和雨水回灌；四是合理布局污水处理设施。

节材。要抓好四个层面工作。一是采用新型建筑体系；二是高强钢和高性能混凝土等高性能、低材耗、可再生建筑材料的循环利用；三是延长建筑物使用寿命；四是开展建筑垃圾与部品回收的研究和应用。

发展节能省地型住宅和公共建筑是一项战略性平台工作，是一个系统工程，内涵丰富，需要在实践中不断完善，逐步全面推进。

三、发展节能省地型住宅和公共建筑的工作目标

1. 总体目标

通过 5～10 年，全面推进节能省地型住宅和公共建筑工作，争取到 2010 年，全国新建建筑全部达到建筑"四节"的设计标准，既有建筑节能改造逐步开展，大城市完成应改造面积的 25%，中等城市完成 15%，小城市完成 10%，全国城镇新建建筑实现建筑节能 50%。到 2020 年，北方和沿海经济发达地区和特大城市新建建筑完全实现建筑节能 65% 的总目标，绝大部分既有建筑实现节能改造。

到 2010 年，城乡新增建设用地占用耕地的增长幅度要在现有基础上力争减少 20%；基本控制由于新建建筑和大量使用黏土所导致的耕地下降趋势，到 2020 年或更长一段时间，城乡新增建设用地占用耕地的增长幅度要在 2010 年目标基础上再大幅度减少。

到 2010 年，实现建筑建造和使用过程节水率在现有基础上提高 20% 以上，到 2020 年，争取比 2010 年再提高 10%。

到 2010 年，新建建筑对不可再生资源的总消耗比现在下降 10%，到 2020 年，争取比 2010 年再下降 20%。

到 2020 年，我国住宅和公共建筑建造和使用的能源资源消耗水平要接近或达到现阶段中等发达国家的水平，节能省地的经济和社会效益显著，转变经济的增长方式的成效突出。

2. 分项目标

（1）节能目标。通过全面实施节能标准及推广使用新型和可再生能源技术，到 2010 年，住宅和公共建筑的单位采暖能耗要从现在的 25 千克标准煤／（平方米·年）降至 12.5 千克标准煤／（平方米·年），实现节能 50% 目标，约相当于建筑使用能耗总体减少 1.12 亿吨标准煤／年；到 2020 年，争取新建住宅与公共建筑单位采暖能耗再有所下

降，实现建筑使用能耗总体减少 3.35 亿吨标准煤／年，空调高峰负荷减少约 8000 万千瓦时，争取使我国建筑节能效果接近或达到现阶段中等发达国家水平。

（2）节地目标。通过科学合理地编制和实施城市总体规划、居住区规划以及城镇规划，合理选择城乡居住点用地，改进城市居住区、农村居民点布局和规划设计，实施建筑墙体材料革新，禁止使用黏土砖，充分利用地下空间，合理配置建筑环境用地、严格控制农村居民建房占地标准，开展农村居民点用地整理，制定有关配套政策，鼓励农村富余劳动力退出农村住宅用地，向各级城镇转移，在城乡普遍实施墙体改革。到 2010 年，城乡新增建设用地和大量使用黏土砖占用耕地的增长幅度要在现有基础上力争减少 20%；到 2020 年，城乡新增建设用地占用耕地的增长幅度要在 2010 年目标基础上再大幅度减少。

（3）节水目标。在规模较大的住宅小区中推广采用生活废水

第二届全国绿色建筑创新奖获奖项目

建设部于 2007 年 3 月评出"第二届全国绿色建筑创新奖"获奖项目（综合创新奖）7 项，其中一等奖 2 项，二等奖 1 项，三等奖 4 项。另评出节能专项创新奖 1 项（二等）和节水专项创新奖 1 项（二等）。

山东交通学院图书馆（一等奖）

中共中央组织部大楼（一等奖）

解放军 302 医院（二等奖）

第二届全国绿色建筑创新奖获奖项目

辽阳市图书馆、儿童活动中心（二等奖）

北京乐喜金星大厦（三等奖）

首都博物馆新馆（三等奖）

北京新史家小学（节水创新专项二等奖）

北京大学国政楼（三等奖）

就地处理进行中水回用，在有条件的地区进行雨水收集，用于小区的景观用水和绿化用水；采取措施减少供水管网的漏损率；改变传统的施工建造工艺，减少施工现场湿作业量，减低施工生产用水；通过建筑室内给排水系统设计的改进，推广采用节水技术和措施，普及节水器具的应用。到2010年，实现住宅与公共建筑建造和使用过程节水率比现在提高20%；到2020年，争取比2010年再提高10%。

（4）节材目标。注重强调全寿命周期的设计理念，开发和推广采用有利于提高建筑使用寿命、便于更新改造的新型住宅与公共建筑体系；普遍推广高强钢和高性能混凝土，减少并限制高耗能和不可再生材料的使用，鼓励和推广可再生建筑材料的应用；尽可能回收并利用建筑垃圾。到2010年，新建住宅与公共建筑对不可再生资源的总消耗比现在下降10%；到2020年，争取比2010年再下降20%。

（5）环保目标。通过节能、节地、节水、节材等措施，降低环境负荷；实施垃圾的分类收集和回收处理，使建筑和生活垃圾减量化；实施雨污、污废分流，实现污废水资源化，降低污水排放负荷，提高中水回用比例和雨水收集利用；通过延长住宅与公共建筑全寿命周期减少大拆大建所造成的环境污染；积极采用工业余热和清洁能源以及建筑节能措施，大大降低二氧化碳的排放；推广一次装修到位，减少建筑垃圾、噪声；大力推广使用环保和绿色建筑装饰装修材料，保证室内环境健康，普遍推广采用隔声减振和减少光污染等措施。到2010年，新建建筑要普遍达到功能完善、舒适健康、绿色环保和可持续发展的要求。

四、发展节能省地型住宅和公共建筑的工作途径

发展节能省地型住宅和公共建筑是一项综合性工作，既涉及规划、城建、住宅、标准、工程质量、科技等操作层面的工作，也涉及法律法规、政策、

标准规范制定与实施等行政管理层面工作，同时还需要协调有关部门、地方建设主管部门和调动各方主体的积极性来共同努力推进。认真做好相应的研究和推动工作，实际上为建设主管部门更有效地开展工作提供了一个战略性平台。

在城镇化加快发展的阶段，城乡规划在推进节能省地型住宅和公共建筑建设中具有龙头地位。要从全局和战略高度重视和研究城镇发展过程中的能源资源利用问题，在城镇体系规划、城镇总体规划、近期建设规划、控制性详细规划等不同层次的规划中，充分研究论证能源资源对城镇布局、功能分区、基础设施配置及交通组织等方面的影响，确定适宜的城镇规模、运行模式，加强城镇土地、能源、水资源等利用方面的引导与调控，实现能源资源的合理节约和集约利用，促进人与自然的和谐。以科技创新为支撑，组织科技攻关、重大技术装备及产业化、新型和可再生能源以及新材料、新产品的开发、推广应用。引进、消化、吸收国际先进理念和技术，增强自主创新能力，发展适合国情，具有自主知识产权的适用技术。加大标准规范的编制力度，形成比较完善的建筑"四节"标准规范体系，加强标准执行的实施和监管。研究和制定促进住宅产业现代化的技术经济政策，将住宅产业化与新型工业化紧密结合起来，由龙头企业带动建立现代化的住宅建造、生产体系。推进供水、供热、污水处理等市政公用事业改革，不断探索创新体制机制等。通过不断提高规划水平，完善标准体系和法规，开展科技创新和新技术、新材料、新产品的推广应用，实施产业化和工业化，进行体制机制创新，促进城乡发展建设方式根本性转变，质量和效益根本性提高。

要实现建设节能省地型住宅和公共建筑的目标，重点要围绕建筑用地和建筑本身（结构、布局、资源、材料利用）两个方面，研究转变城镇发展方式，提高城镇建设的质量和效益。我国的工业化和城镇化必须走集约和节约用地的路子，要按照城乡统筹认真研究城镇发展空间布局问题。城市旧区扩大发展还会占用一定的土地，应当尽量少占或不占耕地，集约和节约用地，城市发展不能简单地向外围扩张，新增建设用地从农村建设用地节约中来解决。以区域中心城市和省会城市为核心发展小城镇。中小城市应当结合现有城市周边村庄的分布状况，依据基础设施条件，调整居民点布局，做到土地集约使用。节地的主要潜力在统筹城乡调整布局，在农村土地集约使用。主要途径是按照有利生产方便生活的原则，撤并乡镇，减少自然村落，并搞好村镇规划，结合旧村改造逐步腾出占用的土地。这些土地也主要分布在农村，有效利用从村庄腾出的建设用地途径是依托现有城市发展小城镇。这样才能解决城镇化、工业化过程中的土地集约和节约利用问题，从某种意义讲，也是落实我国"坚持大中小城市和小城镇协调发展"的方针的重要措施。建筑本身具有很强的地域性，城市和农村、东中西部特点都不尽相同，实现"四节"必须立足地区特点，充分考虑水资源条件与承受能力；充分利用新型能源和可再生能源，充分节约能源，同时保持和体现建筑的地方特色和民族文化。因此发展节能省地型住宅和公共建筑，必须认真研究土地管理、物权管理、规划管理等法律制度，研究经济技术政策，物业税等财税制度和行政手段等，促进小城镇的发展建设。

  目前，世界各国普遍重视节能建筑、绿色建筑和生态建筑的研究，许多国家和组织都在节能、绿色和生态建筑等方面制定了相关政策和评价方法，有的已着手研究编制可持续建筑标准。由于世界各国经济发展水平、地理位置和人均能源资源条件不同，对绿色、生态和可持续建筑的研究与理解也存在较大差异。

  绿色建筑是指在建筑生命周期内，包括由建材生产到建筑物规划、设计、施工、使用、管理及拆除等系列过程，消耗最少地球资源，使用最少能源及制造最少废弃物的建筑物。绿色建筑是一个广泛的概念，在建筑的整个生命周期内，包括经济和环境两个方面，有效利用现有资源并提出解决办法，进一步改善环境，极大地减少对环境的影响。

生态建筑是尽可能利用建筑物当地的环境特色与相关的自然因素，比如地势、气候、阳光、空气、水流，使之符合人类居住，并且降低各种不利于人类身心的任何环境因素作用，同时，尽可能不破坏当地环境因素循环，确保生态体系健全运行。

可持续建筑是指以可持续发展观规划的建筑，内容包括从建筑材料、建筑物、城市区域规模大小等，以及与它们有关的功能性、经济性、社会文化和生态因素。为实现可持续建筑，必须反映出不同区域性的特点，需要不同的模型来体现。关于可持续建筑，世界经济合作与发展组织(OECD)给出了四个原则和一个评定因素。一是资源的应用效率原则；二是能源的使用效率原则；三是污染的防止原则（室内空气质量，二氧化碳的排放量）；四是环境的和谐原则。评定因素是对以上四个原则内容的研究评定，以评定结果来判断是否为可持续建筑。可持续建筑的理念就是追求降低环境负荷，与环境相融合，且有利于居住者健康。其目的在于减少能耗、节约用水、减少污染、保护环境、保护生态、保护健康、提高生产力、有益于子孙后代。实现可持续建筑，必须反映出不同区域的状态和重点，以及需要根据不同区域的特点建立不同的模型去执行。

不管绿色建筑、生态建筑还是可持续建筑都注重以人为本和可持续发展，建造一个满足人类居住的室内环境，强调健康舒适。不仅包括适合的温湿度、通风换气效率、噪声、自然光、空气品质等物理量，而且包括建筑布局、环境色彩、照明、空间利用、使用材料及工作的满意度和良好的人际关系等主观性心理因素，最终目标也是节约能源，科学有效地利用资源。

我们从基本国情考虑，从人与自然和谐发展，节约能源，有效利用资源和保护环境角度,提出发展"节能省地型住宅和公共建筑"这一概念，主要内容是"四节"与环保，注重以人为本，强调可持续发展。有专家分析比较了85个（其中国外70个，国内15个）中外运用可持续发展理念设计的建筑案例，结果表明，其核心内容主要也是"四节"与环保等方面，最主要的内容是节能。从这个意义上讲节能省地型住宅和公共建筑与绿色建筑、生态建筑、可持续建筑的基本内涵是相通的，具有某种一致性，是具有中国特色的可持续建筑理念。

另外，一些发达国家是在工业化、城市化和大规模的城市建设基本完成后，结合国际能源和环境状况提出的，实际上多数国家也往往更多地研究建筑单体。我国正处于工业化、城镇化加速发展时期，建设量大面广，面临的环境和资源有自身的情况和要求，不仅仅要注重单体建筑上的效果，更要注重全面降低资源消耗和保护环境的总体要求。因此我们还应当根据国情，进一步研究节能省地型住宅和公共建筑的科学内涵，不断补充与完善。

我们应当以现有工作成绩为基础，借鉴发达国家有益的经验，从"绿色建筑创新奖"起步，由点到面逐步推广。通过规划布局的引导和调整等，将"绿色建筑创新奖"的经验推广到更大区域，通过实践和进一步深入研究和实施，进而提出能够真正体现节能省地内涵的评价和鼓励办法，从而实现中央提出的发展节能省地型住宅和公共建筑的目标要求。

五、发展节能省地型住宅和公共建筑的措施建议

1. 加强城乡规划的引导和调控。应从七个方面做好工作。一是充分发挥城乡规划在推进节能省地型住宅和公共建筑建设中的重要作用，统筹城乡发展，促进城镇发展用地合理布局。二是在不同层次和类型的规划中，充分论证资源和环境对城镇布局、功能分区、土地利用模式、基础设施配置及交通组织等方面的影响。三是加强规划对城镇土地、能源、水资源等利用方面的引导与调控，立足资源和环境条件，提高土地利用

率。四是要注重区域统筹，积极推进区域性重大基础设施的统筹规划和共建共享。五是要注意城乡统筹，加快编制和实施村镇规划，合理调整居民点布局，提高村镇建设用地的使用率。六是要对各类开发区的土地利用实施严格的审批制度，促进其集约和节约使用土地。七是要认真贯彻《国务院关于加强城乡规划监督管理的通知》，维护城乡规划的严肃性和权威性。

2．严格执行并不断完善标准规范。应从四个方面做工作。一是加强建筑"四节"标准规范的制定工作，鼓励有条件的地区制定更加严格的建筑"四节"地方实施细则。二是要认真执行建设部《关于新建居住建筑严格执行节能设计标准的通知》和《关于认真做好〈公共建筑节能设计标准〉宣贯、实施及监督工作的通知》的要求，加强工程建设全过程监管。三是加强对工程建设各方主体和中介机构执行建筑"四节"强制性条文的监管。四是要加强对新建建筑特别是公共建筑执行建筑"四节"标准情况的监督检查。

3．加快科技创新。采取七个方面具体措施。一是认真落实国家中长期科学和技术发展规划纲要中有关城乡现代节能与绿色建筑等专项规划。二是要积极组织科技攻关，努力开发利用适用技术和建筑新材料、新技术、新体系以及新型和可再生能源，鼓励研究开发节能、节水、节材的技术和产品。三是注重加快成熟技术和技术集成的推广应用。认真落实国家中长期科学和技术发展规划纲要中有关城乡现代节能与绿色建筑等专项规划。四是加强国际合作，增强自主创新能力。五是加快墙体材料革新，特别是注重解决墙体改革工作中的关键技术和技术集成问题。六是加快高强钢和高性能混凝土的推广应用工作。七是把科技成果转化为现实生产力。

4．研究制定经济激励政策措施。应从八个方面做好工作。一是要探索政府引导和市场机制推动相结合的方法和机制，研究制定产业经济和技术政策。二是会同有关部门研究对新建建筑推广"四节"和既有建筑节能改造给予适当的税收优惠政策，对示范项目给予贴息优惠政策。三是研究适当延长墙改专项基金的工作。四是研究推进水价改革，促进节约用水。五是鼓励社会资金和外资投资参与既有建筑节能改造等。六是大力推进市政公用行业改革，深化供热体制改革。七是严格执行污水垃圾收费制度。八是改革有关奖项的评审办法，把执行建筑"四节"的情况作为评审内容。

5. 抓好试点示范工作。采取五个方面措施。一是要积极开展统筹城乡规划布局，节约用地的试点。二是要研究通过产业现代化促进发展节能省地型住宅和公共建筑建设。三是要抓好一批供热管网改造、城市绿色照明、政府公共建筑节能改造、新型和可再生能源资源应用工程和我国绿色建筑结构与评价体系等示范项目。四是抓好新材料、新工艺和新体系的试点示范。五是抓好政府公共建筑要率先进行节能改造。

6. 建立健全法规制度。要研究建立有利于促进发展节能省地型住宅和公共建筑，推进建筑"四节"工作的制度。

7. 加强组织领导。从四个方面做好工作。一是把推进建筑"四节"工作作为当前和今后一个时期的一项重点工作。二是各地要制定发展节能省地型住宅和公共建筑规划。三是要建立相应的工作机制。各级建设主管部门应结合本地区的实际情况，研究部署推进工作计划，加强与有关部门的协调和沟通。四是认真研究解决推进工作中的热点、难点问题，制订相应的政策和措施，并加强督促检查。

8. 做好宣传培训工作。要从两个方面做好工作。一是开展多种形式的宣传活动，普及建筑"四节"知识，提高全社会对发展节能省地型住宅和公共建筑重要性的认识。二是提高管理人员和专业技术人员对发展节能省地型住宅和公共建筑的科技水平和能力，普及节能省地型住宅和公共建筑的知识，总结推广好的经验与做法，树立良好的节约能源的意识和正确的消费观,形成良好的社会氛围。

六、对当前突出抓好新建建筑"四节"和既有建筑节能改造的具体建议

1. 突出抓好新建建筑"四节"的建议

经过10多年推广建筑节能的工作,标准规范已基本配套,相关技术已大部分成熟,推广措施已陆续出台,基本上具备了全面推进新建建筑节能省地工作的条件。当前要突出抓好设计和施工环节执行"四节"标准的工作,新建建筑的"四节"和环保要齐抓并进,为此,提出以下具体措施:

(1)在全国全面实施节能省地型设计标准,实施最严格的审查制度,采取最严厉的处罚措施,从设计、施工图审查、施工、监理、检测、验收的所有环节执行节能省地强制性标准或条文,对于不执行标准的设计、施工、监理、检测、验收和建设单位(开发商),实施罚款、公开曝光、限制进入市场、对资质和资格进行处置、不予核准售房等综合处罚措施,促使所有单位严格执行标准;鼓励有条件的项目和地区率先实施节能65%甚至75%的更高标准;推广实施分户计量(或者热计量或分户控制,按热计量);强制使用节能、节水、节材标准,鼓励采用新型和高效节能技术、产品、材料,积极应用新型和可再生能源,注重结构耐久性设计,延长住宅与建筑的全寿命周期。

在行业内积极组织宣传贯彻,在全国范围开展推广宣传活动,将发展节能省地型住宅和公共建筑工作的相关法规政策、标准规范、推广措施、科技成果和试点示范汇编成册,用以指导工作。

(2)制定并出台全国城乡建筑节约土地的规划指导意见,建立和完善综合促进节能节地节水节材环保的规划体系,把节能省地型住宅和公

共建筑纳入城乡建设用地指标框架体系。

尽快理顺节能省地住宅和公共建筑的标准规范体系，出台执行节能省地标准强制性条文的设计审查办法和竣工验收办法，在现有标准规范基础上制定节能省地住宅和公共建筑的规划、设计、施工、检测综合的统一标准。

（3）进一步研究和完善推进新建建筑推广"四节"的产业政策、技术政策、经济政策；要分析研究新建建筑推广"四节"的经济效益和社会效益；研究制定对新建节能省地型住宅和公共建筑的供暖收费的改进办法；研究并制定关于全面推进节能省地型住宅建筑工作的鼓励措施，并加以分类、细化，保证可操作性和经济技术政策的有效衔接。协调、规范、统一部内相关的若干奖励办法。要对各类开发区的土地利用实施严格的审批制度，促进其集约和节约使用土地。加大住宅供应的市场化程度，利用市场机制提高住宅建设用地使用的集约化程度，发挥土地的最大效用，同时提高住宅产品的性能和品质。

（4）进行专项检查并向社会公布检查结果。

（5）尽快完成一批对全面推进节能省地型住宅和公共建筑具有关键影响的科技攻关，并将有关成果纳入标准规范，加以完善。

2．对于既有建筑的节能改造的建议

对于既有建筑推广"四节"工作的重点是建筑节能，实施建筑节能的主要措施是进行既有住宅与建筑的保温隔热系统改造，同时兼顾节水设施的改造。东北、西北的主要问题是供热收费制度改革难度大，分户计量改造的社会影响大，实施困难，多数城市供暖费收缴率很低，大部分供暖费用要由当地财政承担。南方地区既有建筑空调制冷节能主要是保温系统，但关键点是门窗隔热改造。过渡区既有建筑的保温系统改造介于前两者之间，既有保温问题，又有隔热问题，只是供暖或制冷时间长短不同。三北地区实施保温系统改造一项，技术相对比较成熟，投资比例不大，即可基本达到节能50%目标，改造造价约为建筑面积100元/平方米，5～8年即可收回投资，回报率很高，潜力巨大，当年改造、当年见效。因此，对既有建筑的节能改造提出以下具体措施：

（1）对全国城镇既有建筑作一次全面摸底调查，针对近年新建建筑、新中国成立以后建筑、新中国成立以前建筑按节能省地标准做出情况分析，以便于分类指导，为进一步制定既有建筑节能改造的产业政策、技术政策、经济政策提供依据。

（2）建设部应会同国务院有关部委制定出台全国城镇既有建筑实施节能措施的指导意见，形成清晰、合理、适宜的分类指导区域统筹的经济政策导向，并纳入国家专项经费，充分发挥市场机制的作用，适当结合发挥中央财政、地方财政和房产单位或居住者三个方面的积极性，三北地区可结合东北老工业基地改造、西部大开发或国债基金项目进行。

（3）在率先强化对政府既有公共建筑全面实施节能改造的同时，加大三北地区、过渡区和南方地区节能试点示范力度；同时加大推进城镇供热制度改革力度。

（4）宣传既有建筑节能改造的产业政策、技术政策、经济政策、法律法规、标准规范、示范城市的成功经验。

（5）全面推进全国城镇既有建筑节能工作。

七、发展节能省地型住宅和公共建筑的工作原则

发展节能省地型住宅和公共建筑应遵循以下七项工作原则：

一是全方位工作原则，包括在法规政策、标准规范、推广措施、科技攻关四个层面开展工作。

二是全过程工作原则，包括立项、规划、设计、施工图设计审查、施工、监理、检测、竣工验收、核准销售、维护使用等环节全过程执行节能省

地标准。

三是全部内容工作原则，制定并强制执行"四节"和环保标准，全面推进，同时要注重研究和把握今年部机关抓好城乡规划、村镇建设与发展节能省地型住宅和公共建筑三项中心工作之间的逻辑关系，还要注重建筑"四节"之间的辩证关系。

四是分类指导原则，实行分类指导、区域统筹、整体推进、分阶段实施的工作方法。

五是分析参与主体原则，认真分析参与主体，找准主要矛盾和矛盾的主要方面，从体制机制上推进节能省地型住宅和公共建筑工作。

六是把近期工作安排与长远目标统筹考虑的工作原则。近期要着重从政策法规、标准规范、政策措施和科技攻关四个层面，从建筑的建造到使用全过程重点抓好建筑"四节"工作。一方面要抓好新建建筑"四节"和既有的建筑节能改造，分别通过全过程强制执行标准和保温隔热系统改造来实现；另一方面，大力推广应用新型和可再生能源技术（包括地源、水源热泵技术、太阳能、风能技术和三联供技术等），并要注重研究供热体制、机制改革。从长远看，要全方位抓好发展节能省地型住宅和公共建筑工作，建设节约型城镇。

七是要依靠产业化推动的工作原则。

作者：王铁宏、梁俊强、顾宇新、赵永革、章林伟、李萍、韩煜、张雪涛、胥小龙

节能省地环保型建筑与绿色、生态、可持续建筑的内涵及关系

不管绿色建筑、生态建筑还是可持续建筑,都是注重以人为本和可持续发展,建造满足人类居住的室内环境,强调健康舒适。

节能省地型住宅和公共建筑与绿色建筑、生态建筑、可持续建筑的基本内涵是相通的,具有某种一致性,是具有中国特色的可持续建筑理念。

中央提出要大力发展节能省地型住宅,全面推广和普及节能技术,制定并强制推行更严格的节能节材节水标准,大力抓好能源、资源节约,加快发展循环经济。政府工作报告在此基础上提出发展节能省地型住宅和公共建筑,要求充分认识节约能源、资源的重要性和紧迫性。因此,我们在起草发展节能省地型住宅和公共建筑的工作意见的同时,对比研究了世界上主要国家在这个领域的研究成果。

目前,世界各国普遍重视节能和绿色建筑研究,许多国家和组织都在节能、环境、生态和绿色建筑等方面制定了相关政策和评价方法,有的已着手研究编制可持续建筑标准。由于世界各国经济发展水平、地理位置和人均能源资源条件不同,对绿色建筑和可持续建筑的研究与理解也存在较大差异。这些国家所注重研究的绿色建筑、生态建筑和可持续建筑的基本定义概括如下:

绿色建筑

绿色建筑是指在建筑生命周期内,包括从建材生产到建筑物规划设

计、施工、使用、管理及拆除等系列过程，消耗最少地球资源，使用最少能源及制造最少废弃物的建筑物。绿色建筑是一个广泛的概念，它是这样一个理念，在建筑的整个生命周期内，包括经济和环境两个方面，有效利用现有资源并提出解决办法，进一步改善环境，极大地减少对环境的影响。

生态建筑

生态建筑是尽可能利用建筑物当地的环境特色与相关的自然因素，比如地势、气候、阳光、空气、水流，使之符合人类居住，并且降低各种不利于人类身心的任何环境因素作用，同时，尽可能不破坏当地环境因素循环，确保生态体系健全运行。

可持续建筑

可持续建筑是指以可持续发展观规划的建筑，内容包括从建筑材料、建筑物、城市区域规模大小等，以及与它们有关的功能性、经济性、社会文化和生态因素。为实现可持续建筑，必须反映出不同区域性的状态和重点，以及需要建立不同的模型去执行。

可持续建筑，世界经济合作与发展组织（OECD）给出了四个原则和一个评定因素。一是资源的应用效率原则；二是能源的使用效率原则；三是污染的防止原则（室内空气质量，二氧化碳的排放量）；四是环境的和谐原则。评定因素是对以上四个原则方面内容的研究评定。是否为可持续建筑以评定结果来判断。

可持续建筑的理念就是追求降低环境负荷，与环境相融合，且有利于居住者健康。其目的在于减少能耗、节约用水、减少污染、保护环境、保护生态、保护健康、提高生产力、有益于子孙后代。

实现可持续建筑，必须反映出不同区域的状态和重点，以及需要根据不同区域的特点建立不同的模型去执行。

不管绿色建筑、生态建筑还是可持续建筑，都是注重以人为本和可

"绿色建筑设计评价标识项目"（部分）

住房和城乡建设部2008年颁布两批共10个"绿色建筑设计评价标识项目"。其中三星级标识4项，二星级标识2项，一星级标识4项。

第一批"绿色建筑评价标识项目"颁证

第二批"绿色建筑评价标识项目"颁证

万科城四期（★★★）

深圳华侨城体育中心（★★★）

上海绿地汇创国际广场（★★）

持续发展，建造满足人类居住的室内环境，强调健康舒适。不仅包括适合的温湿度、通风换气效率、噪声、自然光、空气品质等物理量，而且包括建筑布局、环境色彩、照明、空间利用、使用材料及工作的满意度和良好的人际关系等主观性心理因素，最终目标也是节约能源，科学有效利用资源。

节能省地型住宅和公共建筑

我们从基本国情考虑，从人与自然和谐发展，节约能源，有效利用资源和保护环境角度，提出"节能省地型住宅和公共建筑"这一概念，主要内容是节能、节地、节水、节材与环境保护，注重以人为本，强调可持续发展。国内学者收集筛选出中外85个(其中国外70个,国内15个)运用可持续发展理念进行设计的建筑物进行分析，分析结果表明，其核心内容主要也是节能、节地、节水、节材与环境保护等方面。从这个意义上讲节能省地型住宅和公共建筑与绿色建筑、生态建筑、可持续建筑的基本内涵是相通的，具有某种一致性，是具有中国特色的可持续建筑理念。

一些发达国家是在工业化、城市化和大规模的城市建设基本完成后，结合国际能源和环境状况提出的，实际上多数国家也往往更多地研究建筑单体。我国正处于工业化、城镇化加速发展时期，建设量大面广，面临的环境和资源有自身的情况和要求，不仅仅要注重单体建筑上的效果，更要注重全面降低资源消耗和保护环境的总体要求。因此我们还应当根据国情，进一步研究节能省地型住宅和公共建筑的科学内涵。

发展节能省地型住宅和公共建筑是一项战略性工作，内涵丰富，目前我们还难以提出系统的方案，给予科学界定，需要不断补充与完善。

作者：王铁宏、韩煜、路宾、章林伟、梁俊强、肖小龙

建筑节能向纵深发展迫切需要解决两个"实实在在"的问题
——对当前建筑节能工作中突出问题的调研思考

到 2020 年我国还将建近 300 亿平方米的新建建筑，建筑节能工作首先要抓好这部分"增量"，确保城镇新建建筑基本上都是节能建筑。在新建建筑节能工作基础上突出抓好既有建筑节能改造，即抓好"存量"。

而要推动"存量"工作，关键就在于要把"增量"的节能效果实实在在体现出来，同时还要把既节能又节钱的好处实实在在地惠及广大人民群众，这两个"实实在在"就是我们分析和解决问题的突破口和关键点。

"我们要通过深入学习实践科学发展观，着力把握发展规律、创新发展理念、转变发展方式、破解发展难题，坚持速度和结构质量效益相统一、经济发展与人口资源环境相协调，着力推动经济社会又好又快发展，让广大人民共享改革成果。"建筑节能工作已经取得了明显的阶段性成效，法律法规逐渐完善，标准规范日臻健全，北方地区城镇供热体制改革正在推进，新建建筑执行节能标准情况成效显著，既有建筑节能改造试点示范取得新进展，可再生能源建筑应用越来越广泛，对利用市场机制推动建筑节能进行有益探索。

尽管建筑节能工作取得了明显的阶段性成效，但形势依然严峻，问题仍然突出。节能的效果如何实实在在体现？节能的好处如何实实在在

本文发表于《建设科技》2009 年第 3 期

惠及人民群众？针对这两个"实实在在"的问题,近日我们对广东、天津、黑龙江等地建筑节能工作情况进行了专题调研,就如何把建筑节能工作向纵深推进提出意见建议。

一、问题——找准当前建筑节能工作的突出问题

当前,建筑节能工作在向纵深发展中,还有许多需要解决的问题和矛盾,但最突出的问题有两类:一类是要回答现有节能建筑到底节不节能？北方采暖地区为什么节能建筑体现不出来节能效果？核心就是建筑节能的效果如何实实在在的体现；另一类是要回答为什么节能建筑不节钱？核心就是如何通过政策调整,既能促进建筑节能向纵深发展,又能使建筑节能的好处实实在在地惠及广大的节能建筑的居民和用户。当前建筑节能工作突出是抓好"增量"而后开始抓好"存量"。到2020年我国还将建近300亿平方米的新建建筑,建筑节能工作首先要抓好这部分"增量",确保城镇新建建筑基本上都是节能建筑。预计到2020年新建建筑总节能量可达到1.5亿吨标准煤左右,看来抓好这项战略性工作的关键就在于要证实现有节能工作是有效的,否则我们就无从向中央和全国人民交卷；在新建建筑节能工作基础上突出抓好既有建筑节能改造,即抓好"存量",预计到2020年相当于又可年均节能1.3亿吨标准煤左右。而要推动"存量"工作,关键就在于要把"增量"的节能效果实实在在体现出来,同时还要把既节能又节钱的好处实实在在地惠及广大人民群众,这两个"实实在在"就是我们分析和解决问题的突破口和关键点。

二、解题——用调研数据分析突出问题

"节能降耗和污染减排的空间确实很大,必须采取有力措施,充

挖掘潜力，努力实现节能降耗和污染减排的约束性目标。"我国建筑节能工作按气候划分为三个区域，北方采暖地区，涉及北方15个省、区、市，节能主要在于冬季采暖降耗；冬暖夏热地区，涉及南方省、区、市，节能主要在于夏季空调降耗；冬冷夏热地区，涉及中部省、区、市，节能既在于冬季采暖降耗，又在于夏季空调降耗。我们着重了解了南方夏季空调降耗情况和北方采暖降耗情况。

深圳市建筑科学研究院对深圳市办公建筑节能效果进行分析，据66栋不节能办公建筑能耗统计，2007年平均空调能耗约为每平方米99千瓦时，而深圳招商局某节能改造的办公建筑，平均能耗仅为每平方米32千瓦时，节能约68%；深圳泰格公寓酒店按节能标准设计建造，基本达到节能50%的目标。据天津市对10栋进行节能改造并安装供热计量的建筑能耗统计，供热能耗仅为每平方米8.5公斤标煤，节能约60%。黑龙江省黑河市教委住宅楼按严寒地区节能标准，改造后的采暖能耗为每平方米16.1公斤标煤，节能约58%。

调研结果表明，不论南方夏季空调能耗还是北方冬季供暖能耗，只要严格按照建筑节能标准设计、施工、验收，就能够实现节能效果，达到建筑节能工作以及国家节能战略的目标。

南方新建节能建筑如何实实在在体现节能效果，关键要注重对空调用电负荷的统计掌握，实事求是，既可统计楼宇或小区的总表，也可统计分户表，如实反映建筑节能的成效。

北方新建节能建筑要体现出节能效果，工作难度大，矛盾交织，关键要有供热计量的统计数据，无论是楼宇或小区的供热总表还是用户分表数据。目前，北方采暖地区节能建筑往往无法充分体现节能效果，在于我们的工作思路要从注重设计、施工到验收的过程向注重供热计量的结果转变，从注重要求安装热表向既注重要求安装热表更注重明确责任主体转变。众所周知，谁收费谁核表是基本原则，如水表、电表、燃气表，

北方既有建筑供热计量与节能改造示范项目

改造前

改造前

改造中

中德技术合作"既有建筑节能改造示范项目"
——唐山 河北一号小区（上、中、下图）

北京首个"既有建筑节能综合改造示范项目"
——慧新西街12号楼（上、下图）

必须要由市政公用事业主管部门核准用表,而供热计量,目前我们要求的责任主体是开发商,其安装的热表,供热单位并未授权核准,也不积极核准,因此就会以种种理由不按热表计量收费。

供热企事业单位为何不积极主动参与?一是我们对动因机制研究得不够,供热企事业单位包括其领导班子绩效考核还没有与节能减排效果挂钩;二是确有一些地方政府领导以及市政公用事业主管部门领导还没有从科学发展观的高度充分认识建筑节能在国家节能减排战略中的重要性以及其自身的责任,特别是当前突出抓住供热计量在建筑节能工作向纵深发展中的极端重要性;三是对制约供热企事业单位积极性,在客观上存在困难而不愿意供热计量的深层次矛盾缺乏统筹协调,研究解决办法,一方面是热费收取困难,一些地方把矛盾向供热企事业单位一推了之,另一方面又默认供热企事业单位在变相"侵占"建筑节能的实际"好处"来填补其收费困难的"黑洞"。据分析,北方采暖地区,节能建筑节能50%,则节省供暖费应在25%~30%,北方集中供暖每年节省的能耗和开支都是非常巨大的。

通过调研,可以作出基本判断,南方节能建筑只要质量满足设计、施工、验收标准要求,就可以通过电表实实在在证实其节能效果,而只要节能效果得以证明,则既节能又节钱的效果就不言而喻了。问题在于我们对节能建筑既节能又节钱的示范作用宣传得不够,节能效果的社会影响还很小,当然也在于广泛的建筑节能效果数据总结得不够,没有与时俱进地将建筑节能工作延伸至抓节能的效果上。

对于北方采暖地区,目前大量的新建节能建筑既不能实实在在地通过供热计量体现出来节能效果,更缺乏既节能又节钱的试点示范,特别是建筑节能的实际效果如何实实在在地惠及广大的节能建筑居民和用户上显然缺乏政策研究。国务院八部委关于推进供热体制改革的通知精神要求还没有完全贯彻到位。一些地方在关键的供热计量环节上明显抓得不够，这应当成为当前抓好建筑节能工作的重中之重。

三、破题——提出对策建议

针对建筑节能工作向纵深发展中的突出问题，提出以下三条建议：

一是全面辩证地梳理推进建筑节能工作向纵深发展的突出问题，分析主要矛盾和矛盾的主要方面。

二是着力抓好南方新建节能建筑的节能效果如何"实实在在"地体现问题，集中精力针对节能建筑的夏季空调节省用电的数据上，加强统计和宣传工作。

三是突出破解北方集中供暖的新建建筑安装热计量并解决既节能又节钱问题，以"实实在在"地体现节能效果和"实实在在"地将节能效益惠及广大节能建筑居民和用户；主要矛盾是供热计量，主要方面是明确地方政府市政公用事业主管部门为责任主体，要求其客观分析供热企事业单位的实际困难积极向地方主要领导报告情况，并提出解决问题的办法。

作者：王铁宏、刘贺明、胥小龙、马骏驰

节能减排科技支撑绿色奥运

　　北京奥运会共实施了358个"绿色奥运"项目，奥运场馆建设充分考虑了建筑节能、环境和生态保护、资源可持续利用、建材绿色环保等内容。奥运"绿色场馆"充分发挥了重要的试点示范作用，促进了"四节一环保"新技术、新产品的应用，使绿色场馆不仅支撑起绿色奥运，还将引领我国建筑领域节能减排工作的健康发展。北京奥运绿色场馆不仅是体育竞技的展示平台，也是我国绿色建筑的展示平台。

　　北京第29届夏季奥林匹克运动会圆满结束，取得巨大成功，全球40多亿观众叹为观止，人们在赞叹开幕式美轮美奂、中国体育健儿取得骄人战绩的同时，也惊叹国家体育场"鸟巢"等奥运场馆的建设成就。北京奥运场馆的建设期间，正值我国贯彻落实科学发展观，建设资源节约型、环境友好性社会的重要时期，住房和城乡建设部着力推进节能省地环保型建筑的发展，并取得了阶段性成效：法律法规逐渐完善、标准规范日臻健全、新建建筑执行节能标准情况效果显著、既有建筑节能改造试点取得新进展、可再生能源建筑应用日益广泛等。北京奥运从申办伊始即提出了"绿色奥运、科技奥运、人文奥运"的理念，其中，"绿色奥运"的内涵就是用保护环境、保护资源、保护生态平衡的可持续发展思想筹办奥运会，这与我国经济社会长期发展的政策取向是一致的。据北京市政府副秘书长、北京2008工程建设指挥部办公室主任徐波同志介绍，北京奥运会共实施了358个"绿色奥运"项目，奥运场馆建设

本文根据2008年8月作者接受《中国建设报》记者采访内容整理而成

摄影：马文晓

摄影：古春晓

下篇：对发展节能省地环保型建筑的研究 .315.

国家体育场——鸟巢

本文图片摄影（除署名外）：北京城建集团 黎方益 刘时新

奥运公园水系利用清河污水处理厂再生水

充分考虑了建筑节能、环境和生态保护、资源可持续利用、建材绿色环保等内容，是名副其实的绿色建筑。

绿色建筑是指在建筑全寿命周期内，包括由建材生产到建筑规划、设计、施工、使用、管理及拆除等系列过程，要求消耗最少地球资源，使用最少能源以及制造最少废弃物的建筑物。目前，世界各国普遍重视对绿色建筑的研究，我国的建设工作者从人与自然和谐发展，节约能源，有效利用资源和保护环境角度，坚持以规划为龙头，从设计抓起，制定完善绿色建筑标准，赋予其节能、节地、节水、节材和环境保护（以下简称"四节一环保"）的具体内涵。

去年底，我应邀参加北京2008奥运场馆科技总结动员会并在会上就奥运场馆设计施工体现"四节一环保"、展示绿色建筑内涵提出意见

国家游泳中心——水立方　　　　　　　　　摄影：马文晓

建议。我很欣慰地看到，北京08办在这方面的总结归纳着实令人振奋、绿色场馆内涵丰富、"四节一环保"成效显著，值得行业骄傲、值得国人骄傲。本文将简要介绍奥运场馆等建筑在"四节一环保"方面所采取的主要措施：

一、建筑节能，场馆率先执行节能标准

一是超额实现节能目标。当前，我国已逐步建立起以节能50%为目标的设计标准体系，新型建筑已基本实现按节能标准设计建造。北京奥运的所有场馆基本实现50%的节能目标，有些甚至达到65%～75%，据统计，奥运场馆本身的节能设计，每年可减少约20万吨的二氧化碳

排放。如国家体育馆 100 千瓦并网光伏发电系统，年发电约 10 万度，25 年寿命期内累计节煤约 905 吨；奥运会射击馆，双层幕墙之间安装了温度感应装置，可以根据温度的变化，实现自然通风对流，减少了空调制冷和取暖的耗能；奥运村全部住宅建筑在节能 65% 的基础上进一步降低外围护结构的能耗，而外窗的节能效果也高于北京市标准 30%。

二是推广使用新型能源。据有关统计，太阳能、地源和水源热泵等绿色能源技术，使北京奥运场馆绿色能源提供比例高达 26% 以

国家体育馆利用太阳能光电技术

上。如徐波同志介绍，奥运村6000平方米的太阳能光热系统，其工程规模和技术先进程度为历届奥运会之最。奥运会后，可满足6000户居民的生活热水需求，每年节电约1000万千瓦时、节煤2400多吨；奥运村的再生水源热泵节能系统，是城市中（污）水大型热泵系统在国内的首次大规模应用。经测算，该系统每年节煤2.4万吨，减排二氧化碳6.1万吨。

二、建筑节地，充分利用地下空间

在每个北京奥运场馆的建设过程中，从规划选址、方案设计到现场施工，都非常重视充分利用地下空间，集约节约利用土地。如奥林匹克公园中心区呈树型分布的地下通道，全长9.8公里，宽12.6米，是为缓解地面交通压力而做出的特别设计，可通往"鸟巢"、国家游泳中心"水立方"等重要场馆。另外，中心区约4万平方米的地下车库分上下两层，提供车位超过1000个；"水立方"巧妙利用地下空间，取得了节省空间和控制水温水流等多重效果，各国游泳运动员在这里屡破纪录，"水立方"也因此被称为"福地"。其实，很多奥运建筑的地下空间都得到了有效利用。

三、建筑节水，场馆中水雨水并用

北京是水资源严重紧缺的城市，因此在奥运场馆建设中，通过中水、雨水并用，使水资源节约得到了真正落实。

一是广泛采用中水技术。所有奥运场馆都采用了中水回用技术。借助先进处理工艺对场馆内产生的污水进行深度处理。如"水立方"、奥运村、曲棍球场、射箭场等实现污水零排放；据统计，奥林匹克公园景观水系利

奥运村利用太阳能和污水源热泵技术

用中水约为312万吨/年，公园区域用于绿化及冲洗等的中水约为157万吨/年。铺设专用管道，引取市政中水，利用率每年超过472万立方米。

　　二是加大雨水回用力度。"鸟巢"、国家体育馆、网球中心等15项工程采用了高水平的雨洪利用系统和透水铺装，将雨水用于室外灌溉、室内卫生间等方面的同时，还能够回灌和涵养地下水。如"鸟巢"的雨洪回收系统，可将建筑屋面、比赛场地及周边地区2万多平方米的雨水收集到地下的6个蓄水池。年处理能力约5.8万立方米；国家体育馆根据屋顶、下沉广场、绿地等不同位置制定了不同的雨水利用方案，年均综合利用雨水总量约2.47万立方米。

四、建筑节材,优化设计节省材料

一是优化设计方案。北京奥运场馆建设通过优化设计方案,在设计阶段就体现出绿色建筑对节约材料的要求。如在对原来的设计方案进行优化调整后,"鸟巢"取消了可开启屋盖,扩大了屋顶开孔,减少了座席数。这使用钢量降低1.2万吨,膜结构面积减少0.9万平方米;五棵松篮球馆的面积由最初的11.7万平方米优化为现在的6.3万平方米。

二是循环使用材料。在场馆施工阶段,建设者们注重材料的循环使用,降低建筑材料对自然资源的依存度,再次诠释了"绿色建筑"的理念。如国家体育馆采用钢渣代替传统的砂石、混凝土等材料配重回填,回填面积达1.5万余平方米,平均厚度2米。钢渣全部取材于首钢炼钢过程中产生的废弃多年的剩余渣土,既节约了材料,又加快了进度。

五、环境保护,多层面齐头并进

一是齐抓共管,整体提升北京环境质量。有关资料表明,自1998年正式提出申办奥运以来,北京市累计投入1400亿元用于环境保护,通过工业技术升级、优先发展公共交通、转变取暖方式、严格尾气排放标准、引入可再生资源等措施,在空气质量、城市交通、污水处理、绿地保护等方面取得了长足进步。特别是为奥运会的顺利举办,北京市政府专门颁布《第29届奥运会北京空气质量保障措施》,推行公车封存和单双号限行办法,并和首都周边六省区市同步实施"奥运空气质量保障方案",使奥运期间身处北京的每一个人都能感受到优良的空气质量。

二是标准先行,场馆建设体现环保理念。北京奥运工程建设材料的技术标准和环保标准全部依据《奥运工程环保指南绿色建材》确定,这个环保标准的制定,是在 10 项强制性国家标准的基础上,又作了适度提高。另外,《奥运改扩建场馆环保指南》、《奥运临建场馆环保指南》和《奥运改扩建工程绿色导则》,为奥运建筑达到绿色和可持续发展目标提供了规范的指导。据统计,北京奥运工程在噪声控制、园林绿化等领域共实施 191 项环保项目。如奥运村的环保生物处理系统,日均处理餐厨垃圾 6 吨,每日外运垃圾 52 吨,垃圾的资源化处理率达到 93%。

三是科技创新,场馆环保以人为本。为给各国运动员营造良好的竞技空间,给观众提供舒适的观赛环境,北京奥运场馆的环保理念中处处体现以人为本。据了解,如"鸟巢"的外观之所以独创为一个没有完全密封的形状,就是考虑既使观众享受自然流通的空气和光线,又尽量减少人工的机械通风和光源带来的能源消耗;"水立方"外墙建筑上的 LED 照明不仅比普通灯具的照明节电 60%~70%,还可以变换 6 种颜色,既节能环保,又美观大方。

北京奥运森林公园　　　　　　　　　　　　摄影:马文晓

综上所述，奥运场馆等建筑在规划、设计、施工、验收、运行等各个环节，都严格执行节能环保设计标准，融入"绿色奥运"理念，给世界各国来宾留下了美好而又深刻的印象：国际奥委会终身名誉主席萨马兰奇先生说："我在北京看到了迄今为止最好的体育设施和体育场馆，比如鸟巢、水立方等，它们必将写入奥运会的历史"；国际奥委会第29届奥运会协调委员会主席维尔布鲁根先生表示，这些场馆的设计、建设进度和质量"令人难以置信"。他指出，这些建筑将中国式的建筑理念与高新技术结合起来，展现了中国人的才智；美国财政部长鲍尔森为奥运村颁发"能源与环境设计先锋奖"金奖，这在奥运会历史上尚属首次。他称赞北京奥运村的设计不仅环保，而且是中国节能的典范。

当前，我国正处于工业化和城镇化快速发展时期，各类建筑不仅需要占用大量土地，而且在建造和使用过程中消耗大量能源，建筑节能降耗的工作压力依然很大，形势依然严峻。随着《节约能源法》、《民用建筑节能条例》和《公共机构节能条例》等政策法规的相继颁布实施，将会对实现我国节能减排工作目标具有重大意义。而在此时此刻，"绿色场馆"充分发挥了其重要的试点示范作用，促进了"四节一环保"新技术、新产品的应用，使绿色场馆不仅支撑起绿色奥运，还将引领我国建筑领域节能减排工作的健康发展。北京奥运绿色场馆不仅是体育竞技的展示平台，也是我国绿色建筑的展示平台。

作者：王铁宏、韩煜、马骏驰

北方供热采暖地区建筑节能不得不破解的三道难题

当前的供热体制和采暖收费办法已经成为要突出加以解决的问题,已经到了非改不可的地步。

如何运用市场机制,对集中供热实施热计量收费,同时研究制定民用建筑的采暖用能标准,对用户采暖用能超过节能标准的部分实施能源加价制度,充分运用经济杠杆来助推建筑节能,应当是又一项不得不重视的问题。

近日读到《北京市居住建筑节能试点测试报告》,触动很大。报告单位中国建筑科学研究院在2003~2005年采暖季,对北京市部分城区节能建筑所进行的连续测试结果,反映出北方集中供热地区建筑节能工作中两个方面的突出问题:

一是实际节能效果普遍达不到设计要求的问题。测试结果发现:按节能50%标准建造的建筑,实测节能只有37%;按节能30%标准建造的建筑,实测节能只有7.2%。另外,按同一节能标准设计建造的建筑,实际能耗差异也很大。据该报告分析认为原因有二:一是由于施工质量差和使用保温材料不合格等所造成。二是有些建筑因为室温过高后居民频繁开窗,造成了大量热能的损失。报告还反映出:约有四分之一的住户感觉节能建筑热或较热,说明节能建筑对人体感观效果明显,温暖舒适度普遍提高;约98%住户坦承有过开窗记录;约三成的住户认为室内温度过高,要通过开窗来达到降温效果。其中更有个别住户室内温度被

本文作于2006年1月

住房和城乡建设部在唐山市召开北方采暖地区供热计量改革工作会议

墙体改造

门窗改造

安装计量装置

安装温控装置

测试达到34℃的记录，迫使用户不得不开窗，致使节能建筑不节能，甚至引发一些用户的不满和抱怨。

二是节能建筑计量收费明显不合理的问题。调查显示：近50%的用户认为应按热表计费合理；约近三成的用户认为应按面积和热表综合考虑收费合理。报告也提出了实施热计量收费的三个前提条件，一是外围护结构达到节能保温要求，二是供热系统的运行中楼宇或室内温度可调控，三是邻室间的传热处于节能设计的范围内。报告还认为，若能实施计量收费，将会有88%住户主动节能（控制室内温度，不开窗等），节能预期效果更好。

以上信息，对促进建筑节能和加快供热体制改革是一个主要启示，迫使我们应尽快从政策层面加以引导，必须要做并且不得不做。为此建议要突破以下三道难题：

一、设计建造节能与检测验收节能相一致的问题

经过去年一年全国范围大规模推进节能省地型建筑工作，新建建筑在设计阶段，都基本上达到了建筑节能的标准。但是，在建筑的施工过程中，随意更改节能设计图纸、不按要求进行施工、偷工减料、以次充好等现象还时有发生。所以，我们下一步的工作重点是要在继续抓好建筑节能设计阶段的同时，加大对建筑节能施工和验收的工作力度。严格市场监管和监督，建立完善的验收标准体系和验收办法，并贯彻实施。当前应进一步加强建筑节能的设计、施工和验收环节的政策引导。加大建筑节能的工作力度，使节能建筑的设计、施工、使用与节能要求相统一。

二、检测验收节能与实际运行节能必须相一致的问题

抓紧研究和推进供热计量收费改革。做到节能与节省费用相统一，避免出现节能建筑不节能和节能不节省开支的局面。

政策层面上，要抓住两点：一是要明确供热体制改革的主体，使其真正成为推进供热体制改革并实际运行节能的主要责任方面。供热商是供热系统的实际运行主体，必须承担起供热体制改革并实际运行节能的主体责任。由于当前供热市场对供热商没有实际运行节能的激励与约束机制，供热的多少对其自身没有影响，消耗热量越多，其收入就越高，明显不合理，而且与运行节能宗旨相悖。如何通过政策使供热商主观上和客观上都能够成为运行节能的主体是应认真加以研究的。

二是应加快对供热收费政策的研究。理论上，50%的节能建筑每年理应为用户节省20%～30%的采暖费用。而实际上节能建筑不节省开支的现象已经存在。应对现行的供热收费标准进行改革，探索出符合我国供热方式现状且有利于节能的供热收费办法。开展对热计量收费前提条件的政策研究，为居民的行为节能提供保障。应当强调，在现有条件下，宜采取稳妥、渐进的方式实施供热计量改革工作；如在既有楼宇的热力入口安装总热量表和控制阀或平衡阀，使楼宇总热量可调控；在此基础上，有条件时可实施分户热计量。也就是以楼宇温度可调控为基础，住户按面积或用热量收费为原则，简单易行又节能。实现上述方法的前提条件是供暖楼宇或室内的温度能否进行控制，这是进行供热计量收费改革的关键，也是提倡居民自觉节能所必须满足的前提条件。居民若能自行控制调节温度，就不会再开窗降温。

技术层面上，也要抓住两点：一是对新建建筑，在继续完善设计、施工、验收和检查的基础上，应当全面推行双管系统和分户计量收费，并抓紧热计量收费政策的研究。继续抓好设计这个龙头，加大对施工的监督，严把验收环节，为全面推行双管系统和分户计量收费做好基础。在热力系统的运行和管理环节上，应稳妥推进热计量收费的管理办法，使得节能建筑既节约能耗，又节约开支。二是对既有建筑，应当制定相关改造政策，在进行墙体和门窗外保温的基础上，推广循序渐进的、客观理性的、适度合理的热计量收费办法。比如在楼宇入口处安装热计量总表，以此对楼宇内各户实施按建筑面积与实际热消耗统筹兼顾的收费办法。必须充分意识到，既有建筑双管和分户热表改造是一项十分复杂而又艰巨的工作，切不可推行简单"一刀切"的办法，否则，将会出现极其复杂的社会问题。因此，对既有建筑的热计量改革，更应慎重，一定要先找到简单、易行、合理的收费办法后，再实施。

实现供热的计量收费，一是可减少能源消耗；二是可节约居民的供热开支；三是可减少大气污染；四是可减轻供热系统的负荷，提高城市基础设施的运行效率。

三、如何运用市场机制调控超标准用能问题

我国北方当前的供热体制是计划经济时代的产物，近二十多年来，虽然进行了各种方式的改革和探索，由于体制改革的复杂性，进展始终不大，难以适应全面推进发展节能省地型建筑工作的要求，当前的供热体制和采暖收费办法已经成为要突出加以解决的问题，已经到了非改不可的地步。如何运用市场机制，对集中供热实施热计量收费，同时研究制定民用建筑的采暖用能标准，对用户采暖用能超过节能标准的部分实施能源加价制度，充分运用经济杠杆来助推建筑节能，应当是又一项不得不重视的问题。

作者：王铁宏、梁俊强、刘贺明、胥小龙、孙峙峰

引入能源服务公司
推动供热体制改革
——青岛市供热计量收费改革的情况报告

通过体制创新、管理创新和技术创新，青岛市热计量改革的模式已取得了明显成效，有效地解决了"既节能又节费"的关键问题。引入能源服务公司，不但可以推动供热体制改革中计量收费的难题，还可以在建筑的节能改造中进行有益的探索。

为全面了解青岛市供热体制改革的进展情况，总结计量收费改革的试点经验，近期我们对青岛市的供热体制改革和采用供热分户计量试点的福州路公交宿舍、金瑞小区和辛家庄四小区示范项目进行了专项调研。现将调研结果整理如下。

一、基本情况

青岛市从2001年启动供热分户计量试点工作，目前已在福州路公交宿舍、金瑞小区和辛家庄四小区共三个小区进行了采用供热分户计量试点示范。由青岛市建委组织能源服务公司和小区用户共同出资进行供热计量改造，小区热费由能源服务公司按照分户计量方式每户进行收取，并按照小区的总热量表与热力公司进行结算。经过2004～2005采暖季福州路公交宿舍和2005～2006采暖季三个试点项目的运行，平均节能率达到了39.76%，节费率达到了23.33%，取得了明显的运营节能和节

本文作于2006年5月

省供热开支的效果。

二、主要做法

青岛市相关部门经过几年的摸索与创新，经实践检验，取得了比较好的效果。青岛市在供热体制改革方面主要有以下几点创新：

1. 体制创新。成立直接为用户服务的能源服务公司，负责某一区域或小区热力管网的日常运行与维护及用户的用热费用征收等工作。能源服务公司在小区的热力入口处安装热流量表。服务公司与热力公司按照热计量数进行热费用的结算。这就从根本上解决了一些热力公司阻碍热改的问题。按照市场机制，热力公司作为热力的供应商为能源服务公司供热，能源服务公司作为客户从热力公司购买热量。这一机制迫使热力公司只能通过提高锅炉和热网的效率来提高能源的利用效率，否则，它们就可能没有了利润。同时也极大地减少了热力公司收费难的问题。

2. 管理创新。能源服务公司以与热力公司总的热计量数据为基础，按照每个用户的建筑面积热费（占30%），加上用户的热分配表读数及考虑用户的位置朝向等因素（占70%），同时再计入能源服务公司适当的运行成本和利润，向用户收取费用。在该体制下，今后能源服务公司还可以和用户签订系统改造，甚至外围护结构的保温改造合同。由能源服务公司出资改造，用户无须承担改造费用，只需从每年节省的热费中偿还即可，这又为既有建筑外围护结构的保温改造探索了新思路。

3. 技术创新。在用户的每组散热器设有旁通管和温控阀的基础上，在散热器上安装热分配表，计量用户采暖用热情况。这种热分配表价格在200元左右，用户一般可以承受。并且这种热分配表的使用寿命可达十几年，避免了其他热计量表几年就要校验一次且计量不准的问题。关键是这种热计量办法简便易行。热分配表不直接安装在管道上，无须管网改造,不破坏住户室内装修等设施,也解决了暖气管容易在计量装置处堵塞的问题。用户可以根据需求自主调节热量,为用户自主节能、行为节能创造了条件,这也为能源服务公司实施运行节能打下了基础。计算热费时考虑房子的具体位置等自然因素,引入了计算修正系数,基本做到了收费的公平。应当说,这种分户热计量办法,既考虑实际热分配,又适当考虑面积,还依据楼栋总表热计量,是相对比较合理,比较适宜,比较便捷,比较令老百姓容易接受,效果比较突出的热计量办法,值得研究推广。

三、主要成效

通过三年的试点,试点用户发生的实际热费与以前实行的按面积收取热费相比,大多数用户的热费开支都有明显下降。福州路公交宿舍,两栋楼共84户,2004～2005年采暖季,平均节能率37.9%,节费11970.376元,平均节费率14.71%。其中个别用户的节费率超过50%。2005～2006年采暖季,平均节能率为39.67%,虽然该采暖季青岛市每平方米的热费上涨到26.4元,仍然节约费用23007.2元,平均节费率为24%;金瑞小区,建筑面积1.5万平方米,共安装了898块分配表,2005～2006年采暖季,平均节能率36.67%,平均节费率23%,平均退费额329.5元／户;辛家庄四小区,建筑面积5万平方米,共安装了3705块分配表,2005～2006年采暖季,平均节能率44.8%,平均节费率31.6%,平均退费额390元／户。值得指出,三个试点项目均为既有建筑,尚未进行外围护节能改造,如实施节能改造,节能效果可高达70%左右。这是推广这种办法的最关键一点,也是解决运营节能的破解之道。

综上所述,青岛市热计量改革的模式业已取得了明显成效,有效地解决了"既节能又节费"的关键问题。如果把这种热计量收费模式在全青岛市推广，则节能效果、节费效益和社会效益都将十分巨大。

四、主要问题

1. 供热分户计量收费政策尚未出台。由于国内普遍实施的是包费制的面积收费政策，在能源服务公司管理的分户计量试点中只能明确少用少交费的鼓励方式。对于多用热的用户，由于没有多收费的政策，最多也只能按照面积收费，没能形成有效的制约机制。由于目前还缺乏有效制约手段，提高用热户的行为节能意识只能采用宣传方式。因此说现有办法还不完善，既只能少用奖励，多用而不能惩罚。对于个别不愿安装热分配表的"钉子户"，也只能按照面积收费。

2. 计量修正方案没有得到权威部门认可。在试点过程中，试点用户对如何进行计量修正提出的问题最多，尽管试点单位采纳了众多专家的意见和建议，但缺乏的是权威部门的认可，老百姓只认可权威部门。如推广这种热计量办法，引入权威部门加以认可是一项重要工作。

3. 缺乏对能源管理公司的支持与管理。进行供热分户计量工作，能源公司目前每年都需要投入人力物力，由于试点示范时的计量用户较少，能源公司可以自行承担，但若长期、大量进行计量收费改革，必须解决如何回报的问题，需有关部门共同制定政策措施。

五、两点建议

1. 应在政策上加以引导。从青岛市的试点可以看出，引入能源服务公司，不但可以推动供热体制改革中计量收费的难题，还可以在建筑的节能改造中进行有益的探索。该模式需要从政策上加以引导，特别是在大规模的推广和应用时,应有一整套措施。

2. 应在技术上进一步完善。该收费办法在根本上调动了用户的节能积极性,但是还有一定的缺陷,如能源服务公司的运行费用及利润率如何确定等。从技术层面上说,还需进一步的完善,并加以规范和认可。

作者:王铁宏、陆克华、梁俊强、刘贺明、肖小龙、孙峙峰

节能减排的一项重要抓手

——对合同能源管理创新情况的调研

公共建筑采用合同能源管理模式和非电中央空调系统进行节能改造,不需政府投入一分钱,通过市场运行机制和模式就可达此效果,同时还可以为用户(包括政府)每年节省上千亿的能耗费用。这对于促进我国资源节约型和环境友好型社会建设,政府率先垂范实施建筑节能具有重要意义。

合同能源管理模式和非电中央空调应用为公共建筑节能改造提供了一种有效途径,值得研究推广。

建筑节能是国家节能战略中的重要组成部分,公共建筑节能是启动既有建筑节能工作的关键。一方面公共建筑节能潜力巨大,另一方面公共建筑多为政府建筑,理应在建筑节能中率先垂范,但苦于节能改造费用高,启动资金难落实而制约推动工作,其中尤以设备运营节能最难。为此,远大公司通过积极推进合同能源管理创新及非电中央空调应用,尝试找出公共建筑节能改造与运营节能的破解之道,取得了初步成效。去年,吴邦国委员长、温家宝总理先后视察了远大公司,给予了高度评价。温家宝总理指出:"远大非电空调就是循环经济。我们搞循环经济,讲节约型社会,就是要运用科学技术的手段。"近日,我们对远大合同能源管理创新及非电中央空调应用情况进行了专题调研。

本文于 2007 年 7 月在《学习时报》发表

一、合同能源管理创新的情况

合同能源管理模式是指服务商在用户提供的空调系统能耗检测报告和节能空间的基础上，提出优化改造方案，并承担改造费用，与用户签订合同能源管理服务，从系统节能改造后所获得的节能效益中逐年（一般为6年合同期的前3年）按比例回收改造费用，并在一定年限后（6年合同期的后3年）与用户共享节能收益（6年合同期结束后由双方另行签订合同）。

该模式的特点，一是通过空调系统优化有效降低能耗，通过降低能耗直接获得效益；二是系统改造费用和运营由服务商承担，可极大提高用户主动进行节能改造的积极性和参与性；三是服务商为用户提供检测、改造和管理全过程服务，免去用户在维护管理方面的开支和风险，提高了空调系统的使用寿命。

据了解，目前采取这种模式的试点项目已达32个，试点面积达127.9万平方米，平均节能率为42.5%，节约能源总量每年2.04万吨标准煤；拟参与试点的项目数量为113个，预计总面积在350万平方米以上，有逐步扩大的势头。

现举两例如下。

试点一　郑州高新区管委会大楼及火炬大厦

郑州高新区管委会大楼及火炬大厦原先使用的是普通中央空调主机，能耗较大，在签订6年的合同能源管理服务后，服务商为其1.6万平方米的大楼免费更换了蒸汽空调主机，并对机房系统进行改造，使得改造后的夏季制冷能耗从2005年的每平方米10.96公斤标准煤降到5.64公斤，节能率达到48.5%，6年合同期内可节省标准煤510.72吨。履行合同的前3年，用户每年支付每平方米70元的能耗费用，比改造前的每平方米80元降低10元，每年节省12.5%的制冷费用；后3年，用户只需支付每平方米 50 元的能耗费用，每年节省 37.5% 的制冷费用；6 年合同期内用户可节省制冷费用 192 万元。

试点二　北京新时代大厦

北京新时代大厦在签订了为期 6 年的节能合同管理服务后，服务商为其 1.76 万平方米的大楼免费提供机房水系统和能源系统改造，使得改造后的夏季制冷能耗从 2005 年的每平方米 8.96 公斤标准煤降到 4.44 公斤标准煤，节能率达 50.4%，6 年合同期内可节省 477.31 吨标准煤。合同签订前 3 年每年能耗费用从改造前的 150 万元降到 100 万元，后 3 年降到 80 万元，6 年合同期内用户可节省制冷费用 360 万元。

二、非电中央空调的应用情况

非电中央空调是指采用各种非电能源的中央空调系统。该系统的特点，一是能源多元化，可采用天然气、沼气、煤气、柴油、蒸汽、热水、烟气、发电废热、工业废热、太阳能等清洁能源；二是避开用电高峰，有效利用峰谷用电价差；三是可以实现冷热电联产，集制冷、供热、发电于一体，对北方供暖地区和夏热冬冷地区，可以极大提高设备使用率，降低设备成本。

据有关部门对全国 12000 座公共建筑 2004 年和 2005 年能耗调查数据显示，采用电空调的公共建筑年平均能耗为每平方米 78.7 公斤标准煤，采用非电中央空调的为每平方米 23.5 公斤标准煤，平均节能率为 70%，节能效果较显著。

举例如下。

北方供暖地区实例

北京数码大厦是办公写字楼建筑，通过采用非电空调系统每年采暖和制冷两项能耗降低到每平方米 14.9 公斤标准煤，仅相当于采用电空调的公共建筑年平均能耗的18.9%，低于北京地区非节能普通居住建筑年平均能耗，远低于北京市公共建筑的年平均能耗，节能效果十分显著。北京金玉万豪大酒店采用非电空调系统，每年采暖和制冷两项能耗为每平方米29.8公斤标准煤，是采用电空调的公共建筑年平均能耗的37.9%。

冬冷夏热过渡地区实例

上海现代大厦是采用非电空调系统的办公写字楼建筑，每年采暖和制冷两项能耗为每平方米15.7公斤标准煤，是采用电空调的公共建筑年平均能耗的19.9%。杭州马可波罗酒店采用非电空调系统，每年采暖和制冷两项能耗为每平方米29.7公斤标准煤，是采用电空调的公共建筑年平均能耗的37.7%。

冬暖夏热地区实例

海南省博鳌金海岸温泉酒店采用非电空调系统，每年采暖和制冷两项能耗为每平方米21.6公斤标准煤，是采用电空调的公共建筑年平均能耗的27.4%。

博鳌金海岸温泉酒店采用非电空调

三、制约合同能源管理创新模式和非电中央空调应用的若干问题

1. 对于合同能源管理创新模式中的新情况，现有的管理体制机制没有体现出相应的激励和推广功能，必须加以系统研究，建立推广和应用这些新模式、新技术的机制。

2. 合同能源管理针对不同城市特别是公共建筑的应用，应当实事求是地进行量化分析，指出其发展空间，目前尚缺乏此类数据。

3. 非电中央空调系统在北方传统的集中供热地区可以一机多用，但是现有的基础设施投入政策还缺乏对这种系统的支持。比如集中供热都是由政府进行前期的基础设施投资，如果某一项目采用非电中央空调系统和合同能源管理模式，如何使政府对基础设施投资的支持政策能够体现到此项目上以促进建筑节能，还有待研究。

4. 非电中央空调系统兼具发电效能，如其电能可以并入电网，将极大地降低成本、提高效益，但与太阳能产品并网问题相同，许多体制上的障碍尚待解决。

四、两点建议

1. 据有关资料显示，公共建筑的单位面积能耗是普通居住建筑的5～10倍，大型公共建筑的单位面积能耗是普通居住建筑的10～20倍。而大型公建中，政府办公楼建筑占主要部分，为引导和推动既有建筑的节能改造，政府应率先垂范。因此，合同能源管理与非电中央空调为公共建筑（特别是政府办公楼建筑）节能改造提供了新的管理方式和创新模式，值得研究推广。合同能源管理提供的专业化服务，可有效解决设备优化节能（约占1/3）、运营节能（约占1/3）和行为节能（约占

1/3),涵盖了空调系统节能的全过程。"十一五"期间,十大节能专项中的政府办公楼节能改造项目应更多地考虑采用合同能源管理模式,既节省能源,又节省开支,还可减少机关辅助人员,降低管理成本,三效合一。

2. 合同能源管理模式和非电中央空调应用中的有关技术标准和政策措施还需尽快建立健全,同时应研究制定其推广应用(包括住宅小区应用)的指导意见。

建筑节能是国家节能战略的重要组成部分,前景广阔,任务艰巨,需要各方共同努力。合同能源管理模式和非电中央空调应用为公共建筑节能改造提供了一种有效途径,值得研究推广。据不完全统计,全国既有建筑面积约 400 亿平方米,其中公共建筑占到城镇建筑总量的约 1/6。假设全国能有 20 亿平方米的公共建筑均实现节能 50% 的要求,即从高出普通居住建筑能耗 5～10 倍降到 2.5～5 倍,仅此一项,每年即可节能 1 亿～2 亿吨标准煤,少排二氧化碳约 2 亿吨。再假设公共建筑都采用合同能源管理模式和非电中央空调系统进行节能改造,不需政府投入一分钱,通过市场运行机制和模式就可达此效果,同时还可以为用户(包括政府)每年节省上千亿的能耗费用,这对于促进我国资源节约型和环境友好型社会建设,政府率先垂范实施建筑节能具有重要意义。

作者:王铁宏、韩煜、朱乐

政府引导和市场机制相结合
——天津市发展节能省地型住宅和公共建筑调研报告

天津市目前新建住宅和公共建筑已全部达到三步节能要求（即65%节能目标），既有住宅和公共建筑节能改造达到两步节能要求（即50%节能目标）的工作正在有序展开。要求所有新建住宅在硬件建设上必须具备实施计量供热的功能，力求逐步利用经济杠杆，促使用户积极自愿地调节室温，达到提高舒适性和最终节省能源的目的。

为更好的深入了解并推动发展节能省地型住宅和公共建筑工作，2005年6月8~9日，我们对天津市发展节能省地型住宅和公共建筑工作进行了调研，重点了解了天津市发展节能省地型住宅和公共建筑工作的思路、取得的经验做法以及市场监管等工作。在调研中听取了天津市建委负责同志的汇报，参加了相关单位的座谈会，并实地参观考察了梅江小区和纪庄子再生水厂。调研情况总结如下：

一、天津市发展节能省地型住宅和公共建筑工作取得初步成效

1. 天津市目前新建住宅和公共建筑已全部达到三步节能要求（即65%节能目标），既有住宅和公共建筑节能改造达到两步节能要求（即50%节能目标）的工作正在有序展开。大力推进建筑保温和供热计量工

本文作于2005年6月

作，通过采用分户计量、分户循环、分室控温的方式，为进一步深化建筑节能打下坚实的基础，要求所有新建住宅在硬件建设上必须具备实施计量供热的功能，力求逐步利用经济杠杆，促使用户积极自愿地调节室温，达到提高舒适性和最终节省能源的目的。如梅江居住区，由于住宅建筑推广应用二步节能设计，使梅江一次网换热站的供热面积扩大，由设计供热面积180万平方米，增加到目前的240万平方米，取得明显的节能效果。

2. 天津是重度缺水城市，为解决水资源短缺问题，天津市从可持续发展的战略高度，对水资源和再生水利用问题做出了总体规划。要求城市规划面积5万平方米以上的新建住宅小区、城市中水供水范围内的居民住宅、建筑面积超过2万平方米的公寓、高层住宅等建筑，在供水系统的建设中均应同步进行中水建设。中水厂紧跟污水处理厂建设，并结合城市基础设施建设计划，管网建设适度超前，随路下管，提前预留管线甩口，用户区内管网同步建设，保证管网入户。截至2004年底，共有54个住宅项目，774万平方米的住宅，进行了自来水和中水的双管系统建设，形成了中水利用的高起步。作为再生水利用的试点工程，天津市纪庄子中水厂已运行二年多，具备5万吨／日的供水能力，铺设输水管线42公里，服务面积2450公顷。主要用于梅江、城市别墅等7个小区70万平方米的7000余户居民的冲厕、居住区内园林绿化、道路喷洒、景观水体补充和陈塘庄工业区工厂企业的冷却循环和生产工艺。

3. 积极推广以新型墙体材料为主的新型节能建材。通过研发新型建筑结构体系，以新型墙体材料为主的新型节能建材得到了推广和应用。新建住宅普遍采用了页岩多孔砖、轻质节能砌块板材等新型墙体材料。截至2004年底，天津市新型墙体材料总量达38.5亿块标砖，并向成规模、高档次发展，形成板、块、砖三大系列40余个品种，在建筑中的应用占主导地位；淘汰了实腹钢窗、普通铝窗和单玻塑料窗等节能效果不好的建筑材料和产品，推广应用了双玻或中空双玻塑钢门窗；屋顶保温隔热，淘汰了珍珠岩保温砂浆等低档次技术和产品，普遍采用了聚苯板、挤塑型聚苯板等保温隔热材料。

二、天津市发展节能省地型住宅和公共建筑工作的经验做法

1. 天津市委、市政府高度重视节约能源、资源工作。在市委全会和市政府工作报告中，市委、市政府主要领导都强调了这一问题，亲自到再生水厂检查指导工作，并就再生水的价格体系，再生水的管网建设、农业推广使用再生水等问题做出重要指示。市委、市政府主要领导同志对发展节能省地型住宅和公共建筑工作，从可持续发展的战略高度都给予了足够重视，这是促进天津市做好建筑节能、节地、节水、节材工作的最重要保障。

天津市已经建立了比较完善的建筑节能工作机制。由天津市建委统筹协调，组成若干工作小组，明确责任、加强协调、密切配合。科教处、设计处、房地产处等部门牵头抓好节能政策和标准贯彻、落实工作；组织墙改节能办、供热办、配套办、设计、施工、监理等部门和单位做好标准实施工作；组织施工图审查机构、质量监督机构等做好设计和施工质量把关；组织市住宅研究所、市建筑研究院和天津大学等科研机构做好科技攻关。

2. 天津市在立法和政策方面工作有所突破。2001年5月颁布了《天津市节约能源条例》；2002年1月发布了天津市人民政府令第56号《天津市墙体材料革新和建筑节能管理规定》；2002年11月，出台了《天津市民用建筑节能管理实施细则》。

市建委不等不靠，有针对性地编制了建筑节能标准体系和技术标准，对立项备案、设计审查、质量验收和发放准入证等进行层层把关，把节能标准落实到建筑节能工作中每一个层面和具体管理者，把节能责任落实到岗位。

3．市建委加强建筑节能施工过程的监管，对进入施工现场使用的建筑节能材料和设备进行专项检查，严格把关。天津市建委会同墙改节能办组织开展建筑三步节能应用技术和材料登记工作，对尚未有国家、行业、地方标准的建筑节能材料开展技术评估。主要针对各类保温墙体材料、节能门窗、屋面保温材料等新产品、新技术，并将评估的相关内容以技术公告方式向行业内部和社会公开发布。

4．制定合理的再生水资源利用规划和实施计划。在《天津市中心城区再生水资源利用规划》中，共建设再生水厂6座，近期（2010年）再生水供水能力达到46.5万吨／日，相当于天津市现有供水能力的约15%；远期（2020年）再生水供水能力达到92万吨／日，年产量在3亿吨以上，相当于引江和引黄济津的一半水量。据市建委的同志介绍，再生水的成本低，仅为跨流域引水成本的四分之一，为实现城市污水资源化，开发利用"城市第二水资源"提供了条件，其战略性规划对天津的可持续发展起到重要作用。

5．加大科技投入，加强和有关研究部门的科技攻关合作，鼓励研究开发节能省地的技术和产品。将地源热泵技术作为天津市科委和建委的重点科研课题进行开发，达到了国内领先水平；积极开展"利用海泥烧砖"、"人工砂战略"等项目研究，取得显著成效；研制开发了7种新型建筑体系，在科学试验和试点工程基础上先后编制并颁布了多项科研成果，其中由住宅集团承担《RBS建筑体系》科技攻关项目，研究成果达到国际领先水平。

三、在发展节能省地型住宅和公共建筑工作中所遇到的问题和矛盾

1. 目前我国大力发展节能省地型住宅和公共建筑，也推动了建筑节能材料的更新和发展。随着《行政许可法》的实施，建筑材料作为工业产品的市场准入，不属于建设行政主管部门，对于达不到节能要求的建筑材料缺乏限制其进入市场的手段。因此只能通过加大对进入施工现场的建筑节能材料的检查和处罚力度，确保不符合节能要求的建筑材料，不被使用在建筑物上。天津市的做法对其他地区很有借鉴意义，既依法行政，又能确保建筑节能工作的顺利开展。

2. 对节能项目给予适当的政策支持非常重要，应制定符合节能要求的强制性指标，从项目审批、可研审批、各阶段设计审查、竣工验收等各环节进行严格把关。并研究制定经济激励政策措施，探索政府引导和市场机制相结合的方法和机制，从多方面入手，全方位推动发展节能省地型住宅和公共建筑工作的顺利开展。

3. 通过对天津的调研以及在其他地区了解到的情况，现在迫切需要制定建筑节能的检测评价标准和办法，为建筑节能工作快速有序的发展提供保障。

4. 住户是能源的最终使用者，既是节能的投资者，也应成为节能的受益者。应加强对发展节能省地型住宅和公共建筑工作的宣传，提高广大人民群众对节能建筑的认知程度。而如何让广大人民群众最终得到实惠，成为推动发展节能省地型住宅和公共建筑的生力军，这是目前一个敏感而关键的问题，迫切需要对此进行研究。

作者：王铁宏、王宁、张跃群

后续访谈

加快推进实施北京市再生水应用战略

　　作者在这篇调研报告里介绍了天津市再生水应用的情况。在编辑此书时，王铁宏同志再次向本书特约编辑谈道：在天津看了污水资源化再利用的情况，令人感受很深。我国人均水资源占有量仅为世界人均水资源占有量的1/4，全国600多个城市中，有2/3是缺水型城市，其中缺水比较严重的有110个，水资源短缺已经成为制约许多城市和地区经济发展的主要"瓶颈"。再生水确实是很好的"第二水资源"，应大力开发利用。

　　王铁宏作为北京市的人大代表，正准备提交一份《关于加快推进实施北京市再生水应用战略的议案》。

北京再生水应用应更加注重向环境友好型建设转变

　　编辑：您认为北京市在再生水应用方面取得了怎样的成效？

　　作者：北京市属于水源型和水质型都缺水的地区，全市多年平均水资源量为37.4亿立方米，人均不到全国平均水平的1/8，地表水资源开发率高达86%，地下水过度开采。在此背景下，北京市委、市政府贯彻落实科学发展观，重视再生水的生产和应用，开始取得明显的阶段性成效，尤其在减排COD方面走在全国前列。再生水是指污水经适当处理后，达到一定的水质指标，满足某种使用要求，可以有益使用的水。与海水淡化、跨流域调水等方式相比，具有明显的优势：从经济的角度看，再生水的成本

.346. 转变建设领域发展方式的思考

北京奥运公园
龙型水系利用
再生水

最低；从环保的角度看，应用再生水有助于改善生态环境，实现水生态的良性循环。

多年来，北京市多管齐下，着力推进"优水优用，一水多用"：一是完善节水型社会制度。1987年，北京市颁布《中水设施建设管理试行办法》，这是我国第一部有关中水的地方性法规。"十五"以来，又先后出台了《北京市节约用水办法》等多项制度；二是加快再生水基础设施建设。"十五"期末市中心区再生水生产能力25.5万立方米／日。2007年底，市政府决定将中心城区污水处理厂全部升级改造为再生水厂，总规模267万立方米／日；三是再生水应用量逐年增大。"十五"期间，北京市实现再生水处理率由零增加到30％，2007年达到60％，全市去年的总用水量中，再生水6.2亿立方米，再生水应用量首次超过地表水；四是践行绿色奥运理念。所有奥运场馆都采用了中水回用技术，如"水立方"、奥运村、

北京奥运公园水系利用再生水

摄影：古春晓

曲棍球场等实现污水零排放；奥林匹克公园景观水系应用中水约为312万吨／年，用于绿化及冲洗等的中水约为157万吨／年。

目前，北京市已将再生水广泛应用于工业冷却、市政清洁、园林绿化、河湖景观、农业灌溉等领域，据统计，全市今年再生水应用量约7.5亿立方米，北京市已经成为全国再生水应用率最高的城市。

编辑：北京市再生水应用在战略上还应深入研究哪些问题？

作者：虽然北京市的再生水应用工作取得了一定成效，但按科学发展观的要求，按资源节约型、环境友好型城市目标要求，还应着力研究以下深层次和战略性问题：

一是研究把再生水应用工作中心从污水处理和减排COD向再生水资源化应用方向转变。研究如何使再生水为北京的环境友好型建设发挥更大作用，如何使再生水产生更大的经济效益、社会效益和环境效益。

二是制定再生水应用发展战略和年度计划。要在城市景观、园林绿化和工业用水方面提出具体的量化指标，并逐年落实到项目，同时市中心区及周边地区要统筹考虑，合理布局。

三是形成促进再生水应用战略的协调配合机制。再生水应用战略已远远超出水处理管理部门一家的能力，应建立各有关部门密切配合的联动机制。

北京再生水应用可助推社会经济发展

编辑：您对北京市进一步做好再生水应用工作有哪些建议？

作者：针对以上战略性问题，为促使北京市再生水应用工作由只注重节能减排向资源节约与环境友好并重转变，特提出如下建议：

一是加大应用规模。首先突出抓好景观用水，充分利用全市已有的河道、低洼地形成宽大水面，应用再生水恢复和形成景观水面，营造城市湿地，提升周边人居环境质量，如卢沟桥上、下游的永定河水域，北土城护城河等；其次应抓好园林绿化用水，应用再生水植树造林，在城市中心区和周边地区见缝插绿，大面积种植高大树种，再形成几处城市"绿肺"。可着力在京广、京石等多条高速公路和铁路的进京入口和沿线，应用再生水打造一流的城市景观，甚至可以形成河景、湖景周边新的建筑轮廓线，给外埠进京同志留下深刻而美好的印象。这些景观周边地区的环境品质将大大提升，甚至形成新的经济增长区域。以永定河水域形成再生水景观改造建设为例，将使门头沟、石景山、丰台、房山、大兴五区直接受益。当年梁思成先生的"依山傍水"建设新北京的愿望可借此实现。与此同时，还要抓好工业用再生水，尽可能地发挥再生水的经济和社会效益。

二是制定再生水应用发展战略和年度计划。明确再生水每年应用的规模和范围，落实到项目，特别是在鼓励城市景观、园林绿化和工业用水方面，尽可能做足文章，形成完整的发展规划。

三是建立再生水应用的协调机制。建议由市政府分管领导挂帅，发改、财政、规划、建设、国土、水务、市政、园林和工业等有关部门，协调配合，形成以政府为主导、市场相调节的机制，以项目具体体现应用发展战略，进而实现北京市建设资源节约型、环境友好型城市的发展目标。

采访：古春晓

加快推进节能省地环保新型墙体体系的应用

——对黑龙江省推广应用节能省地环保新型墙体体系情况的调研与思考

我国正处于工业化和城镇化快速发展时期，房屋建筑的快速发展机遇和挑战并存，一方面它是拉动国民经济发展的重要支柱，另一方面它要消耗大量的资源能源，继续发展受到制约。各类建筑需要占用大量土地，在建造和使用过程中直接消耗的能源占全社会总能耗的近30%，建材生产能耗占16.7%，两项相加几近50%。建筑用水占城市用水的47%，用钢占全国钢产量的30%，水泥占25%，每年仅使用黏土砖就会毁损农田50万亩，发展节能省地环保型建筑的重要性和紧迫性十分突出。

我部于2005年发布了《关于发展节能省地型住宅和公共建筑的指导意见》，指出要通过科技创新，为发展节能省地型住宅和公共建筑提供技术支撑，要加快墙体材料革新，特别是注重解决墙体改革工作中的关键技术和技术集成问题。

黑龙江省建设主管部门与科研机构紧密协作，坚持走产学研一体化的创新之路，在节能省地环保新型墙体体系的研究、生产和应用方面取得了成效。这种节能省地环保新型墙体体系，是将承重结构与维护功能有机结合的配筋砌块砌体墙体体系，采用预制的混凝土空心砌块砌筑而成，在墙体的竖直和水平方向都预留孔洞，砌筑时按设计要求布置水平钢筋，砌筑完成并清除孔洞内残留的砂浆后，自墙顶向孔

本文于2009年2月在《中国建设报》发表

洞内插入竖向钢筋，经绑扎固定，用混凝土将墙体内部预留孔洞灌实，形成装配整体式钢筋混凝土剪力墙。这种墙体体系可以分为配筋砌块短肢砌体剪力墙和配筋砌块砌体剪力墙两种。前者可作为黏土砖砌体的替代产品建设多层建筑，后者可替代钢筋混凝土结构建设中高层建筑。与传统的砌体结构相比，该体系具有两大明显和突出特征：一是有效地解决了新型墙体材料收缩开裂和易劈裂破坏的技术通病；二是既可作为填充墙，又兼有承重功能，一举两得。近日，黑龙江省省长栗战书同志作出批示，要加大在全省的推广力度，实现节能、安全、环保，造福于百姓。

结合学习实践科学发展观，我们赴黑龙江省哈尔滨市和大庆市，通过与研究单位、设计单位、施工单位和使用单位的主要负责同志座谈以及实地参观考察大庆市奥林国际公寓示范项目，对这种新型墙体体系在"四节一环保"方面的成效进行了调研。

一、节能省地环保新型墙体体系的特点

1. 建筑节能，减少耗能与缩短工期并重

从建材生产环节来看，该体系50%的材料是小型混凝土空心砌块，作为黏土砖的替代产品，其生产过程具有明显的节能优势：据统计我国每年约生产7000亿块标准黏土砖，消耗约7000万吨标煤，而生产混凝土空心砌块所消耗的能源比黏土砖降低54%，也就是说如果所有的黏土砖都能被砌块替代，就相当于节约近3800万吨标准煤。另外，节能省地环保新型墙体体系的施工速度较混凝土结构和砖砌体都要快，约提高20%～25%。

2. 建筑节地，减少占地与增加面积并举

据有关统计报告显示，2007年我国的建筑总量约23亿平方米，仅

作者在大庆市考察调研

大庆奥林国际公寓应用新型墙材

烧制黏土砖毁损的耕地就超过50万亩。而节能省地环保新型墙体体系可以大幅降低这方面的耕地用量。据测算，采用这种体系建造1亿平方米多层建筑可节省土地约1.57万亩。此外，该体系还可有效增加建筑的使用面积，其中多层建筑可增加5%以上，高层建筑可达3%～5%。据此换算，当建筑面积比使用面积系数取1.35，容积率取1.5时，1亿平方米的多层建筑就相当于又节省用地6700亩，两者相加约2.2万亩。若城镇建筑全面推广应用该墙体体系，大庆市每年可节省耕地约1000亩，黑龙江全省每年可节约耕地约9000亩。从全国的层面来说，据保守估算，如果城镇建筑的三分之一能够推广应用该体系或相同技术，则全国每年可节省耕地约5～6万亩。

3. 建筑节水，施工工艺与建筑材料共同保障

节能省地环保新型墙体体系由预制的混凝土空心砌块砌筑而成，形成装配整体式钢筋混凝土剪力墙。与传统的混凝土结构比较，在使用等体积混凝土的情况下，这种体系可节约用水10%～15%。另外，混凝土空心砌块在施工期间也不需要浸水处理，大大降低了施工用水消耗。仍

以前述方法计，若全面推广应用该体系或相同技术，全国每年可节省建设用水量约3000万吨。

4. 建筑节材，体系创新带来材料节约

节能省地环保新型墙体体系在很多方面都体现出节省材料的特点：一是与混凝土结构相比，使用等体积混凝土的情况下，可节省水泥7%～10%，节省石材30%～35%。当应用于中高层建筑时，钢材用量可降低30%～40%；二是由于这种体系可将砌体作为浇筑混凝土的模板，替代传统模板，使其用量节省40%～50%，进而降低制作模板的钢材和木材用量，以及相应的人工和机械费用；三是该体系的墙体厚度190毫米，表面平整，可以减小抹灰层厚度，一般在10毫米左右即可，节省抹灰超过30%。仍以前述方法计，据初步测算，若全面推广应用该体系或相同技术，全国每年可节省水泥约40～50万吨，用钢量约400～600万吨。

5. 环境保护，多层面齐头并进

建筑物的建造和使用过程不仅需要消耗大量的资源能源，还会排出大量的二氧化碳等废弃物。该体系通过节能、节地、节水、节材等措施，最大限度地降低环境负荷。如果全面推广应用该体系或相同技术替代黏土砖，每年可相当于减排二氧化碳约1亿吨。黑龙江省多项采用节能环保新型墙体体系的试点工程表明，这种体系对水、土地和环境没有任何污染，符合有关环评要求。仍以前述方法计，若城镇建筑全面推广应用该墙体体系，大庆市每年可减排二氧化碳约30万吨，黑龙江全省每年可减排二氧化碳220万吨。从全国的层面来说，仍以前述方法计，则每年总计可减排二氧化碳约1500～1800万吨。

6. 经济效益可观，节能省地环保与降低造价相统一

这种新型墙体体系既具有节能省地环保效果，还可产生显著的经济效益。经过对哈尔滨市某试点工程的对比分析，配筋砌块砌体结构的直接费用比普通框架结构低20%，与异形柱框架结构和钢筋混凝土短

肢剪力墙结构相比则更低，即使是与限制使用的砖砌体结构比较，其直接费用也要低2.2%。仍以前述方法计，按现行建安成本计，可节省建设投资约180亿元。此外，从增加使用面积的角度来看，若保守的按3000～5000元/平方米的售价计算，可相当于产生600～1000亿元的附加经济效益。

综上所述，如果全国城镇建筑中的三分之一即3亿平方米左右能够全面推广应用该体系或相同技术，则全国每年可节能约500～650万吨标准煤，节地约5～6万亩，节水约3000万吨，节约水泥约40～50万吨，钢材约400～600万吨，减排二氧化碳约1500～1800万吨，同时还可带来近800～1200亿元的附加经济效益。应当肯定地说，推广应用以节能省地环保新型墙体体系为代表的砌体技术确实是利国利民的有益创新，也是学习实践科学发展观、促进城乡建设又好又快发展的必然要求。

二、几点建议

通过学习实践科学发展观活动的调研，使我们能够从更高的战略层面理解中央领导同志关于大力发展节能省地环保型建筑的论述，正是从落实科学发展观，从建设资源节约型、环境友好型社会的高度，针对我国资源能源的基本国情，作出的一项重大战略决策。配筋砌块砌体墙体体系经过国内多家科研单位20多年的研究，既做到了降低工程造价、增加使用面积与提高建筑安全性能三方面的统一，又符合"四节一环保"的要求。目前在黑龙江省的试点示范面积已经超过200万平方米，效果很好。但在全国其他地区的应用面积还不大，应着力加强在推广应用环节的工作力度。为此我们建议：

一是黑龙江省住房和城乡建设厅要进一步加强对这项技术的支持力度，不断总结在科研、生产和应用中取得的经验，尽快将其作为成套技术在全省推广，并鼓励向全国推广。

二是有关单位要加快这项技术在全国其他地区的试点示范工作。在其他地区试点示范过程中，要突出该体系能够有效解决新型墙体材料收缩开裂和易劈裂破坏的技术通病，以及既可作为填充墙，又兼有承重功能，一举两得的突出特征。

三是目前全国已有多种新型墙体材料及体系在推广应用，每种材料及体系的特性不尽相同，建议加强相互交流，增加产品的适用性、通用性和标准化水平，使墙体材料改革真正体现出节能省地环保的成效。

作者：王铁宏、史殿臣、王玉普、马骏驰等

大型公共建筑应率先实现"四节一环保"

——对国家大剧院应用"四节一环保"技术的调研

作为大型公共建筑的标志之一，国家大剧院工程在节能、节地、节水、节材和环境保护方面成效显著。大剧院的建成并投入使用，必将充分发挥其典型示范作用，促进"四节一环保"新技术、新产品的应用，特别是大型公共建筑的中的应用，推动我国建设领域节能减排工作向纵深发展。

基本建设领域是拉动国民经济发展的重要支柱，其中各类房屋建筑约为基本建设总量的一半，而各类公共建筑则占城镇建筑总量的三分之一，随着城镇化的快速发展，包括公共建筑的新建建筑总量呈增长趋势。据有关专家统计，公共建筑的能耗是普通住宅的2～5倍，最高的可达10～20倍，由此可见，做好公共建筑的节能工作是发展节能省地环保型建筑的重要内容，对我国实现"十一五"节能减排目标具有重要意义。党中央、国务院高度重视包括建筑节能在内的节能减排战略，去年颁布实施的国务院《民用建筑节能条例》、《公共机构节能条例》，对建筑节能工作都提出了具体要求。住房城乡建设部颁布的《关于加强国家机关办公建筑和大型公共建筑节能管理工作的实施意见》明确提出争取"十一五"期末，国家机关办公建筑和大型公共建筑总能耗下降20%，节约1100～1500万吨标准煤。

本文发表于《建设科技》2009年第7期

下篇：对发展节能省地环保型建筑的研究 .357.

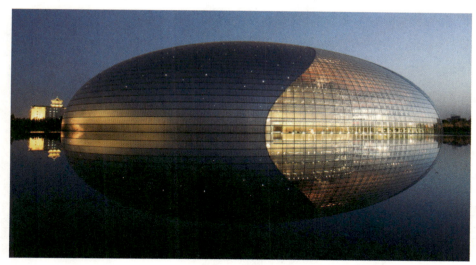

国家大剧院夜景

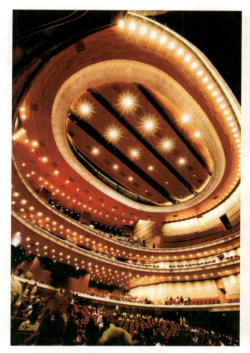

国家大剧院歌剧院

国家大剧院音乐厅

国家大剧院戏剧场

本页图片摄影：北京城建集团 黎方益

作为大型公共建筑的标志之一，国家大剧院的节能、节地、节水、节材和环境保护（以下简称"四节一环保"）成效显著，具有典型示范作用。结合学习实践科学发展观活动，近日，我们对国家大剧院在设计、施工中注重"四节一环保"的经验做法进行了调研，现将有关情况介绍如下：

一、建筑节能，建筑内外全面推行

国家大剧院位于人民大会堂西侧，占地面积11.89公顷，建筑面积约21.94万平方米，是使用功能非常复杂的大型公共建筑，在建筑、设备、电气等方面采取了多项节能措施，效果显著。在建筑方面，壳体顶部开有150平方米天窗，最大限度利用自然通风在春秋季节达到节能效果。国家大剧院的壳体屋面由钛金属复合装饰板和玻璃幕墙两部分组成，在钛金属复合装饰板内设有100毫米超细玻璃棉保温层，玻璃幕墙则采用中空夹胶超白半钢化玻璃，经测算，前者的隔热系数$K \leqslant 0.5W/(m^2 \cdot ℃)$，后者隔热系数$K \leqslant 1.4W/(m^2 \cdot ℃)$，保温隔热性能良好。在设备方面，国家大剧院对内部的部分高大空间，采取分层供冷的措施，对高大空间无人区域不再控制温湿度，在6.00米标高及以上楼层设置冷辐射地板，用于夏季弥补上部供冷量的不足，在-7.00米和±0.00米标高地面设置热辐射地板，用于冬季弥补下部供热量的不足，并兼做夜间值班采暖。还可以根据室外温度变化，及时调节相关设备的工作状态，降低空调能量的消耗。同时充分利用室外空气作为冷源，其节能效果较为明显。冬季在室外温度允许的条件下使用冷却塔制冷，停开冷水机组，节省制冷电能。以上节能措施，与同等规模剧院相比估计节能量达到10%~20%。为保证外部景观水池"冬天不结冰，夏天不长藻，四季保持恒定温度"的要求，采用地下水源热泵技术，夏季冷却池水冬季加热池水，形成一个冬储夏用、夏储冬用的生态冷却加热循环系统。在电气方面，国家大剧院采用的监控系统实时监测建筑设备用电负荷情况，按各演出的实际需求最优控制用电设备；可以根据需要按时间及区域预设照明模式，管理人员通过集中监控单元监测各地点的照明状态，并可随时更改或控制各区域的照明，以减少不必要的损耗。此外，各类照明灯具大量采用节能型产品，如应急疏散指示标志灯采用LED光源，节电效果在4倍以上。

另外，国家大剧院便捷的交通路线设计，可以让观众更方便地乘地铁直接进入大剧院，从而降低私家车数量，减小地面交通压力，鼓励交通节能。

二、建筑节地，地上地下充分利用

国家大剧院位于天安门地区，有关方面在规划（用地控制、地下空间控制等）、设计（体形控制、空间合理控制等）和施工等环节都将节约土地作为重要目标。首先，充分利用地下空间节约土地。国家大剧院的地下建筑多为三层，个别为四层。另外，除一般机房设在地面以下外，还将一些剧场配套房间，如大中小排练厅、练琴房、演播室、录音棚等设在地下空间。国家大剧院内的歌剧院局部地上最高约35米，地下最深约32.5米，地上地下比例接近1∶1，突破了一般建筑物地上与地下的常规比例。施工过程中，总挖土方量共计150余万方，回填的仅30余万方，为了更好利用剩余土方，采用了外运至其他工程回填或造田。其次，国家大剧院在混凝土结构中采用自行研发的C100高性能混凝土，其承载力高，不仅可以节约大量混凝土，还能够有效降低结构构件截面，提高建筑使用面积，同样发挥了节约土地的作用。

三、建筑节水，建造与运行全面考虑

在工程建设和使用过程中，国家大剧院始终把节约用水的理念贯穿始终。在施工过程中，国家大剧院建筑的基础埋深大部分为－26.1米，部分超过了－30米，面对如此超深超大的基坑，特殊的地理位置和环境，以及复杂的工程和水文地质情况，建设者们选择了最经济合理的支护型式，综合采用疏干、抽渗水、隔水和减压等多种降水措施，突破传统的基坑支护和地下水控制模式。据测算，采用这种模式在施工过程中可少抽取地下水上千万立方米。在使用过程中，国家大剧院的节水体现在多个方面，一是非常注重利用中水和雨水。将冷却塔排污水、空调冷凝水、消防水池及生活水箱的溢水、泄水，经粗过滤排至室外景观水处理机房的调节水池，再经过滤消毒后作为室外景观水池的补水。另外，室外景观水池内的循环水，在夏季也可以充分利用雨水。处理机房的调节水池平时在低水位运行，降雨时水池由低位达到最高水位后，雨水自动溢流至市政雨水管道。二是非常注重浇灌节水，室外绿化区域多采用适宜本地气候土壤，节水耐旱的树种，如国槐、油松等，极少采用需要大量浇水的景观草坪，还利用水往低处流的原理，将耐旱植物种植于高处，需水量较大的植物种于低处。同时大量栽植阔叶树，利用植物叶片截留雨水，减小地表径流，避免水土流失。另外，灌溉系统能够自动监测空气和土壤湿度，控制喷头开启，并保证洒水全部在绿地范围内。灌溉方式全部采用喷灌，重点部位增加滴灌，采取这些措施，节水效果非常明显。

四、建筑节材，优化创新降低造价

国家大剧院在建造过程中，广泛采用新工艺、新材料，不仅降低了工程造价，节省材料的效果也十分明显。壳体为全钢结构，由顶环梁、梁架、斜撑和环向连杆等构件组成，总重约 6750 吨。其中的可见部分钢结构采用 60 毫米厚钢板梁架，不可见部分采用焊接 H 型钢梁架，壳体钢结构用钢量仅为 196 千克／平方米，既满足建筑审美要求，又大大节约了钢材；国家大剧院外景观水池采用超大双向预应力技术，形成产值 1500 万元，并通过合理的施工组织，方案优化，间接节约成本 300 多万元；高承压水卵石层锚杆施工和超深基坑承压水卵石层地下水控制技术的应用，与国外报价相比，单项节约成本 50%～70%。超深基坑支护型式及其地下连续墙综合施工技术的应用，在保证安全的前提下，可节约成本 20%。

五、环境保护，多种举措综合运用

出于特殊地理位置和使用功能要求，国家大剧院在环境保护方面，也是下足了功夫。在外部环境方面，国家大剧院外景观水池周围的配有不同种类和色彩的植物，可以有效增加空气湿度，降低热岛效应，截流灰尘，净化空气。外景观水池中采用的地下水源热泵技术在系统运行过程无污染物排放，也不排放二氧化碳，环保效果明显。在内部环境方面，解决噪声污染，是保证观众在安静优雅的环境里观赏节目的重要内容。国家大剧院采取了多种措施：一是充分利用结构或填充墙自身厚度和重量，取得隔声效果；二是对隔声要求高的重点部位，如录播音室，视其周围噪声环境采取重型"浮筑"结构；三是观众厅、录播音室以及靠近或通向观众厅、舞台设备机房的门均是双道隔音门，并构成"声闸"形式；四是对于空调系统、冷却装置、变压器、水泵等机电设备噪声源，除在机房的墙面、顶棚采用吸声材料，装设隔声门之外，还采用低噪声设备及减震消声处理。另外，国家大剧院内部的装饰材料都符合环保指标。如环保型低烟无卤电缆，会降低失火时有害气体对人体的伤害。

当前，正值我国全面贯彻落实科学发展观，建设资源节约型、环境友好性社会的重要时期，住房城乡建设部着力推进节能省地环保型建筑的发展，尽管取得了阶段性成效，但形势依然严峻，任务十分繁重。国家大剧院的建成并投入使用，必将充分发挥其试点示范作用，促进"四节一环保"新技术、新产品的应用，特别是大型公共建筑的"四节一环保"技术应用，推动我国建设领域节能减排工作向纵深发展。

作者：王铁宏、倪江波、韩煜、胥小龙、马骏驰、冯可梁、刘小军

太原以绿色建筑带动绿色转型
突出在四个层面上求真务实

  太原市在以推动绿色建筑带动绿色转型实践中，注重从战略高度、深层次上解决发展模式和道路问题，努力实现法律法规、标准规范、政策措施、技术创新四个层面上求真务实，进而实现从建筑节能向绿色建筑、从单体建筑节能向小区和区域节能、从绿色建筑与建筑节能的设计、施工、验收到运行管理的三个跨越。作为一个资源大省的省会城市，其实践和创新无论从认识论层面还是方法论层面都有新意，值得各地学习借鉴并超越。

  作为资源大省的省会城市，太原市贯彻科学发展观，落实省委、省政府提出的建设"煤炭资源大省、文化旅游强省、绿色转型重省"战略目标，全面实施创新型城市主战略，建设资源节约型、环境友好型城市，在以推动绿色建筑带动绿色转型的实践中，突出抓好四个层面的求真务实进而实现三个跨越，促进了经济社会又好又快发展。

一、初步成效

  太原市从建筑节能扩展到绿色建筑，以绿色建筑带动绿色转型，各项工作取得明显进展。

  一是实施"双百"、"双控"，建筑节能取得新成就。太原市在贯彻执行国家建筑节能强制标准过程中，采取"双控"措施，努力打造"双百"

本文作于 2008 年 10 月

工程。绿色建筑与建筑节能日常检查、专项检查、巡检核查三结合,对未实行设计认定备案的,不予办理施工许可;对未实行专项验收备案的,不予办理竣工验收。目前,建成区报建项目设计和施工阶段节能50%标准的执行率分别达到100%和96%。

二是加大培育推广力度,可再生能源建筑应用取得新突破。太原市大力调整用能结构,把可再生能源建筑应用作为推进绿色建筑与建筑节能工作的重要领域,制定《太原市可再生能源在建筑中发展应用规划》,出台激励政策,建立项目库,培育和树立了一批建筑可再生能源应用示范项目。近年,太原市建筑可再生能源规模化应用面积超过新建建筑面积的8%,达369.6万平方米,其中太阳能光热应用面积达到269.6万平方米,浅层地热、污水源等应用面积达到100万平方米。

三是推广清洁能源,探索节能降耗新途径。太原市大力实施城市道路快速化改造和公交、出租车"油改气"工程。对汽车改用清洁燃料煤层气给予政策扶持和资金支持,改装车辆给予补助。目前公交车已改装1000余台辆,全市共有公交车辆约1800台辆,如全部改装完成后可节油约3000万升、节省费用5400万元。加大煤层气加气站的配套建设,力争形成覆盖全市的煤层气供气网络。大力开展天然气置换焦炉煤气工作。已有20万户居民用户和企业完成天然气置换焦炉煤气。

太原市汾河

四是大力发展集中供热、供冷,实现节能减排新目标。太原市在充分利用电厂热源的基础上,新建了三个大型热源厂,集中供热面积达6600万平方米,供热普及率达81.7%。取代燃煤锅炉1160座,节地1200余亩,年均节煤144.7万吨,减排6.47万吨粉尘、4.13万吨二氧化硫。同时,利用集中供热管网夏季闲置的资源进行集中供冷,具备24.5万平方米的供冷能力。

五是开源节流并举,创建节水型城市取得新效果。太原市重点关闭超采地下水的自备井,引黄河水置换地下水,涵养地下水源,恢复水生态平衡。目前,已累计关闭147个单位的269眼自备井,压缩地下水开采量25万立方米/日,地下水位平均上升了5~17厘米。努力提高污水处理能力,目前太原市拥有10座污水处理厂,污水处理率达到65.43%。在完成城南、河西、晋源和杨家堡污水处理厂新、改、扩建工程后,污水处理率将达到100%。实施中水回用工程,中水回用率达到43.41%。近年来,万元地区生产总值取水量从52.75立方米/万元降低到34.9立方米/万元,降低了34.2%;工业用水重复利用率从92.5%提高到95%,被住房城乡建设部和国家发改委授予"节水型城市"称号。

六是加大基础设施投入,城市垃圾处理能力有新提升。政府投资1.8亿元建成的垃圾卫生填埋场和大型压缩转运站,日处理生活垃圾1000吨,实现了河西地区垃圾无害化处理。社会投资3.6亿元建成的垃圾焚烧发电厂,解决了河东三个城区的垃圾处理问题,日处理生活垃圾1000吨,年发电量1.4亿度。目前,太原市生活垃圾清运率已达100%,无害化处理率达87%,今年政府投资约2亿元建设的侯村垃圾填埋场投入运行后,太原市生活垃圾无害化处理将达到100%。

七是贯彻生态优先原则,打造园林宜居城市新面貌。太原市实施植树造林和生态绿化工程,城市新增绿化面积60.8公顷,绿化覆盖面积达7615公顷,园林绿地面积6610公顷,公园绿地面积1630公顷。太原的汾河治理美化工程获联合国"迪拜国际改善人居环境最佳范例奖"和"中国人居环境范例奖"。去年市区环境空气质量二级以上天数达到267天，今年与去年同期相比又大幅增加，其中可吸入颗粒物和二氧化硫浓度与去年同期相比分别下降 20.16% 和 20.73%，综合污染指数下降 18.12%。

二、主要经验

太原市在实施绿色转型过程中，注重从战略高度、深层次上解决发展模式和道路问题，既解决方法论层面的问题，更注重解决认识论层面问题，市委市政府主要领导亲自抓，以建筑节能推动绿色建筑，以绿色建筑带动绿色转型，突出抓好四个层面的求真务实，进而实现三个跨越。

（一）突出在四个层面上的求真务实

一是在健全法律法规上求真务实。太原在全国省会城市中率先颁布实施《民用建筑节能管理办法》，年底前还将颁布实施《太原市促进绿色转型条例》，为全面加强政府"绿色治理能力"，加快立法步伐，构建长效机制，把政府意志转化为全社会共识，实现资源节约、环境友好、生态平衡。

二是在完善标准规范上求真务实。太原市把制定和实施绿色标准作为推进绿色转型的重要抓手，在全国省会城市中制定出台了第一部绿色建筑标准《太原市绿色建筑标准》及相关的配套技术规程。该标准是太原市绿色转型标准体系的首部专业标准，具有前瞻性、地域性和经济性特点，新建建筑突出"四节一环保"，既有建筑突出运行管理。发布实施了覆盖全市经济社会发展各领域《太原市绿色转型标准框架体系》，同时《太原市节水导则》、《太原市绿色学校标准》、《太原市绿色园区标准》、《太原市绿色工业标准》等一批综合性、专业性标准也将发布实施。

三是在理顺政策措施上求真务实。太原市在推进绿色建筑与建筑节能工作中，注重健全管理机构，完善经济政策，做到抓工作有机构、有手段。在全国率先组建编制 30 人的全额财政拨款建筑节能管理机构，负责绿色建筑与建筑节能日常管理工作。今年加挂"太原市建筑节能监察大队"牌子，"节能警察"作用得到进一步发挥。建立起绿色建筑与建筑节能经济激励机制，两年来，积极筹措专项资金 500 余万元，支持绿色建筑与建筑节能工作。同时制定政策，落实既有建筑节能改造专项配套资金，列入明年财政预算。

四是在加快技术创新上求真务实。太原市注重发挥科技先导和支撑作用，围绕应用可再生能源和"四节一环保"，重点推出一批绿色建筑与建筑节能示范工程，"大唐四季花园"建筑与太阳能一体规模化应用、"汇都 MOHO"浅层地热应用等可再生能源应用项目，"警乐苑"热计量改革、"国瑞大厦"绿色建筑与建筑节能示范项目等一批示范工程，

太原市

在创新示范方面取得了新突破。实施科技攻关，一批技术（产品）获得国家专利，一批施工技术规程列入省工程建设地方标准。

（二）深入推动进而实现三个跨越

一是从建筑节能向绿色建筑的跨越。太原市在抓好建筑节能工作基础上，逐步引导更高层次具有节能节地节水节材及环境保护特点的绿色建筑的发展，在各领域开展"绿色十佳"评选活动，进行评价、标识，"国瑞大厦"等一批项目被市政府授予"绿色十佳建筑"称号。建筑节能向绿色建筑的跨越，推动全市绿色转型的作用日益凸显。

二是从单体建筑节能向小区和区域节能的跨越。太原市绿色建筑与建筑节能工作，从"国瑞大厦"、"蓝水假日"等单体示范建筑扩展到"山西省实验中学新校区"、"大唐四季花园"等占地200亩以上的大型公建和住宅小区建筑节能与可再生能源规模化应用。目前，正在建设的"长风文化商务区"，是太原市实施"南移西进"战略的重点工程，占地2.54平方公里，由文化博览区、行政中心区、商务办公区、会展区和周边住宅区及汾河湿地公园绿地水景组成。该区将申报国家绿色建筑示范园区，成为太原市单体建筑节能向小区和区域节能跨越的又一亮点。

三是从绿色建筑与建筑节能工作的设计、施工、验收到运行管理的跨越。太原市推进绿色建筑与建筑节能工作实施"双控"，"三书"，"六个制度"的闭合管理，抓设计、施工、专项验收、节能信息公示，以标准规范、技术（产品）为支撑，并逐步向周边县（市）区拓展延伸，形成"四抓两支撑一延伸"的建筑节能工作机制。稳步推动供热计量工作，目前已完成26万平方米的供热计量及温度调控改造并实现了安装热计量和按计量收费，与实施改造前相比，采暖能耗降低了62%，采暖用户平均节省热费25.2%，效果十分明显，受到用户的广泛好评。

太原市在以推动绿色建筑带动绿色转型实践中，努力实现法律法规、标准规范、政策措施、技术创新四个层面上求真务实，进而实现从建筑节能向绿色建筑、从单体建筑节能向小区和区域节能、从绿色建筑与建筑节能的设计、施工、验收到运行管理的三个跨越,应当说他们醒得早、起得快、走得好。作为一个资源大省的省会城市,其实践和创新无论从认识论层面还是方法论层面都有新意,值得各地学习借鉴并超越。

作者:王铁宏、刘玉伟等

促进资源节约利用
发展节能省地环保型建筑

以科学发展观为指导,用城乡统筹和循环经济的理念来研究思考发展节能省地环保型建筑。立足当前的发展阶段和基本国情,立足建筑"四节一环保"工作已取得的进展,用城乡统筹和循环经济的理念,研究思考节能省地环保型建筑的深刻内涵及其之间的辩证关系,认真解决当前的突出矛盾和问题;处理好建筑"四节一环保"工作中点与面、近期工作重点与长远发展目标的关系。

党中央、国务院对发展节能省地环保型建筑工作高度重视。2004年中央经济工作会议上,胡锦涛总书记明确提出要大力发展节能省地型住宅,全面推广和普及节能技术,制定并强制推行更严格的节能节材节水标准。此后的3年中,每年的政府工作报告均提出要发展节能省地环保型建筑。在《国务院关于加强节能工作的决定》(国发[2006]28号)、《国务院关于印发节能减排综合性工作方案的通知》(国发[2007]15号)等文件中明确要求,大力发展节能省地环保型建筑。住房和城乡建设部(以下简称建设部)高度重视发展节能省地环保型建筑工作,认为中央从推进结构调整促进经济增长方式转变、从国家能源和粮食安全的战略高度,提出大力发展节能省地环保型建筑,实质上是为在城乡发展建设中促进资源节约与合理利用,转变发展方式,提高质量和效益,建设资源节约型和环境友好型社会指明了发展方向。建设节能省地环保型建筑是一项战略性工作,内涵十分丰富,主要是要抓好建筑节地、节能、节水、节

本文发表于《住宅科技》2008年第8期

第一届（2003年）绿色建筑大会开幕式

第三届（2005年）绿色建筑大会颁发"绿色建筑创新奖"

第五届（2009年）绿色建筑大会

材，及环境保护（即"四节一环保"），注重降低建筑建造和使用过程中总的资源消耗和对环境的影响。建设部的研究受到了国务院领导同志的重视，时任国务院副总理曾培炎同志专门做出批示："建筑行业推进'节地、节能、节水、节材'四节工作是落实科学发展观，缓解人口、资源、环境矛盾的重大举措，意义重大，经济社会效益显著。要作为当前一项重要工作，从规划、标准、政策、科技等方面采取综合措施，部门协调，

本页图片摄影：古春晓

扎实推进，务求实效"。按照中央领导批示，建设部于2005年专门制定了《关于发展节能省地型住宅和公共建筑的指导意见》，提出了发展节能省地环保型建筑，促进建设领域经济发展方式转变的指导思想、工作目标，明确了围绕建筑节能、节地、节水、节材和环境保护等重点工作发展节能省地环保型建筑的基本思路和途径。

一、工作思路

以科学发展观为指导，用城乡统筹和循环经济的理念来研究思考发展节能省地环保型建筑。立足当前的发展阶段和基本国情，立足建筑"四节一环保"工作已取得的进展，用城乡统筹和循环经济的理念，研究思考节能省地环保型建筑的深刻内涵及其之间的辩证关系，认真解决当前的突出矛盾和问题；处理好建筑"四节一环保"工作中点与面、近期工作重点与长远发展目标的关系。

既要考虑单体建筑，又要考虑城市或区域的统筹规划和总体布局；既要考虑新建建筑的"四节"，又要研究不同历史时期不同性质的既有建筑的节能、节水问题，注重降低建筑建造和使用过程中总的能源资源消耗。要着重从规划、标准、科技、政策及产业化等方面加强综合研究，注重研究和引进国外关于绿色建筑、生态建筑、可持续建筑等新理念和新技术，并制定规划和政策措施，多渠道推进节能省地环保型建筑建设。

二、工作现状

1. 建筑节能

（1）法律法规逐渐完善

新修订的《节约能源法》已将建筑节能作为国家重点节能领域，明确了主管部门和地方政府对建筑节能的管理职责，对关键的法律制度做出了规定。国务院《民用建筑节能条例》即将颁布出台，作为建筑节能的专门法规，对建筑节能相关的制度和重点均做出了明确的规定，出台后，必将对建筑节能工作产生巨大的推动作用。

(2) 标准规范日臻健全

目前已初步建立起了节能 50% 为目标的建筑节能设计标准体系。颁布实施了《民用建筑节能设计标准（采暖居住建筑部分）》、《夏热冬冷地区居住建筑节能设计标准》、《夏热冬暖地区居住建筑节能设计标准》、《公共建筑节能设计标准》及《建筑节能工程施工验收规范》。这样，就形成了覆盖全国 3 个气候区，包括居住和公共建筑，从设计、施工、竣工验收到测评标识的比较完整的标准体系。

(3) 北方地区城镇供热体制改革正在积极推进

先后颁布了国务院八部委《关于进一步推进城镇供热体制改革的意见》，以及《关于推进供热计量的实施意见》、《城镇供热价格暂行管理办法》等文件，对采暖费"暗补"变"明补"、实施按用热量计量收费等工作进行了部署，供热体制改革工作已在我国北方 15 个省、自治区和直辖市全面展开。北方地区实施采暖费"暗补"变"明补"供热收费制度改革的省份已占北方采暖地区的 60%。这项工作是继设计、建造、验收节能，再向计量节能，进而行为节能、管理节能以及既节能又节省开支目标的进一步推进，也是节能工作的治本之策之一。

(4) 新建建筑执行节能标准情况成效显著

我国正处于工业化、城镇化快速发展时期，每年新增建筑面积在 18～20 亿平方米左右。抓好新建建筑执行节能设计标准，一直是建筑节能工作的重中之重。

建设部通过下发规范性文件、组织专项检查等方式，不断加大监管力度，新建建筑已基本实现按节能设计标准设计和建造。据对全国

第一批民用建筑能效测评标识项目（部分）

　　住房和城乡建设部于 2009 年 4 月 9 日发布了第一批 20 个民用建筑能效测评标识项目及测评标识等级（理论值），其中三星级项目 3 个，二星级项目 5 个，一星级项目 12 个。

中国石油大厦（★★★）

颁发证书

下篇：对发展节能省地环保型建筑的研究 .375.

上海浦江智谷商务园（★★）

深圳建科大楼（★★★）

普利·艾伦庄园（★★★）

30个省、自治区、直辖市的检查，2007年1～10月全国城镇新建建筑在设计阶段执行节能标准的比例为97%，施工阶段执行节能标准的比例为71%，分别比2006年提高了1个百分点和17个百分点。据此估算，仅在此期间新建的节能建筑就可形成500万吨标准煤的节能能力。目前全国城镇已累计建成节能建筑面积21.2亿平方米，为"十一五"期间完成1.1亿吨标准煤的建筑节能目标打下了坚实基础（其中新建建筑节能约占60%，既有建筑节能完约占30%，可再生能源建筑应用约占10%）。

（5）既有建筑节能改造试点示范取得新进展

我国现有建筑面积400多亿平方米，从能耗情况来看，主要是两个方面比较突出：①北方采暖地区既有居住建筑采暖能耗高、能效低，单位面积采暖能耗相当于发达国家相同气候条件下的 2~3 倍；②政府办公建筑和大型公共建筑能耗很高，据权威机构抽查，平均耗电 70~300 千瓦时／平方米，为普通居民住宅的 10~20 倍。建设部从以上两方面入手，通过加强制度建设，完善配套政策，强化行政监管等措施，逐步提高既有建筑能源利用效率。在北方采暖地区既有居住建筑方面，国务院明确提出了"推动北方采暖区既有居住建筑供热计量及节能改造 1.5 亿平方米"的工作任务，建设部已将任务分解落实到各省、自治区、直辖市，并要求进一步落实到城市和具体改造项目。

在政府办公建筑和大型公共建筑方面，为落实国务院要求，建设部会同财政部开展国家机关办公建筑和大型公共建筑节能监管体系建设示范，在 24 个示范省市开展国家机关办公建筑和大型公共建筑能耗统计、能源审计、能效公示工作。

目前，部分省市已经完成了能耗统计、能源审计任务，并公示了一批建筑的能耗情况，在社会上引起了较大反响。中央财政对这两项工作非常重视，专门拨付资金 10 亿元，用于开展这两项工作的资金奖励和补助，取得良好的效果。

(6) 可再生能源建筑应用越来越广泛

在建筑领域推广应用太阳能、浅层地源、水源以及海水源、污水源热泵等，可以大量替代传统能源，减少环境污染。近年来，在中央政府与地方政府共同推动下，我国可再生能源建筑应用技术进一步成熟、产业竞争力逐步提高，呈现良好发展态势。

可再生能源建筑应用面积增加很快。根据最新统计，截至 2007 年 12 月，我国太阳能建筑光热应用面积达 7 亿平方米，比 2005 年增长 40%；浅层热能建筑应用面积近 8000 万平方米，比 2005 年增长 60%。

可再生能源建筑应用产品市场规模进一步扩大。全国太阳能器具生产企业超过 3000 家，其中，大、中型企业有 1300 多家。我国太阳能热水器 2006 年应用面积为 2000 万平方米（按集热器面积计算），总保有量（即安装使用量）1 亿平方米。2006 年，我国地源／水源热泵的生产总量为 73890 台，较 2005 年增长 66%，应用面积达到 8000 万平方米。

（7）对利用市场机制推动建筑节能进行有益探索

会同财政部出台了国家机关办公建筑和大型公共建筑采取合同能源管理模式进行节能运行与改造给予贷款贴息的经济政策，对建立建筑节能服务体系、发展建筑节能服务产业进行了研究，将于近期出台有关文件。研究利用清洁发展机制（CDM）解决既有建筑节能改造等工作的融资问题。会同国家开发银行对金融机构支持建筑节能的融资模式及信用体系、融资平台、具体贷款项目及额度等方面工作进行了

可再生能源建筑应用示范项目

无锡尚德生态大楼光伏发电项目

保定电谷锦江国际酒店光电项目

可再生能源建筑应用示范项目

厦门瑞景公寓太阳能利用项目

威海市民文化中心光电项目

皇明蔚来城太阳能利用项目

调研。

2. 建筑节地

（1）发挥规划调控作用，促进土地集约节约利用

认真贯彻《城乡规划法》，发挥城乡规划对土地资源集约和合理利用的调控和引导作用，促进城乡经济和社会的健康和可持续发展。成立城乡规划效能监察领导小组办公室，开展规划效能监察，从源头上保证"国六条"的贯彻实施。

（2）调整住房供应结构，引导和建立符合国情的住房建设模式和消费模式

认真贯彻执行国务院有关规定，制定并印发《关于落实新建住房结构比例要求的若干意见》，控制套型结构和销售价位，从源头上控制高档商品住房开发，引导和增加中低价位、中小套型普通商品住房的供给。通过推进省地节能环保型住宅国家康居示范工程建设，类型包括普通商品住宅，还有经济适用房、农村住宅、流动人口住宅拆迁安置房等多种

形式，在合理引导住宅消费，引导住宅建设模式转变方面发挥积极的示范和带动作用。

（3）大力开展禁止使用实心黏土砖工作

通过制定限制、禁止目录，从需求端控制实心黏土砖的使用；通过制定推广目录和相关技术标准，组织开展新型墙材应用的示范工程，引导用户使用新的墙体材料；会同发改委等有关部门开展"禁实"大检查。

3．建筑节水

（1）完善节水政策法规和技术标准体系

积极配合有关部门制定《节约用水条例》；推进水价改革，理顺水价结构，重新制定新的利于节水的污水处理收费政策和城镇供水价格政策；制定出台了《城市污水再生利用技术政策》、《节水型生活用水器具标准》、《城市居民用水量标准》、《城市供水管网漏损控制标准》。

（2）积极开展中水回用、再生水回灌等节水技术推广应用

组织了公共建筑中水循环使用、生活小区再生水循环利用、城市再生水重复利用和区域污水处理再利用的示范和推广；开展节水产品的推广工作，发布了《第二批国家实施节水认证的产品目录》。组织节水技术研发，开展了节水技术和节水器具开发，研究污水再生利用技术。

（3）大力开展节水宣传工作

会同有关部门印发了《节水型社会建设"十一五"规划》，督促各地加快城市供水管网改造，推广再生水利用。组织开展了"2007年全国城市节水宣传周"活动，与共青团中央宣传部共同向全国青少年发出了倡议书，广泛宣传节水理念。公布了第三批节水型城市名单，组织开展了创建节水型城市10周年展览、论坛等宣传活动。

4．建筑节材

（1）鼓励和推广新型和可再生建筑材料的应用

提高建筑工程材料的耐久性和使用寿命，大力推广采用新型墙体材

料，提高建筑材料中粉煤灰、矿渣、煤矸石、稻壳灰、淤泥及各种尾矿、废弃混凝土及其他建筑垃圾等应用比例，降低建筑材料对自然资源的依存度。开发研究绿色环保型植物纤维在建筑材料中应用技术。推广使用商品混凝土和商品砂浆。

（2）提高设计和施工水平，减少建筑材料使用量

研究钢结构、轻钢结构以及木结构等新型结构体系。提高建筑设计水平，优化结构设计，减小材料用量。大力推广绿色施工，尽可能减少施工过程中建筑材料浪费及建筑垃圾的产生。推行一次装修到位，减少耗材、耗能和环境污染。

5．环境保护

（1）加强对重点流域区域城镇污水处理工程项目建设和运行情况的动态管理

印发了《全国城镇污水处理信息报告、核查和评估办法》，研究开发了全国城镇污水处理信息系统。建立了全国城市污水处理厂在线监测监控系统。初步建立了城市污水处理厂运行管理数据库。组织开展了城市污水处理厂污染物削减量与处理成本及污水处理费的核拨联动机制研究。配合财政部研究制定了《城镇污水处理设施配套管网以奖代补资金管理暂行办法》，采用管网补助与削减COD奖励相结合的办法，支持中西部地区城镇污水处理设施建设。会同有关部门编制了《全国城镇污水处理及再生利用设施建设"十一五"规划》。组织完成了太湖等重点流域区域城镇污水处理工程建设规划。

（2）组织开展生活垃圾填埋场整改工作

根据全国生活垃圾填埋场无害化处理检查结果，印发了《关于开展生活垃圾填埋场整改工作的通知》，督促各地对不合格的垃圾填埋场进行整改，进一步提高生活垃圾填埋场建设和运行水平。会同有关部门编制了《全国城市生活垃圾无害化处理设施建设"十一五"规划》，指导

各城市生活垃圾处理设施建设。总结推广广西实施"城乡清洁工程活动"经验，推动城乡环境综合整治工作。

（3）充分发挥中国人居环境奖示范带动作用

举办了首届中国人居环境高层论坛，开展国际交流合作等活动，共同学习、交流人居环境建设方面的成功经验。组织对2007年中国人居环境奖和园林城市申报城市和项目进行了评审。贯彻党的十七大精神，统筹区域协调发展，注重西部地区城镇人居环境建设。

总结成都、重庆国家城乡统筹综合改革配套实验区的经验和做法，交流西部地区人居环境建设的经验，引导西部地区因地制宜、结合当地资源环境条件，突出特色做好人居环境建设工作，促进城乡人居环境改善。

三、工作推进

1. 加强城乡规划的引导和调控从7个方面做好工作。

（1）全面贯彻《城乡规划法》，充分发挥城乡规划在推进节能省地环保型建筑建设中的重要作用，统筹城乡发展，促进城镇发展用地合理布局。

（2）在不同层次和类型的规划中，充分论证资源和环境对城镇布局、功能分区、土地利用模式、基础设施配置及交通组织等方面的影响。

（3）加强规划对城镇土地、能源、水资源等利用方面的引导与调控，立足资源和环境条件，提高土地利用率。

（4）要注重区域统筹，积极推进区域性重大基础设施的统筹规划和共建共享。

（5）要注意城乡统筹，加快编制和实施村镇规划，合理调整居民点布局，提高村镇建设用地的使用率。

（6）要对各类开发区的土地利用实施严格的审批制度，促进其集约节约使用土地。

（7）要认真贯彻《国务院关于加强城乡规划监督管理的通知》，维护城乡规划的严肃性和权威性。

2．建立符合我国国情的住房建设和消费模式应从 3 个方面做好工作。

（1）立足于我国人多地少的国情思考住宅建设模式问题，坚定不移地调整住房供应结构，实现 90m^2 以下住房占 70% 以上的目标。

（2）建立合理的住房建设模式，通过精心设计和产业化生产，提供"面积不大功能全，造价不高品质优，占地不多环境美"的住宅；推广精装修到位，避免二次污染浪费；注重旧房的有机更新和节能改造。立足当前，着眼长远，优先满足群众的基本住房需求，引导居民梯度改善居住条件。

（3）引导合理的住房消费，通过不断完善金融税收政策，支持合理消费，遏制不顾资源环境的盲目消费。积极发展二手房市场和租赁市场，引导居民适度、梯次消费。

3．严格执行并不断完善标准规范，应做好 4 个方面工作。

（1）加强建筑"四节一环保"标准规范的制订工作，鼓励有条件的地区制订更加严格的建筑"四节一环保"地方实施细则，如北京、天津、重庆等地已率先执行节能 65% 的标准。

（2）要认真执行建设部《关于新建居住建筑严格执行节能设计标准的通知》和《关于认真做好〈公共建筑节能设计标准〉宣贯、实施及监督工作的通知》的要求，加强工程建设全过程监管。

（3）加强对工程建设各方主体和中介机构执行建筑"四节"强制性条文的监管。

（4）要加强对新建建筑特别是公共建筑执行建筑"四节"标准情况的监督检查。

4．加快科技创新采取 7 个方面具体措施。

（1）认真落实国家中长期科学和技术发展规划纲要中有关城乡现代节能与绿色建筑等专项规划。

（2）要积极组织科技攻关，努力开发利用适用技术和建筑新材料、新技术、新体系以及新型和可再生能源，鼓励研究开发节能、节水、节材的技术和产品。

（3）注重加快成熟技术和技术集成的推广应用。认真落实国家中长期科学和技术发展规划纲要中有关城乡现代节能与绿色建筑等专项规划。

（4）加强国际合作，增强自主创新能力。

（5）加快墙体材料革新，特别是注重解决墙体改革工作中的关键技术和技术集成问题。

（6）加快高强钢和高性能混凝土的推广应用工作。

（7）把科技成果转化为现实生产力。

5．研究制定经济激励政策措施。

应从 7 个方面做好工作。

（1）要探索政府引导和市场机制推动相结合的方法和机制，研究制定产业经济和技术政策。

（2）会同有关部门研究对新建建筑推广"四节"和既有建筑节能改造给予适当的税收优惠政策，对示范项目给予贴息优惠政策。

（3）研究推进水价改革，促进节约用水。

（4）鼓励社会资金和外资投资参与既有建筑改造等。

（5）大力推进市政公用行业改革，深化供热体制改革。

（6）严格执行污水垃圾收费制度。

（7）改革有关奖项的评审办法，把执行建筑"四节"的情况作为评审内容。

6. 抓好试点示范工作采取 5 个方面措施。

（1）要积极开展统筹城乡规划布局，节约用地的试点。

（2）要研究通过产业现代化促进发展节能省地环保型建筑建设。

（3）要抓好一批供热管网改造、城市绿色照明、政府办公建筑和大型公共建筑节能运行与改造、北方采暖地区既有居住建筑供热计量及节能改造、新型和可再生能源建筑应用和绿色建筑、低能耗建筑等示范项目。

（4）抓好新材料、新工艺和新体系的试点示范。

（5）我部正在研究推广应用高强钢高性能混凝土，并同时推广建筑工业化、部品化。

7. 建立健全法规制度

要研究建立有利于促进发展节能省地环保型建筑，推进建筑"四节一环保"工作的法律制度。完善《城乡规划法》、《节约能源法》、《可再生能源法》等法律的配套法规，尽快制定《民用建筑节能条例》、《节约用水条例》、《城镇排水与污水处理条例》、《城市房地产开发经营管理条例》及《民用建筑能效测评标识管理办法》、《建筑能效信息公式办法》、《国家机关办公建筑和大型公共建筑室内温度控制办法》等一系列法规及部门规章，指导地方制定促进发展节能省地环保型建筑的地方法规。

8. 加强组织领导

（1）把发展节能省地环保型建筑工作作为当前和今后一个时期一项重点工作，抓紧抓好。

（2）要建立相应的工作机制。各级建设主管部门应结合本地区的实际情况，研究部署推进工作计划，加强与有关部门的协调和沟通。

（3）认真研究解决推进工作中的热点、难点问题，制订相应的政策和措施，并加强督促检查。

9. 做好宣传培训工作

（1）开展多种形式的宣传活动，普及发展节能省地环保型建筑知识，提高全社会对这项工作重要性的认识。

（2）提高管理人员和专业技术人员对发展节能省地环保型建筑的科技水平和能力。普及发展节能省地环保型建筑的知识，总结推广好的经验与做法，树立良好的节约能源的意识和正确的消费观，形成良好的社会氛围。

建设部将进一步做好各项工作，为完成"十一五"节能减排目标，建设资源节约型、环境友好型社会做出积极的努力。

作者：王铁宏

推进建筑节能工作
要全面辩证和不断创新
——对建筑节能工作的哲学思考

当前,建筑节能工作已经步入新的阶段,新形势、新任务要求我们用全面、全方位、全过程和创新发展的工作思路来继续推进这项工作:

一是要全面拓展建筑节能工作范畴;二是要全方位保障建筑节能工作质量;三是要全过程提高建筑节能工作水平;四是创新发展增强建筑节能工作效果。

节约能源是我国的一项长期战略方针,是落实科学发展观、实现经济社会可持续发展的要求。作为我国三大节能战略之一,建筑节能无疑具有举足轻重的地位。党中央、国务院高度重视建筑节能工作,将其作为转变经济发展方式,建设资源节约型、环境友好型社会的一项重要举措。住房城乡建设部等有关部门密切配合,认真落实,取得了明显的阶段性成效:法律法规逐渐完善,标准规范日臻健全,北方地区城镇供热体制改革正在推进,新建建筑执行节能标准情况成效显著,既有建筑节能改造试点示范取得新进展,可再生能源建筑应用越来越广泛,对利用市场机制推动建筑节能进行有益探索。当前,建筑节能工作已经步入新的阶段,新形势、新任务要求我们用全面、全方位、全过程和创新发展的工作思路来继续推进这项工作。

本文作于 2009 年 4 月

一、全面拓展建筑节能工作范畴

一要从单一的建筑节能，向节能、节水、节地、节材和环境保护（"四节一环保"）转变。要处理好"四节一环保"工作中点与面、近期工作重点与长远发展目标的关系。着重从规划、标准、科技、政策及产业化等方面综合研究，积极研究和引进国外的新理念、新技术，多渠道推进"四节一环保"建筑建设；二要从单体建筑节能向小区、区域和整个城市节能转变。建筑节能工作需要考虑城市或区域的统筹规划和总体布局，同时，节能技术和可再生能源的规模化应用能够大大提高节能效果，我们要系统研究解决制约节能措施规模化应用的问题，从制度和机制上鼓励在小区、区域乃至城市范围内加以推广；三要从突出抓好北方供暖地区节能向全国范围不同气候地区并重转变。我国的建筑节能工作按气候划分为三个区域，北方采暖地区、冬暖夏热地区和冬冷夏热地区，不同的气候地区需要采取不同的措施来达到建筑节能工作和国家节能战略的目标；四要从注重建筑活动的直接参与者向全社会共同参与转变。建筑节能不仅涉及从事建筑活动的企业，还与每个家庭、每个公民的生活息息相关。要加强宣传建筑节能的重要性、紧迫性，特别是调动地方政府发挥主导作用，引导全社会广泛参与，共同促进各项建筑节能措施的落实。

二、全方位确保建筑节能工作质量

一要从注重技术层面工作向法律法规、标准规范、政策制度和科技进步全方位转变。以贯彻落实《节约能源法》、国务院《民用建筑节能条例》和《公共机构节能条例》为核心，逐步建立起覆盖全国三个气候区，包括住宅和公共建筑的建筑节能标准体系。加快研究制定涉及城乡建设、金融、财税等多个领域的建筑节能政策制度。积极研究开发建筑节能新技术、新工艺和新材料，充分挖掘本土化的建筑节能传统技术和工艺，逐步建立起建筑节能技术的创新机制；二要从注重法律法规制定向立法和执法并重转变。依法加强建筑节能的监督管理，严格执行建筑节能的法律制度和技术规范，建立建筑节能监管服务体系，实施建筑能耗统计、能源审计和公示等制度，落实建筑节能目标责任制，加强考核评价，严肃查处违法违规行为。

三、全过程提高建筑节能工作水平

一要从注重建筑设计、施工过程节能向全寿命周期节能转变。在制订建筑设计、施工方案时，要转变观念，正确理解短期投入和长期效益的关系，正确看待建筑全寿命周期的成本和效益。既考虑一次性投入的高低，也考虑建筑物长期运行和维护的能耗；二要从注重单一过程节能向规划、设计、建造、验收和运行全过程节能转变。规划是龙头，城乡规划主管部门在规划审查时，应明确设计方案是否符合建筑节能标准。设计是先导，新建建筑的设计文件必须符合节能强制性标准。建设、设计、施工和监理单位及其注册执业人员在施工过程中应严格执行有关节能标

上海生态建筑示范楼

下篇：对发展节能省地环保型建筑的研究 .389.

清华大学超低能耗楼

北京奥运村幼儿园微能耗建筑

北京锋尚国际公寓

上海世博会"沪上.生态家"

中国建筑节能实验建筑

皇明太阳谷日月坛

万科零能耗示范建筑

准。建设单位应将是否符合节能标准作为竣工验收的重要内容。施工单位在保修范围和保修期内，对发生质量问题的保温工程负有保修义务。

四、创新发展增强建筑节能工作效果

一要从单纯注重保温隔热向追求绿色环保和舒适转变。目前，世界各国普遍重视的绿色建筑、生态建筑和可持续建筑都综合体现出以人为本和可持续发展。我国的"四节一环保"建筑，与绿色建筑、生态建筑和可持续建筑的基本内涵是相通的，具有一致性。要把推广"四节一环保"建筑作为促进建筑节能模式转变的重要抓手，追求绿色环保和空气品质的更高目标；二要从注重传统能源节能向利用新型和可再生能源转变。目前我国以煤炭为主要燃料，太阳能、地热、风能等可再生能源在建筑中的利用率很低，建筑的节能空间有限。因此，应抓紧推进新型和可再生能源在建筑中规模化应用，加强示范项目管理，扩大示范规模。完善可再生能源建筑应用技术标准；三要从狠抓执行设计施工标准向注重实际节能效果转变。实行建筑能效测评标识制度。继续北方地区供热体制改革，督促各地安装热计量装置，按热计量收费，推动采暖费补贴"暗补"变"明补"，鼓励行为节能，加强运行管理，注重节能的实际效果。

作者：王铁宏、马骏驰

推广应用高强钢筋和高性能混凝土

建筑业作为资源消耗量较大行业之一，要实现可持续发展，就必须调整建筑材料消耗结构，大力推广应用高强钢筋和高性能混凝土，走节约型发展道路。

据统计，我国每年建筑用钢量占钢材消耗总量的50%以上，混凝土用量约15亿立方米。如果能够将目前使用的钢筋和混凝土提高一个强度等级，则可以获得明显的经济效益和社会效益。

近年，伴随我国经济持续高速增长，建筑业作为我国国民经济支柱产业之一也得到了长足发展。由于目前我国建筑主要为钢筋混凝土结构形式，因此随着建筑业的发展，钢筋和混凝土的消耗量也在逐年递增。据统计，2003年我国建筑业用钢量为1.43亿吨，混凝土用量为15亿立方米。建筑业作为资源消耗量较大行业之一，要实现可持续发展，就必须调整建筑材料消耗结构，大力推广应用高强钢筋和高性能混凝土，走节约型发展道路。另外生产钢筋、混凝土等建筑材料又会耗费大量的煤、电、水、矿石等能源和资源，因此，从广义角度讲，大力推广应用高强钢筋和高性能混凝土也是建筑节能的重要组成部分。

为提高建筑材料利用率，我国从"六五"计划就开始了对HRB400钢筋、C70和C80混凝土等高强建筑材料的研究，经过二十多年的不懈努力，已取得了一定成果。从高强材料实际应用情况看，高强钢筋和高性能混凝土的应用可以大量节约建筑材料。但目前应用范围比较小，用量也比较少。因此，推广应用高强钢筋和高性能

本文发表于《建设科技》2005年第6期

混凝土的工作难度还很大，有待进一步加强。

一、存在问题

当前我国建设行业推广应用高强钢筋和高性能混凝土现状及存在的问题：

（一）高强钢筋和高性能混凝土应用现状。目前，国内工程中普遍使用的主力受力钢筋是 HRB335，辅助钢筋大多为等级更低的 HRB235，混凝土则以 C20～C40 为主。和发达国家相比，我国建设行业所用钢筋和混凝土强度普遍低 1～2 个等级。多年来，为推广应用高强钢筋和高性能混凝土，有关部门采取了修订规范、开展试点工程等多种措施。但从目前应用状况看，高强钢筋和高性能混凝土的用量在建设行业钢筋和混凝土总体用量中所占比率仍然很低。据统计，每年 HRB400 钢筋用量不到钢筋总用量的 10%；高性能混凝土累计使用量还不到 1500 万立方米，不足混凝土年消耗总量的 1%，而且使用范围也是仅仅局限在大跨、超高层建筑中。

（二）推广应用高强钢筋和高性能混凝土存在的问题。通过对过去高强钢筋和高性能混凝土推广应用经验的总结，我们认为，高强材料未能在建设行业得到普及，问题主要存在于技术和推广措施两个层面。

从技术层面看，在提高钢筋和混凝土强度时，没有很好地解决材料其他性能劣化问题。在钢筋和混凝土应用过程中，除材料强度外，我们还应该考虑材料延性、裂缝控制等其他性能。而目前钢筋和混凝土强度的提高，通常以牺牲其他性能为代价。因此，发展高强材料的同时，应当通过技术创新，解决好钢筋脆性断裂，混凝土耐久性等问题，提高材料综合性能。另外，在推广应用高强钢筋和高性能混凝土的过程中，除解决材料本身技术问题外，还应当解决其他配套技术问题，比如高强钢筋焊接技术、高性能混凝土施工浇注技术等。

从高强钢筋和高性能混凝土推广层面看，主要存在的问题是，目前我国对相关标准规范的研究、制定投入不足，不能满足发展的需要。由于标准规范的研究、制定需要大量的技术储备，且耗时长，人力、物力和财力的投入量大，短期经济效益不明显，因此，国家投资体制改革后，相关科研单位对标准规范研究、制定的投入明显减少，造成标准规范的制定滞后，不能满足发展的需要。另外，我国对高强钢筋和高性能混凝土的理论研究与实际应用脱节，科研成果向实际应用的转化速度较慢。除此之外，我国设计、施工等单位对标准规范的执行力度不够。虽然早在1996年，国家规范就推行采用新Ⅲ级钢筋（HRB400）；2000年，国家规范推行采用C70、C80混凝土，但是真正使用该标准规范进行设计、施工的单位并不多。

二、重大意义

据统计，我国每年建筑用钢量占钢材消耗总量的50%以上，混凝土用量约15亿立方米。如果能够将目前使用的钢筋和混凝土提高一个强度等级，则可以获得明显的经济效益和社会效益。

（一）经济效益。推广应用高强钢筋和高性能混凝土可以节约钢筋和混凝土的用量，降低工程成本，获得巨大的直接或间接经济收益。根据测算，如果能够按照规范的要求，将钢筋混凝土的主导受力钢筋强度提高到 $400\sim500N/mm^2$，则可以在目前用钢量的水平上节约10%左右。根据统计数据，我国每年钢筋混凝土螺纹钢消耗量约占钢材消耗总量的20%。据估算，2010年我国钢材消耗总量将达到1.83亿吨，这样通过推广应高强钢筋，可节约钢材366万吨，比照我国2004年1~10月份国内螺纹钢平均价格约3400元／吨计算，2010年可节省资金约

124.44亿元。混凝土若能以C30～C40强度等级为主,部分建筑达到C80,则可以在目前混凝土消耗量的水平上节约30%左右。预计2010年我国房屋建筑混凝土用量将会达到15亿立方米,如果房屋建筑中有大约30%是采用高性能混凝土建造,则2010年可节约混凝土约1.35亿立方米。同时按照1立方米混凝土消耗0.32吨水泥计算,则2010年可减少水泥用量4320万吨。比照2004年2月份全国14个城市C40商品混凝土平均价格350元／立方米计算,2010年可节省资金约472.5亿元。通过以上粗略计算可以得出,到2010年,仅通过推广应用高强钢筋和高性能混凝土,就可节省资金约596.94亿元。

推广应用高强钢筋和高性能混凝土除可以获得以上直接经济效益,还可以获得巨大的间接经济效益。高强材料的应用,解决了建筑结构中肥梁胖柱问题,这样不仅能增加建筑使用面积,也可以使结构设计更加灵活,提高建筑使用功能。目前,我国每年完成建筑面积约18亿平方米,如果其中的30%左右,即5.4亿平方米是采用高强材料建成的高层建筑,仅以增加1%～1.5%的使用面积计算,可以增加建筑使用面积540～810万平方米。比照全国平均建筑造价1500元／平方米计算,可产生经济效益约81～121.5亿元／年;如果比照2004年第一季

亚洲最大单体建筑——首都机场三号航站楼施工场景

度全国商品房平均销售价格2670元／平方米计算，则可产生经济效益144.18～216.27亿元／年。另外采用高强材料，可以提高施工作业效率，提高建筑质量，延长使用年限，减少维护使用费用。

经以上粗略计算，通过推广应用高强钢筋和高性能混凝土，仅建筑一项所产生的直接经济效益和间接经济效益，到2010年约在677.94～813.21亿元之间。当然，由于应用高强钢筋和高性能混凝土，其价格要高于原有钢筋和混凝土，因此，也会减少预估的直接经济效益。另外推广应用高强钢筋和高性能混凝土，也是提升我国传统产业技术含量的重要措施，在高强材料推广应用过程中，可以大大加速建设行业技术创新，提高我国建筑企业的国际竞争力。

（二）社会效益。如今，自然资源消耗、生态环境问题已引起社会各界的广泛关注，因此，我们必须摒弃传统建设观念，从全寿命周期的角度，来衡量建筑业消耗对生态环境的影响。推广应用高强钢筋和高性能混凝土，在建设阶段通过节约钢筋和混凝土用量，我们可以节约土地、煤、水、矿石、沙等能源和资源的消耗量，进而减少二氧化碳、二氧化硫等有害气体和废渣的排放；在使用阶段，则可以降低

国家体育场钢结构采用国产高强钢

本文图片提供：北京城建集团

建筑采暖、空调、热水供应、照明、家用电器、电梯、通风等能耗，减少维护使用费，实现建筑节能。据有关专家统计分析，节约1吨钢材可以节省电能300千瓦时，标准煤0.70吨，减少二氧化碳排放0.63立方米；节约1吨水泥，可以节省电能110千瓦时，标准煤0.2吨，减少二氧化碳排放0.18立方米。比照以上数据，2010年，通过推广应用高强钢筋和高性能混凝土，则可节省电能58.56亿千瓦时，标准煤1120.2万吨，减少二氧化碳排放1008.2万立方米。由此可见，推广应用高强钢筋和高性能混凝土，对节约能源，提高环境质量，实现建设行业可持续发展具有重大意义。

三、意见建议

针对目前推广应用高强钢筋和高性能混凝土过程中存在的问题，今后应当做好以下几个方面工作：

一是加强技术研究。建筑材料的更新换代，最终要依靠技术创新。今后应该将高强钢筋和高性能混凝土的研究，特别是针对钢筋脆性断裂和混凝土耐久性的研究，纳入国家重大科研计划，通过理论研究、模型试验和试点、示范工程等多种措施，加速技术创新和研究成果的推广。

二是加速标准规范的修订。标准规范是设计、施工人员工作的主要依据，针对目前标准规范落后问题，应加大对标准规范研究的投入，开展各项基础技术研究。对目前标准规范，着手进行修订，为全面推广应用高强钢筋和高性能混凝土，提供技术标准。

三是制定相关行政法律法规。推广应用高强钢筋和高性能混凝土，同时需要相关的法律法规作保障。建设主管部门应当尽快建立、健全与高强钢筋和高性能混凝土应用相关的建设法规，以使设计、施工单位在应用高强钢筋和高性能混凝土过程中有据可循，为推广应用高强钢筋和高性能混凝土创造一个良好的环境。

四是组织推广应用工作。推广应用高强钢筋和高性能混凝土需要建设参与单位共同努力，需要引起政策制定者、建设主管部门和设计、施工等单位的高度重视，并达成共识，确实认识到推广应用高强钢筋和高性能混凝土是我国建设行业实现可持续发展的一项重大举措。

作者：王铁宏

附 录

中华人民共和国节约能源法

（1997年11月1日第八届全国人民代表大会常务委员会第二十八次会议通过，2007年10月28日第十届全国人民代表大会常务委员会第三十次会议修订。）

目　录

第一章　总　　则
第二章　节能管理
第三章　合理使用与节约能源
　　　　第一节　一般规定
　　　　第二节　工业节能
　　　　第三节　建筑节能
　　　　第四节　交通运输节能
　　　　第五节　公共机构节能
　　　　第六节　重点用能单位节能
第四章　节能技术进步
第五章　激励措施
第六章　法律责任
第七章　附　　则

第一章　总　　则

第一条　为了推动全社会节约能源，提高能源利用效率，保护和改

本书作者多次代表建设部参加全国人大财经委组织的研讨、调研工作

善环境，促进经济社会全面协调可持续发展，制定本法。

第二条 本法所称能源，是指煤炭、石油、天然气、生物质能和电力、热力以及其他直接或者通过加工、转换而取得有用能的各种资源。

第三条 本法所称节约能源（以下简称节能），是指加强用能管理，采取技术上可行、经济上合理以及环境和社会可以承受的措施，从能源生产到消费的各个环节，降低消耗、减少损失和污染物排放、制止浪费，有效、合理地利用能源。

第四条 节约资源是我国的基本国策。国家实施节约与开发并举、把节约放在首位的能源发展战略。

第五条 国务院和县级以上地方各级人民政府应当将节能工作纳入国民经济和社会发展规划、年度计划，并组织编制和实施节能中长期专项规划、年度节能计划。

国务院和县级以上地方各级人民政府每年向本级人民代表大会或者其常务委员会报告节能工作。

第六条 国家实行节能目标责任制和节能考核评价制度，将节能目标完成情况作为对地方人民政府及其负责人考核评价的内容。

省、自治区、直辖市人民政府每年向国务院报告节能目标责任的履行情况。

第七条 国家实行有利于节能和环境保护的产业政策，限制发展高耗能、高污染行业，发展节能环保型产业。

国务院和省、自治区、直辖市人民政府应当加强节能工作，合理调整产业结构、企业结构、产品结构和能源消费结构，推动企业降低单位产值能耗和单位产品能耗，淘汰落后的生产能力，改进能源的开发、加工、转换、输送、储存和供应，提高能源利用效率。

国家鼓励、支持开发和利用新能源、可再生能源。

第八条 国家鼓励、支持节能科学技术的研究、开发、示范和推广，促进节能技术创新与进步。

国家开展节能宣传和教育，将节能知识纳入国民教育和培训体系，普及节能科学知识，增强全民的节能意识，提倡节约型的消费方式。

第九条 任何单位和个人都应当依法履行节能义务，有权检举浪费能源的行为。

新闻媒体应当宣传节能法律、法规和政策，发挥舆论监督作用。

第十条 国务院管理节能工作的部门主管全国的节能监督管理工作。国务院有关部门在各自的职责范围内负责节能监督管理工作，并接受国务院管理节能工作的部门的指导。

县级以上地方各级人民政府管理节能工作的部门负责本行政区域内的节能监督管理工作。县级以上地方各级人民政府有关部门在各自的职责范围内负责节能监督管理工作，并接受同级管理节能工作的部门的指导。

第二章 节能管理

第十一条 国务院和县级以上地方各级人民政府应当加强对节能工作的领导，部署、协调、监督、检查、推动节能工作。

第十二条 县级以上人民政府管理节能工作的部门和有关部门应当在各自的职责范围内，加强对节能法律、法规和节能标准执行情况的监督检查，依法查处违法用能行为。

履行节能监督管理职责不得向监督管理对象收取费用。

第十三条 国务院标准化主管部门和国务院有关部门依法组织制定并适时修订有关节能的国家标准、行业标准，建立健全节能标准体系。

国务院标准化主管部门会同国务院管理节能工作的部门和国务院有关部门制定强制性的用能产品、设备能源效率标准和生产过程中耗能高的产品的单位产品能耗限额标准。

国家鼓励企业制定严于国家标准、行业标准的企业节能标准。

省、自治区、直辖市制定严于强制性国家标准、行业标准的地方节能标准，由省、自治区、直辖市人民政府报经国务院批准；本法另有规定的除外。

第十四条 建筑节能的国家标准、行业标准由国务院建设主管部门组织制定，并依照法定程序发布。

省、自治区、直辖市人民政府建设主管部门可以根据本地实际情况，制定严于国家标准或者行业标准的地方建筑节能标准，并报国务院标准化主管部门和国务院建设主管部门备案。

第十五条 国家实行固定资产投资项目节能评估和审查制度。不符合强制性节能标准的项目，依法负责项目审批或者核准的机关不得批准或者核准建设；建设单位不得开工建设；已经建成的，不得投入生产、使用。具体办法由国务院管理节能工作的部门会同国务院有关部门制定。

第十六条 国家对落后的耗能过高的用能产品、设备和生产工艺实行淘汰制度。淘汰的用能产品、设备、生产工艺的目录和实施办法，由国务院管理节能工作的部门会同国务院有关部门制定并公布。

生产过程中耗能高的产品的生产单位，应当执行单位产品能耗限额标准。对超过单位产品能耗限额标准用能的生产单位，由管理节能工作的部门按照国务院规定的权限责令限期治理。

对高耗能的特种设备，按照国务院的规定实行节能审查和监管。

第十七条 禁止生产、进口、销售国家明令淘汰或者不符合强制性能源效率标准的用能产品、设备；禁止使用国家明令淘汰的用能设备、生产工艺。

第十八条 国家对家用电器等使用面广、耗能量大的用能产品，实行能源效率标识管理。实行能源效率标识管理的产品目录和实施办法，由国务院管理节能工作的部门会同国务院产品质量监督部门制定并公布。

第十九条 生产者和进口商应当对列入国家能源效率标识管理产品目录的用能产品标注能源效率标识，在产品包装物上或者说明书中予以说明，并按照规定报国务院产品质量监督部门和国务院管理节能工作的部门共同授权的机构备案。

生产者和进口商应当对其标注的能源效率标识及相关信息的准确性负责。禁止销售应当标注而未标注能源效率标识的产品。

禁止伪造、冒用能源效率标识或者利用能源效率标识进行虚假宣传。

第二十条 用能产品的生产者、销售者，可以根据自愿原则，按照国家有关节能产品认证的规定，向经国务院认证认可监督管理部门认可的从事节能产品认证的机构提出节能产品认证申请；经认证合格后，取得节能产品认证证书，可以在用能产品或者其包装物上使用节能产品认证标志。

禁止使用伪造的节能产品认证标志或者冒用节能产品认证标志。

第二十一条 县级以上各级人民政府统计部门应当会同同级有关部门，建立健全能源统计制度，完善能源统计指标体系，改进和规范能源统计方法，确保能源统计数据真实、完整。

国务院统计部门会同国务院管理节能工作的部门，定期向社会公布各省、自治区、直辖市以及主要耗能行业的能源消费和节能情况等信息。

第二十二条 国家鼓励节能服务机构的发展，支持节能服务机构开展节能咨询、设计、评估、检测、审计、认证等服务。

国家支持节能服务机构开展节能知识宣传和节能技术培训，提供节能信息、节能示范和其他公益性节能服务。

第二十三条 国家鼓励行业协会在行业节能规划、节能标准的制定和实施、节能技术推广、能源消费统计、节能宣传培训和信息咨询等方面发挥作用。

第三章 合理使用与节约能源

第一节 一般规定

第二十四条 用能单位应当按照合理用能的原则,加强节能管理,制定并实施节能计划和节能技术措施,降低能源消耗。

第二十五条 用能单位应当建立节能目标责任制,对节能工作取得成绩的集体、个人给予奖励。

第二十六条 用能单位应当定期开展节能教育和岗位节能培训。

第二十七条 用能单位应当加强能源计量管理,按照规定配备和使用经依法检定合格的能源计量器具。

用能单位应当建立能源消费统计和能源利用状况分析制度,对各类能源的消费实行分类计量和统计,并确保能源消费统计数据真实、完整。

第二十八条 能源生产经营单位不得向本单位职工无偿提供能源。任何单位不得对能源消费实行包费制。

第二节 工业节能

第二十九条 国务院和省、自治区、直辖市人民政府推进能源资源优化开发利用和合理配置,推进有利于节能的行业结构调整,优化用能结构和企业布局。

第三十条 国务院管理节能工作的部门会同国务院有关部门制定电力、钢铁、有色金属、建材、石油加工、化工、煤炭等主要耗能行业的节能技术政策,推动企业节能技术改造。

第三十一条 国家鼓励工业企业采用高效、节能的电动机、锅炉、窑炉、风机、泵类等设备,采用热电联产、余热余压利用、洁净煤以及先进的用能监测和控制等技术。

第三十二条 电网企业应当按照国务院有关部门制定的节能发电

调度管理的规定,安排清洁、高效和符合规定的热电联产、利用余热余压发电的机组以及其他符合资源综合利用规定的发电机组与电网并网运行,上网电价执行国家有关规定。

第三十三条 禁止新建不符合国家规定的燃煤发电机组、燃油发电机组和燃煤热电机组。

第三节 建筑节能

第三十四条 国务院建设主管部门负责全国建筑节能的监督管理工作。

县级以上地方各级人民政府建设主管部门负责本行政区域内建筑节能的监督管理工作。

县级以上地方各级人民政府建设主管部门会同同级管理节能工作的部门编制本行政区域内的建筑节能规划。建筑节能规划应当包括既有建筑节能改造计划。

第三十五条 建筑工程的建设、设计、施工和监理单位应当遵守建筑节能标准。

不符合建筑节能标准的建筑工程,建设主管部门不得批准开工建设;已经开工建设的,应当责令停止施工、限期改正;已经建成的,不得销售或者使用。

建设主管部门应当加强对在建建筑工程执行建筑节能标准情况的监督检查。

第三十六条 房地产开发企业在销售房屋时,应当向购买人明示所售房屋的节能措施、保温工程保修期等信息,在房屋买卖合同、质量保证书和使用说明书中载明,并对其真实性、准确性负责。

第三十七条 使用空调采暖、制冷的公共建筑应当实行室内温度控制制度。具体办法由国务院建设主管部门制定。

第三十八条 国家采取措施,对实行集中供热的建筑分步骤实行供热分户计量、按照用热量收费的制度。新建建筑或者对既有建筑进行节能改造，应当按照规定安装用热计量装置、室内温度调控装置和供热系统调控装置。具体办法由国务院建设主管部门会同国务院有关部门制定。

第三十九条　县级以上地方各级人民政府有关部门应当加强城市节约用电管理，严格控制公用设施和大型建筑物装饰性景观照明的能耗。

第四十条　国家鼓励在新建建筑和既有建筑节能改造中使用新型墙体材料等节能建筑材料和节能设备，安装和使用太阳能等可再生能源利用系统。

第四节　交通运输节能

第四十一条　国务院有关交通运输主管部门按照各自的职责负责全国交通运输相关领域的节能监督管理工作。

国务院有关交通运输主管部门会同国务院管理节能工作的部门分别制定相关领域的节能规划。

第四十二条　国务院及其有关部门指导、促进各种交通运输方式协调发展和有效衔接，优化交通运输结构，建设节能型综合交通运输体系。

第四十三条　县级以上地方各级人民政府应当优先发展公共交通，加大对公共交通的投入，完善公共交通服务体系，鼓励利用公共交通工具出行；鼓励使用非机动交通工具出行。

第四十四条　国务院有关交通运输主管部门应当加强交通运输组织管理，引导道路、水路、航空运输企业提高运输组织化程度和集约化水平，提高能源利用效率。

第四十五条　国家鼓励开发、生产、使用节能环保型汽车、摩托车、铁路机车车辆、船舶和其他交通运输工具，实行老旧交通运输工具的报废、更新制度。

国家鼓励开发和推广应用交通运输工具使用的清洁燃料、石油替代燃料。

第四十六条　国务院有关部门制定交通运输营运车船的燃料消耗量限值标准；不符合标准的，不得用于营运。

国务院有关交通运输主管部门应当加强对交通运输营运车船燃料消耗检测的监督管理。

第五节　公共机构节能

第四十七条　公共机构应当厉行节约，杜绝浪费，带头使用节能产品、设备，提高能源利用效率。

本法所称公共机构，是指全部或者部分使用财政性资金的国家机关、事业单位和团体组织。

第四十八条　国务院和县级以上地方各级人民政府管理机关事务工作的机构会同同级有关部门制定和组织实施本级公共机构节能规划。公共机构节能规划应当包括公共机构既有建筑节能改造计划。

第四十九条　公共机构应当制定年度节能目标和实施方案，加强能源消费计量和监测管理，向本级人民政府管理机关事务工作的机构报送上年度的能源消费状况报告。

国务院和县级以上地方各级人民政府管理机关事务工作的机构会同同级有关部门按照管理权限，制定本级公共机构的能源消耗定额，财政部门根据该定额制定能源消耗支出标准。

第五十条　公共机构应当加强本单位用能系统管理，保证用能系统的运行符合国家相关标准。

公共机构应当按照规定进行能源审计，并根据能源审计结果采取提高能源利用效率的措施。

第五十一条　公共机构采购用能产品、设备，应当优先采购列入节能产品、设备政府采购名录中的产品、设备。禁止采购国家明令淘汰的用能产品、设备。

节能产品、设备政府采购名录由省级以上人民政府的政府采购监督管理部门会同同级有关部门制定并公布。

第六节 重点用能单位节能

第五十二条 国家加强对重点用能单位的节能管理。

下列用能单位为重点用能单位：

（一）年综合能源消费总量一万吨标准煤以上的用能单位；

（二）国务院有关部门或者省、自治区、直辖市人民政府管理节能工作的部门指定的年综合能源消费总量五千吨以上不满一万吨标准煤的用能单位。

重点用能单位节能管理办法，由国务院管理节能工作的部门会同国务院有关部门制定。

第五十三条 重点用能单位应当每年向管理节能工作的部门报送上年度的能源利用状况报告。能源利用状况包括能源消费情况、能源利用效率、节能目标完成情况和节能效益分析、节能措施等内容。

第五十四条 管理节能工作的部门应当对重点用能单位报送的能源利用状况报告进行审查。对节能管理制度不健全、节能措施不落实、能源利用效率低的重点用能单位，管理节能工作的部门应当开展现场调查，组织实施用能设备能源效率检测，责令实施能源审计，并提出书面整改要求，限期整改。

第五十五条 重点用能单位应当设立能源管理岗位，在具有节能专业知识、实际经验以及中级以上技术职称的人员中聘任能源管理负责人，并报管理节能工作的部门和有关部门备案。

能源管理负责人负责组织对本单位用能状况进行分析、评价，组织编写本单位能源利用状况报告，提出本单位节能工作的改进措施并组织实施。

能源管理负责人应当接受节能培训。

第四章　节能技术进步

第五十六条　国务院管理节能工作的部门会同国务院科技主管部门发布节能技术政策大纲,指导节能技术研究、开发和推广应用。

第五十七条　县级以上各级人民政府应当把节能技术研究开发作为政府科技投入的重点领域,支持科研单位和企业开展节能技术应用研究,制定节能标准,开发节能共性和关键技术,促进节能技术创新与成果转化。

第五十八条　国务院管理节能工作的部门会同国务院有关部门制定并公布节能技术、节能产品的推广目录,引导用能单位和个人使用先进的节能技术、节能产品。

国务院管理节能工作的部门会同国务院有关部门组织实施重大节能科研项目、节能示范项目、重点节能工程。

第五十九条　县级以上各级人民政府应当按照因地制宜、多能互补、综合利用、讲求效益的原则,加强农业和农村节能工作,增加对农业和农村节能技术、节能产品推广应用的资金投入。

农业、科技等有关主管部门应当支持、推广在农业生产、农产品加工储运等方面应用节能技术和节能产品,鼓励更新和淘汰高耗能的农业机械和渔业船舶。

国家鼓励、支持在农村大力发展沼气,推广生物质能、太阳能和风能等可再生能源利用技术,按照科学规划、有序开发的原则发展小型水力发电,推广节能型的农村住宅和炉灶等,鼓励利用非耕地种植能源植物,大力发展薪炭林等能源林。

第五章　激励措施

第六十条　中央财政和省级地方财政安排节能专项资金,支持节能技术研究开发、节能技术和产品的示范与推广、重点节能工程的实施、节能宣传培训、信息服务和表彰奖励等。

第六十一条 国家对生产、使用列入本法第五十八条规定的推广目录的需要支持的节能技术、节能产品，实行税收优惠等扶持政策。

国家通过财政补贴支持节能照明器具等节能产品的推广和使用。

第六十二条 国家实行有利于节约能源资源的税收政策，健全能源矿产资源有偿使用制度，促进能源资源的节约及其开采利用水平的提高。

第六十三条 国家运用税收等政策，鼓励先进节能技术、设备的进口，控制在生产过程中耗能高、污染重的产品的出口。

第六十四条 政府采购监督管理部门会同有关部门制定节能产品、设备政府采购名录，应当优先列入取得节能产品认证证书的产品、设备。

第六十五条 国家引导金融机构增加对节能项目的信贷支持，为符合条件的节能技术研究开发、节能产品生产以及节能技术改造等项目提供优惠贷款。

国家推动和引导社会有关方面加大对节能的资金投入，加快节能技术改造。

第六十六条 国家实行有利于节能的价格政策，引导用能单位和个人节能。

国家运用财税、价格等政策，支持推广电力需求侧管理、合同能源管理、节能自愿协议等节能办法。

国家实行峰谷分时电价、季节性电价、可中断负荷电价制度，鼓励电力用户合理调整用电负荷；对钢铁、有色金属、建材、化工和其他主要耗能行业的企业，分淘汰、限制、允许和鼓励类实行差别电价政策。

第六十七条 各级人民政府对在节能管理、节能科学技术研究和推广应用中有显著成绩以及检举严重浪费能源行为的单位和个人，给予表彰和奖励。

第六章　法律责任

第六十八条　负责审批或者核准固定资产投资项目的机关违反本法规定，对不符合强制性节能标准的项目予以批准或者核准建设的，对直接负责的主管人员和其他直接责任人员依法给予处分。

固定资产投资项目建设单位开工建设不符合强制性节能标准的项目或者将该项目投入生产、使用的，由管理节能工作的部门责令停止建设或者停止生产、使用，限期改造；不能改造或者逾期不改造的生产性项目，由管理节能工作的部门报请本级人民政府按照国务院规定的权限责令关闭。

第六十九条　生产、进口、销售国家明令淘汰的用能产品、设备的，使用伪造的节能产品认证标志或者冒用节能产品认证标志的，依照《中华人民共和国产品质量法》的规定处罚。

第七十条　生产、进口、销售不符合强制性能源效率标准的用能产品、设备的，由产品质量监督部门责令停止生产、进口、销售，没收违法生产、进口、销售的用能产品、设备和违法所得，并处违法所得一倍以上五倍以下罚款；情节严重的，由工商行政管理部门吊销营业执照。

第七十一条　使用国家明令淘汰的用能设备或者生产工艺的，由管理节能工作的部门责令停止使用，没收国家明令淘汰的用能设备；情节严重的，可以由管理节能工作的部门提出意见，报请本级人民政府按照国务院规定的权限责令停业整顿或者关闭。

第七十二条　生产单位超过单位产品能耗限额标准用能，情节严重，经限期治理逾期不治理或者没有达到治理要求的，可以由管理节能工作的部门提出意见，报请本级人民政府按照国务院规定的权限责令停业整顿或者关闭。

第七十三条　违反本法规定，应当标注能源效率标识而未标注的，由产品质量监督部门责令改正，处三万元以上五万元以下罚款。

违反本法规定，未办理能源效率标识备案，或者使用的能源效率标识不符合规定的，由产品质量监督部门责令限期改正；逾期不改正的，处一万元以上三万元以下罚款。

伪造、冒用能源效率标识或者利用能源效率标识进行虚假宣传的，由产品质量监督部门责令改正，处五万元以上十万元以下罚款；情节严重的，由工商行政管理部门吊销营业执照。

第七十四条　用能单位未按照规定配备、使用能源计量器具的，由产品质量监督部门责令限期改正；逾期不改正的，处一万元以上五万元以下罚款。

第七十五条　瞒报、伪造、篡改能源统计资料或者编造虚假能源统计数据的，依照《中华人民共和国统计法》的规定处罚。

第七十六条　从事节能咨询、设计、评估、检测、审计、认证等服务的机构提供虚假信息的，由管理节能工作的部门责令改正，没收违法所得，并处五万元以上十万元以下罚款。

第七十七条　违反本法规定，无偿向本单位职工提供能源或者对能源消费实行包费制的，由管理节能工作的部门责令限期改正；逾期不改正的，处五万元以上二十万元以下罚款。

第七十八条　电网企业未按照本法规定安排符合规定的热电联产和利用余热余压发电的机组与电网并网运行，或者未执行国家有关上网电价规定的，由国家电力监管机构责令改正；造成发电企业经济损失的，依法承担赔偿责任。

第七十九条　建设单位违反建筑节能标准的，由建设主管部门责令改正，处二十万元以上五十万元以下罚款。

设计单位、施工单位、监理单位违反建筑节能标准的，由建设主管部门责令改正，处十万元以上五十万元以下罚款；情节严重的，由颁发资质证书的部门降低资质等级或者吊销资质证书；造成损失的，依法承担赔偿责任。

第八十条 房地产开发企业违反本法规定，在销售房屋时未向购买人明示所售房屋的节能措施、保温工程保修期等信息的，由建设主管部门责令限期改正，逾期不改正的，处三万元以上五万元以下罚款；对以上信息作虚假宣传的，由建设主管部门责令改正，处五万元以上二十万元以下罚款。

第八十一条 公共机构采购用能产品、设备，未优先采购列入节能产品、设备政府采购名录中的产品、设备，或者采购国家明令淘汰的用能产品、设备的，由政府采购监督管理部门给予警告，可以并处罚款；对直接负责的主管人员和其他直接责任人员依法给予处分，并予通报。

第八十二条 重点用能单位未按照本法规定报送能源利用状况报告或者报告内容不实的，由管理节能工作的部门责令限期改正；逾期不改正的，处一万元以上五万元以下罚款。

第八十三条 重点用能单位无正当理由拒不落实本法第五十四条规定的整改要求或者整改没有达到要求的，由管理节能工作的部门处十万元以上三十万元以下罚款。

第八十四条 重点用能单位未按照本法规定设立能源管理岗位，聘任能源管理负责人，并报管理节能工作的部门和有关部门备案的，由管理节能工作的部门责令改正；拒不改正的，处一万元以上三万元以下罚款。

第八十五条 违反本法规定，构成犯罪的，依法追究刑事责任。

第八十六条 国家工作人员在节能管理工作中滥用职权、玩忽职守、徇私舞弊，构成犯罪的，依法追究刑事责任；尚不构成犯罪的，依法给予处分。

第七章 附 则

第八十七条 本法自 2008 年 4 月 1 日起施行。

中华人民共和国国务院令

第 531 号

《公共机构节能条例》已经 2008 年 7 月 23 日国务院第 18 次常务会议通过，现予公布，自 2008 年 10 月 1 日起施行。

总　理　温家宝
二〇〇八年八月一日

公共机构节能条例

第一章　总　　则

第一条　为了推动公共机构节能，提高公共机构能源利用效率，发挥公共机构在全社会节能中的表率作用，根据《中华人民共和国节约能源法》，制定本条例。

第二条　本条例所称公共机构，是指全部或者部分使用财政性资金的国家机关、事业单位和团体组织。

第三条　公共机构应当加强用能管理，采取技术上可行、经济上合理的措施，降低能源消耗，减少、制止能源浪费，有效、合理地利用能源。

第四条　国务院管理节能工作的部门主管全国的公共机构节能监督管理工作。国务院管理机关事务工作的机构在国务院管理节能工作的部门指导下，负责推进、指导、协调、监督全国的公共机构节能工作。

国务院和县级以上地方各级人民政府管理机关事务工作的机构在同级管理节能工作的部门指导下，负责本级公共机构节能监督管理。

教育、科技、文化、卫生、体育等系统各级主管部门在同级管理机关事务工作的机构指导下，开展本级系统内公共机构节能工作。

第五条 国务院和县级以上地方各级人民政府管理机关事务工作的机构应当会同同级有关部门开展公共机构节能宣传、教育和培训，普及节能科学知识。

第六条 公共机构负责人对本单位节能工作全面负责。

公共机构的节能工作实行目标责任制和考核评价制度，节能目标完成情况应当作为对公共机构负责人考核评价的内容。

第七条 公共机构应当建立、健全本单位节能管理的规章制度，开展节能宣传教育和岗位培训，增强工作人员的节能意识，培养节能习惯，提高节能管理水平。

第八条 公共机构的节能工作应当接受社会监督。任何单位和个人都有权举报公共机构浪费能源的行为，有关部门对举报应当及时调查处理。

第九条 对在公共机构节能工作中做出显著成绩的单位和个人，按照国家规定予以表彰和奖励。

第二章 节能规划

第十条 国务院和县级以上地方各级人民政府管理机关事务工作的机构应当会同同级有关部门，根据本级人民政府节能中长期专项规划，制定本级公共机构节能规划。

县级公共机构节能规划应当包括所辖乡（镇）公共机构节能的内容。

第十一条 公共机构节能规划应当包括指导思想和原则、用能现状和问题、节能目标和指标、节能重点环节、实施主体、保障措施等方面的内容。

第十二条　国务院和县级以上地方各级人民政府管理机关事务工作的机构应当将公共机构节能规划确定的节能目标和指标，按年度分解落实到本级公共机构。

第十三条　公共机构应当结合本单位用能特点和上一年度用能状况，制定年度节能目标和实施方案，有针对性地采取节能管理或者节能改造措施，保证节能目标的完成。

公共机构应当将年度节能目标和实施方案报本级人民政府管理机关事务工作的机构备案。

第三章　节能管理

第十四条　公共机构应当实行能源消费计量制度，区分用能种类、用能系统实行能源消费分户、分类、分项计量，并对能源消耗状况进行实时监测，及时发现、纠正用能浪费现象。

第十五条　公共机构应当指定专人负责能源消费统计，如实记录能源消费计量原始数据，建立统计台账。

公共机构应当于每年3月31日前，向本级人民政府管理机关事务工作的机构报送上一年度能源消费状况报告。

第十六条　国务院和县级以上地方各级人民政府管理机关事务工作的机构应当会同同级有关部门按照管理权限，根据不同行业、不同系统公共机构能源消耗综合水平和特点，制定能源消耗定额，财政部门根据能源消耗定额制定能源消耗支出标准。

第十七条　公共机构应当在能源消耗定额范围内使用能源，加强能源消耗支出管理；超过能源消耗定额使用能源的，应当向本级人民政府管理机关事务工作的机构作出说明。

第十八条　公共机构应当按照国家有关强制采购或者优先采购的规

定，采购列入节能产品、设备政府采购名录和环境标志产品政府采购名录中的产品、设备，不得采购国家明令淘汰的用能产品、设备。

第十九条 国务院和省级人民政府的政府采购监督管理部门应当会同同级有关部门完善节能产品、设备政府采购名录，优先将取得节能产品认证证书的产品、设备列入政府采购名录。

国务院和省级人民政府应当将节能产品、设备政府采购名录中的产品、设备纳入政府集中采购目录。

第二十条 公共机构新建建筑和既有建筑维修改造应当严格执行国家有关建筑节能设计、施工、调试、竣工验收等方面的规定和标准，国务院和县级以上地方人民政府建设主管部门对执行国家有关规定和标准的情况应当加强监督检查。

国务院和县级以上地方各级人民政府负责审批或者核准固定资产投资项目的部门，应当严格控制公共机构建设项目的建设规模和标准，统筹兼顾节能投资和效益，对建设项目进行节能评估和审查；未通过节能评估和审查的项目，不得批准或者核准建设。

第二十一条 国务院和县级以上地方各级人民政府管理机关事务工作的机构会同有关部门制定本级公共机构既有建筑节能改造计划，并组织实施。

第二十二条 公共机构应当按照规定进行能源审计，对本单位用能系统、设备的运行及使用能源情况进行技术和经济性评价，根据审计结果采取提高能源利用效率的措施。具体办法由国务院管理节能工作的部门会同国务院有关部门制定。

第二十三条 能源审计的内容包括：

（一）查阅建筑物竣工验收资料和用能系统、设备台账资料，检查节能设计标准的执行情况；

（二）核对电、气、煤、油、市政热力等能源消耗计量记录和财务账单，评估分类与分项的总能耗、人均能耗和单位建筑面积能耗；

（三）检查用能系统、设备的运行状况，审查节能管理制度执行情况；

（四）检查前一次能源审计合理使用能源建议的落实情况；

（五）查找存在节能潜力的用能环节或者部位，提出合理使用能源的建议；

（六）审查年度节能计划、能源消耗定额执行情况，核实公共机构超过能源消耗定额使用能源的说明；

（七）审查能源计量器具的运行情况，检查能耗统计数据的真实性、准确性。

第四章 节能措施

第二十四条 公共机构应当建立、健全本单位节能运行管理制度和用能系统操作规程，加强用能系统和设备运行调节、维护保养、巡视检查，推行低成本、无成本节能措施。

第二十五条 公共机构应当设置能源管理岗位，实行能源管理岗位责任制。重点用能系统、设备的操作岗位应当配备专业技术人员。

第二十六条 公共机构可以采用合同能源管理方式，委托节能服务机构进行节能诊断、设计、融资、改造和运行管理。

第二十七条 公共机构选择物业服务企业，应当考虑其节能管理能力。公共机构与物业服务企业订立物业服务合同，应当载明节能管理的目标和要求。

第二十八条 公共机构实施节能改造，应当进行能源审计和投资收益分析，明确节能指标，并在节能改造后采用计量方式对节能指标进行考核和综合评价。

第二十九条 公共机构应当减少空调、计算机、复印机等用电设备的待机能耗，及时关闭用电设备。

第三十条 公共机构应当严格执行国家有关空调室内温度控制的规定，充分利用自然通风，改进空调运行管理。

第三十一条 公共机构电梯系统应当实行智能化控制，合理设置电梯开启数量和时间，加强运行调节和维护保养。

第三十二条 公共机构办公建筑应当充分利用自然采光，使用高效节能照明灯具，优化照明系统设计，改进电路控制方式，推广应用智能调控装置，严格控制建筑物外部泛光照明以及外部装饰用照明。

第三十三条 公共机构应当对网络机房、食堂、开水间、锅炉房等部位的用能情况实行重点监测，采取有效措施降低能耗。

第三十四条 公共机构的公务用车应当按照标准配备，优先选用低能耗、低污染、使用清洁能源的车辆，并严格执行车辆报废制度。

公共机构应当按照规定用途使用公务用车，制定节能驾驶规范，推行单车能耗核算制度。

公共机构应当积极推进公务用车服务社会化，鼓励工作人员利用公共交通工具、非机动交通工具出行。

第五章 监督和保障

第三十五条 国务院和县级以上地方各级人民政府管理机关事务工作的机构应当会同有关部门加强对本级公共机构节能的监督检查。监督检查的内容包括：

（一）年度节能目标和实施方案的制定、落实情况；

（二）能源消费计量、监测和统计情况

（三）能源消耗定额执行情况；

（四）节能管理规章制度建立情况；

（五）能源管理岗位设置以及能源管理岗位责任制落实情况；

（六）用能系统、设备节能运行情况；

（七）开展能源审计情况；

（八）公务用车配备、使用情况。

对于节能规章制度不健全、超过能源消耗定额使用能源情况严重的公共机构，应当进行重点监督检查。

第三十六条 公共机构应当配合节能监督检查，如实说明有关情况，提供相关资料和数据，不得拒绝、阻碍。

第三十七条 公共机构有下列行为之一的，由本级人民政府管理机关事务工作的机构会同有关部门责令限期改正；逾期不改正的，予以通报，并由有关机关对公共机构负责人依法给予处分：

（一）未制定年度节能目标和实施方案，或者未按照规定将年度节能目标和实施方案备案的；

（二）未实行能源消费计量制度，或者未区分用能种类、用能系统实行能源消费分户、分类、分项计量，并对能源消耗状况进行实时监测的；

（三）未指定专人负责能源消费统计，或者未如实记录能源消费计量原始数据，建立统计台账的；

（四）未按照要求报送上一年度能源消费状况报告的；

（五）超过能源消耗定额使用能源，未向本级人民政府管理机关事务工作的机构作出说明的；

（六）未设立能源管理岗位，或者未在重点用能系统、设备操作岗位配备专业技术人员的；

（七）未按照规定进行能源审计，或者未根据审计结果采取提高能源利用效率的措施的；

（八）拒绝、阻碍节能监督检查的。

第三十八条 公共机构不执行节能产品、设备政府采购名录，未按照国家有关强制采购或者优先采购的规定采购列入节能产品、设备政府采购名录中的产品、设备，或者采购国家明令淘汰的用能产品、设备的，由政府采购监督管理部门给予警告，可以并处罚款；对直接负责的主管人员和其他直接责任人员依法给予处分，并予通报。

第三十九条　负责审批或者核准固定资产投资项目的部门对未通过节能评估和审查的公共机构建设项目予以批准或者核准的，对直接负责的主管人员和其他直接责任人员依法给予处分。

公共机构开工建设未通过节能评估和审查的建设项目的，由有关机关依法责令限期整改；对直接负责的主管人员和其他直接责任人员依法给予处分。

第四十条　公共机构违反规定超标准、超编制购置公务用车或者拒不报废高耗能、高污染车辆的，对直接负责的主管人员和其他直接责任人员依法给予处分，并由本级人民政府管理机关事务工作的机构依照有关规定，对车辆采取收回、拍卖、责令退还等方式处理。

第四十一条　公共机构违反规定用能造成能源浪费的，由本级人民政府管理机关事务工作的机构会同有关部门下达节能整改意见书，公共机构应当及时予以落实。

第四十二条　管理机关事务工作的机构的工作人员在公共机构节能监督管理中滥用职权、玩忽职守、徇私舞弊，构成犯罪的，依法追究刑事责任；尚不构成犯罪的，依法给予处分。

第六章　附　　则

第四十三条　本条例自2008年10月1日起施行。

中华人民共和国国务院令

第 530 号

《民用建筑节能条例》已经 2008 年 7 月 23 日国务院第 18 次常务会议通过，现予公布，自 2008 年 10 月 1 日起施行。

总　理　温家宝
二〇〇八年八月一日

民用建筑节能条例

第一章　总　　则

第一条　为了加强民用建筑节能管理，降低民用建筑使用过程中的能源消耗，提高能源利用效率，制定本条例。

第二条　本条例所称民用建筑节能，是指在保证民用建筑使用功能和室内热环境质量的前提下，降低其使用过程中能源消耗的活动。

本条例所称民用建筑，是指居住建筑、国家机关办公建筑和商业、服务业、教育、卫生等其他公共建筑。

第三条　各级人民政府应当加强对民用建筑节能工作的领导，积极培育民用建筑节能服务市场，健全民用建筑节能服务体系，推动民用建筑节能技术的开发应用，做好民用建筑节能知识的宣传教育工作。

第四条　国家鼓励和扶持在新建建筑和既有建筑节能改造中采用太阳能、地热能等可再生能源。

在具备太阳能利用条件的地区，有关地方人民政府及其部门应当采取有效措施，鼓励和扶持单位、个人安装使用太阳能热水系统、照明系统、供热系统、采暖制冷系统等太阳能利用系统。

第五条 国务院建设主管部门负责全国民用建筑节能的监督管理工作。县级以上地方人民政府建设主管部门负责本行政区域民用建筑节能的监督管理工作。

县级以上人民政府有关部门应当依照本条例的规定以及本级人民政府规定的职责分工，负责民用建筑节能的有关工作。

第六条 国务院建设主管部门应当在国家节能中长期专项规划指导下，编制全国民用建筑节能规划，并与相关规划相衔接。

县级以上地方人民政府建设主管部门应当组织编制本行政区域的民用建筑节能规划，报本级人民政府批准后实施。

第七条 国家建立健全民用建筑节能标准体系。国家民用建筑节能标准由国务院建设主管部门负责组织制定，并依照法定程序发布。

国家鼓励制定、采用优于国家民用建筑节能标准的地方民用建筑节能标准。

第八条 县级以上人民政府应当安排民用建筑节能资金，用于支持民用建筑节能的科学技术研究和标准制定、既有建筑围护结构和供热系统的节能改造、可再生能源的应用，以及民用建筑节能示范工程、节能项目的推广。

政府引导金融机构对既有建筑节能改造、可再生能源的应用，以及民用建筑节能示范工程等项目提供支持。

民用建筑节能项目依法享受税收优惠。

第九条 国家积极推进供热体制改革，完善供热价格形成机制，鼓励发展集中供热，逐步实行按照用热量收费制度。

第十条 对在民用建筑节能工作中做出显著成绩的单位和个人，按照国家有关规定给予表彰和奖励。

第二章 新建建筑节能

第十一条 国家推广使用民用建筑节能的新技术、新工艺、新材料和新设备，限制使用或者禁止使用能源消耗高的技术、工艺、材料和设备。国务院节能工作主管部门、建设主管部门应当制定、公布并及时更新推广使用、限制使用、禁止使用目录。

国家限制进口或者禁止进口能源消耗高的技术、材料和设备。

建设单位、设计单位、施工单位不得在建筑活动中使用列入禁止使用目录的技术、工艺、材料和设备。

第十二条 编制城市详细规划、镇详细规划，应当按照民用建筑节能的要求，确定建筑的布局、形状和朝向。

城乡规划主管部门依法对民用建筑进行规划审查，应当就设计方案是否符合民用建筑节能强制性标准征求同级建设主管部门的意见；建设主管部门应当自收到征求意见材料之日起10日内提出意见。征求意见时间不计算在规划许可的期限内。

对不符合民用建筑节能强制性标准的，不得颁发建设工程规划许可证。

第十三条 施工图设计文件审查机构应当按照民用建筑节能强制性标准对施工图设计文件进行审查；经审查不符合民用建筑节能强制性标准的，县级以上地方人民政府建设主管部门不得颁发施工许可证。

第十四条 建设单位不得明示或者暗示设计单位、施工单位违反民用建筑节能强制性标准进行设计、施工，不得明示或者暗示施工单位使用不符合施工图设计文件要求的墙体材料、保温材料、门窗、采暖制冷系统和照明设备。

按照合同约定由建设单位采购墙体材料、保温材料、门窗、采暖制冷系统和照明设备的，建设单位应当保证其符合施工图设计文件要求。

第十五条 设计单位、施工单位、工程监理单位及其注册执业人员，应当按照民用建筑节能强制性标准进行设计、施工、监理。

第十六条 施工单位应当对进入施工现场的墙体材料、保温材料、门窗、采暖制冷系统和照明设备进行查验；不符合施工图设计文件要求的，不得使用。

工程监理单位发现施工单位不按照民用建筑节能强制性标准施工的，应当要求施工单位改正；施工单位拒不改正的，工程监理单位应当及时报告建设单位，并向有关主管部门报告。

墙体、屋面的保温工程施工时，监理工程师应当按照工程监理规范的要求，采取旁站、巡视和平行检验等形式实施监理。

未经监理工程师签字，墙体材料、保温材料、门窗、采暖制冷系统和照明设备不得在建筑上使用或者安装，施工单位不得进行下一道工序的施工。

第十七条 建设单位组织竣工验收，应当对民用建筑是否符合民用建筑节能强制性标准进行查验；对不符合民用建筑节能强制性标准的，不得出具竣工验收合格报告。

第十八条 实行集中供热的建筑应当安装供热系统调控装置、用热计量装置和室内温度调控装置；公共建筑还应当安装用电分项计量装置。居住建筑安装的用热计量装置应当满足分户计量的要求。计量装置应当依法检定合格。

第十九条 建筑的公共走廊、楼梯等部位，应当安装、使用节能灯具和电气控制装置。

第二十条 对具备可再生能源利用条件的建筑，建设单位应当选择合适的可再生能源，用于采暖、制冷、照明和热水供应等；设计单位应当按照有关可再生能源利用的标准进行设计。

建设可再生能源利用设施，应当与建筑主体工程同步设计、同步施工、同步验收。

第二十一条 国家机关办公建筑和大型公共建筑的所有权人应当对建筑的能源利用效率进行测评和标识，并按照国家有关规定将测评结果予以公示，接受社会监督。

国家机关办公建筑应当安装、使用节能设备。

本条例所称大型公共建筑，是指单体建筑面积2万平方米以上的公共建筑。

第二十二条 房地产开发企业销售商品房，应当向购买人明示所售商品房的能源消耗指标、节能措施和保护要求、保温工程保修期等信息，并在商品房买卖合同和住宅质量保证书、住宅使用说明书中载明。

第二十三条 在正常使用条件下，保温工程的最低保修期限为5年。保温工程的保修期，自竣工验收合格之日起计算。

保温工程在保修范围和保修期内发生质量问题的，施工单位应当履行保修义务，并对造成的损失依法承担赔偿责任。

第三章 既有建筑节能

第二十四条 既有建筑节能改造应当根据当地经济、社会发展水平和地理气候条件等实际情况，有计划、分步骤地实施分类改造。

本条例所称既有建筑节能改造，是指对不符合民用建筑节能强制性标准的既有建筑的围护结构、供热系统、采暖制冷系统、照明设备和热水供应设施等实施节能改造的活动。

第二十五条 县级以上地方人民政府建设主管部门应当对本行政区域内既有建筑的建设年代、结构形式、用能系统、能源消耗指标、寿命周期等组织调查统计和分析，制定既有建筑节能改造计划，明确节能改造的目标、范围和要求，报本级人民政府批准后组织实施。

中央国家机关既有建筑的节能改造，由有关管理机关事务工作的机构制定节能改造计划，并组织实施。

第二十六条 国家机关办公建筑、政府投资和以政府投资为主的公共建筑的节能改造，应当制定节能改造方案，经充分论证，并按照国家有关规定办理相关审批手续方可进行。

各级人民政府及其有关部门、单位不得违反国家有关规定和标准，以节能改造的名义对前款规定的既有建筑进行扩建、改建。

第二十七条 居住建筑和本条例第二十六条规定以外的其他公共建筑不符合民用建筑节能强制性标准的，在尊重建筑所有权人意愿的基础上，可以结合扩建、改建，逐步实施节能改造。

第二十八条 实施既有建筑节能改造，应当符合民用建筑节能强制性标准，优先采用遮阳、改善通风等低成本改造措施。

既有建筑围护结构的改造和供热系统的改造，应当同步进行。

第二十九条 对实行集中供热的建筑进行节能改造，应当安装供热系统调控装置和用热计量装置；对公共建筑进行节能改造，还应当安装室内温度调控装置和用电分项计量装置。

第三十条 国家机关办公建筑的节能改造费用，由县级以上人民政府纳入本级财政预算。

居住建筑和教育、科学、文化、卫生、体育等公益事业使用的公共建筑节能改造费用，由政府、建筑所有权人共同负担。

国家鼓励社会资金投资既有建筑节能改造。

第四章 建筑用能系统运行节能

第三十一条 建筑所有权人或者使用权人应当保证建筑用能系统的正常运行，不得人为损坏建筑围护结构和用能系统。

国家机关办公建筑和大型公共建筑的所有权人或者使用权人应当建立健全民用建筑节能管理制度和操作规程，对建筑用能系统进行监测、维护，并定期将分项用电量报县级以上地方人民政府建设主管部门。

第三十二条 县级以上地方人民政府节能工作主管部门应当会同同级建设主管部门确定本行政区域内公共建筑重点用电单位及其年度用电限额。

县级以上地方人民政府建设主管部门应当对本行政区域内国家机关办公建筑和公共建筑用电情况进行调查统计和评价分析。国家机关办公建筑和大型公共建筑采暖、制冷、照明的能源消耗情况应当依照法律、行政法规和国家其他有关规定向社会公布。

国家机关办公建筑和公共建筑的所有权人或者使用权人应当对县级以上地方人民政府建设主管部门的调查统计工作予以配合。

第三十三条 供热单位应当建立健全相关制度，加强对专业技术人员的教育和培训。

供热单位应当改进技术装备，实施计量管理，并对供热系统进行监测、维护，提高供热系统的效率，保证供热系统的运行符合民用建筑节能强制性标准。

第三十四条 县级以上地方人民政府建设主管部门应当对本行政区域内供热单位的能源消耗情况进行调查统计和分析，并制定供热单位能源消耗指标；对超过能源消耗指标的，应当要求供热单位制定相应的改进措施，并监督实施。

第五章 法律责任

第三十五条 违反本条例规定，县级以上人民政府有关部门有下列行为之一的，对负有责任的主管人员和其他直接责任人员依法给予处分；构成犯罪的，依法追究刑事责任：

（一）对设计方案不符合民用建筑节能强制性标准的民用建筑项目颁发建设工程规划许可证的；

（二）对不符合民用建筑节能强制性标准的设计方案出具合格意见的；

（三）对施工图设计文件不符合民用建筑节能强制性标准的民用建筑项目颁发施工许可证的；

（四）不依法履行监督管理职责的其他行为。

第三十六条 违反本条例规定，各级人民政府及其有关部门、单位违反国家有关规定和标准，以节能改造的名义对既有建筑进行扩建、改建的，对负有责任的主管人员和其他直接责任人员，依法给予处分。

第三十七条 违反本条例规定，建设单位有下列行为之一的，由县级以上地方人民政府建设主管部门责令改正，处20万元以上50万元以下的罚款：

（一）明示或者暗示设计单位、施工单位违反民用建筑节能强制性标准进行设计、施工的；

（二）明示或者暗示施工单位使用不符合施工图设计文件要求的墙体材料、保温材料、门窗、采暖制冷系统和照明设备的；

（三）采购不符合施工图设计文件要求的墙体材料、保温材料、门窗、采暖制冷系统和照明设备的；

（四）使用列入禁止使用目录的技术、工艺、材料和设备的。

第三十八条 违反本条例规定，建设单位对不符合民用建筑节能强制性标准的民用建筑项目出具竣工验收合格报告的，由县级以上地方人民政府建设主管部门责令改正，处民用建筑项目合同价款2%以上4%以下的罚款；造成损失的，依法承担赔偿责任。

第三十九条 违反本条例规定，设计单位未按照民用建筑节能强制性标准进行设计，或者使用列入禁止使用目录的技术、工艺、材料和设备的，由县级以上地方人民政府建设主管部门责令改正，处10万元以上30万元以下的罚款；情节严重的，由颁发资质证书的部门责令停业整顿，降低资质等级或者吊销资质证书；造成损失的，依法承担赔偿责任。

第四十条 违反本条例规定，施工单位未按照民用建筑节能强制性标准进行施工的，由县级以上地方人民政府建设主管部门责令改正，处民用建筑项目合同价款2%以上4%以下的罚款；情节严重的，由颁发资质证书的部门责令停业整顿，降低资质等级或者吊销资质证书；造成损失的，依法承担赔偿责任。

第四十一条 违反本条例规定，施工单位有下列行为之一的，由县级以上地方人民政府建设主管部门责令改正，处10万元以上20万元以下的罚款；情节严重的，由颁发资质证书的部门责令停业整顿，降低资质等级或者吊销资质证书；造成损失的，依法承担赔偿责任：

（一）未对进入施工现场的墙体材料、保温材料、门窗、采暖制冷系统和照明设备进行查验的；

（二）使用不符合施工图设计文件要求的墙体材料、保温材料、门窗、采暖制冷系统和照明设备的；

（三）使用列入禁止使用目录的技术、工艺、材料和设备的。

第四十二条 违反本条例规定，工程监理单位有下列行为之一的，由县级以上地方人民政府建设主管部门责令限期改正；逾期未改正的，处10万元以上30万元以下的罚款；情节严重的，由颁发资质证书的部门责令停业整顿，降低资质等级或者吊销资质证书；造成损失的，依法承担赔偿责任：

（一）未按照民用建筑节能强制性标准实施监理的；

（二）墙体、屋面的保温工程施工时，未采取旁站、巡视和平行检验等形式实施监理的。

对不符合施工图设计文件要求的墙体材料、保温材料、门窗、采暖制冷系统和照明设备，按照符合施工图设计文件要求签字的，依照《建设工程质量管理条例》第六十七条的规定处罚。

第四十三条 违反本条例规定，房地产开发企业销售商品房，未向购买人明示所售商品房的能源消耗指标、节能措施和保护要求、保温工程保修期等信息，或者向购买人明示的所售商品房能源消耗指标与实际能源消耗不符的，依法承担民事责任；由县级以上地方人民政府建设主管部门责令限期改正；逾期未改正的，处交付使用的房屋销售总额2%以下的罚款；情节严重的，由颁发资质证书的部门降低资质等级或者吊销资质证书。

第四十四条 违反本条例规定，注册执业人员未执行民用建筑节能强制性标准的，由县级以上人民政府建设主管部门责令停止执业3个月以上1年以下；情节严重的，由颁发资格证书的部门吊销执业资格证书，5年内不予注册。

第六章 附 则

第四十五条 本条例自2008年10月1日起施行。

关于发展节能省地型住宅和公共建筑的指导意见

建科〔2005〕78号

各省、自治区建设厅,直辖市建委及有关部门,计划单列市建委,新疆生产建设兵团建设局:

我国已进入全面建设小康社会的新的发展时期。如何解决日益紧迫的人口、资源、环境与工业化、城镇化、经济快速增长的矛盾,是我们面临的重要挑战。中央从战略高度提出发展节能省地型住宅和公共建筑,是新时期转变城乡建设方式,提高城乡发展质量和效益的重要决策。为贯彻落实中央关于发展节能省地型住宅和公共建筑的要求,现提出如下指导意见:

一、充分认识发展节能省地型住宅和公共建筑的重要意义

(一)我国是一个发展中国家,人均能源资源相对贫乏。但在城乡建设中,增长方式比较粗放,发展质量和效益不高;建筑建造和使用,能源资源消耗高,利用效率低的问题比较突出;一些地方盲目扩大城市规模,规划布局不合理,乱占耕地的现象时有发生;重地上建设,轻地下建设的问题还不同程度的存在。资源、能源和环境问题已成为城镇发展的重要制约因素。各地要充分认识到发展节能省地型住宅和公共建筑,做好建筑节能节地节水节材(以下简称"四节")工作,是落实科学发展观,调整经济结构、转变经济增长

本书作者是《关于发展节能省地型住宅和公共建筑的指导意见》的主要起草人之一

方式的重要内容，是保证国家能源和粮食安全的重要途径，是建设节约型社会和节约型城镇的重要举措。要进一步增强紧迫感和责任感，转变观念，切实改变城乡建设方式，切实从节约资源中求发展，从保护环境中求发展，从循环经济中求发展，促进城乡建设和国民经济的持续健康发展。

二、指导思想、工作目标、基本思路和途径

（二）指导思想：以"三个代表"重要思想和科学发展观为指导，以发展节能省地型住宅和公共建筑为工作平台，以建筑"四节"为工作重点和突破口，以技术、经济、法律等为手段，以改革为动力，努力建设节约型城镇。

（三）主要目标

总体目标：到2020年，我国住宅和公共建筑建造和使用的能源资源消耗水平要接近或达到现阶段中等发达国家的水平。

具体目标：到2010年，全国城镇新建建筑实现节能50%；既有建筑节能改造逐步开展，大城市完成应改造面积的25%，中等城市完成15%，小城市完成10%；城乡新增建设用地占用耕地的增长幅度要在现有基础上力争减少20%；建筑建造和使用过程的节水率在现有基础上提高20%以上；新建建筑对不可再生资源的总消耗比现在下降10%。到2020年，北方和沿海经济发达地区和特大城市新建建筑实现节能65%的目标，绝大部分既有建筑完成节能改造；城乡新增建设用地占用耕地的增长幅度要在2010年目标基础上再大幅度减少；争取建筑建造和使用过程的节水率比2010年再提高10%；新建建筑对不可再生资源的总消耗比2010年再下降20%。

(四)基本思路和途径

发展节能省地型住宅和公共建筑,要立足当前的发展阶段和基本国情,立足建筑"四节"已取得的进展;要用城乡统筹和循环经济的理念,研究思考节能省地型住宅和公共建筑的深刻内涵及其之间的辩证关系,认真解决当前的突出矛盾和问题;要处理好建筑"四节"工作中点与面、近期工作重点与长远发展目标的关系。既要考虑单体建筑,又要考虑城市或区域的统筹规划和总体布局;既要考虑新建建筑的"四节",又要研究不同历史时期不同性质的既有建筑的节能节水问题,注重降低建筑建造和使用过程中总的能源资源消耗。当前要着重从规划、标准、科技、政策及产业化等方面综合研究,积极引进和推广国外日益普及的绿色建筑、生态建筑和可持续建筑等的新理念和新技术,并制定规划和政策措施,多渠道推进节能省地型住宅和公共建筑建设。

建筑节能。要通过城镇供热体制改革与供热制冷方式改革,以公共建筑的节能降耗为重点,总体推进建筑节能。所有新建建筑必须严格执行建筑节能标准,加强实施监管。要着力推进既有建筑节能改造政策和试点示范,加快政府既有公共建筑的节能改造。要积极推广应用新型和可再生能源。要合理安排城市各项功能,促进城市居住、就业等合理布局,减少交通负荷,降低城市交通的能源消耗。

建筑节地。在城镇化过程中,要通过合理布局,提高土地利用的集约和节约程度。重点是统筹城乡空间布局,实现城乡建设用地总量的合理发展、基本稳定、有效控制;加强村镇规划建设管理,制定各项配套措施和政策,鼓励、支持和引导农民相对集中建房,节约用地;城市集约节地的潜力应区分类别来考虑,工业建筑要适当提高容积率,公共建筑要适当提高建筑密度,居住建筑要在符合健康卫生和节能及采光标准的前提下合理确定建筑密度和容积率;要突出抓好各类开发区的集约和节约占用土地的规划工作。要深入开发利用城市地下空间,实现城市的集约用地。进一步减少黏土砖生产对耕地的占用和破坏。

建筑节水。要降低供水管网漏损率。要重点强化节水器具的推广应用,要提高污水再生利用率,积极推进污水再生利用、雨水利用。着重抓好设计环节执行节水标准和节水措施。合理布局污水处理设施,为尽可能利用再生水创造条件。绿化用水推广利用再生水。

建筑节材。要积极采用新型建筑体系,推广应用高性能、低材(能)耗、可再生循环利用的建筑材料,因地制宜,就地取材。要提高建筑品质,延长建筑物使用寿命,努力降低对建筑材料的消耗。要大力推广应用高强钢和高性能混凝土。要积极研究和开展建筑垃圾与部品的回收和利用。

三、主要政策和措施

(五)加强城乡规划的引导和调控。充分发挥城乡规划在推进节能省地型住宅和公共建筑建设中的重要作用,统筹城乡发展,促进城镇发展用地合理布局。在城镇体系规划、城市总体规划、村镇规划、近期建设规划、控制性详细规划等不同层次和类型的规划中,要充分论证资源和环境对城镇布局、功能分区、土地利用模式、基础设施配置及交通组织等方面的影响,确定适宜的城镇发展空间布局、城镇规模和运行模式。加强规划对城镇土地、能源、水资源等利用方面的引导与调控,立足资源和环境条件,合理确定城市发展规模,合理选择建设用地,尽量少占或不占耕地,充分利用荒地、劣地、坡地和废弃地,充分开发利用地下空间,提高土地利用率。要注重区域统筹,积极推进区域性重大基础设施的统筹规划和共建共享。大力发展公共交通,有效降低交通能耗和道路交通占用土地资源。要注意城乡统筹,按照有利生产、方便生活的原则,加快编制和实施村镇规划,合理调整居民点布局,引导农房建设和旧村改造，减少农村现有居民点人均用地，提高村镇建设用地的使用率，改善农民的生产生活环境。要对各类开发区的土地利用实施严格的审批制度，促进其集约和节约使用土地。要继续认真贯彻《国务院关于加强城乡规划监督管理的通知》（国发[2002]13号），加强城乡规划实施的监督，严格保护自然资源、人文资源和生态环境，严格控制土地使用，严格执行建设用地标准，防止突破规划和违反规划使用土地，维护城乡规划的严肃性和权威性。

（六）严格执行并不断完善标准规范。进一步加强建筑"四节"标准规范的制订工作，鼓励有条件的地区在工程建设国家标准、行业标准的基础上，组织制订更加严格的建筑"四节"地方实施细则。要认真执行建设部《关于新建居住建筑严格执行节能设计标准的通知》（建科[2005]55号）和《关于认真做好〈公共建筑节能设计标准〉宣贯、实施及监督工作的通知》（建标函[2005]121号）要求，加强工程建设全过程监管，保证节能标准落到实处。加强对建设、设计、施工、监理和施工图审查、工程质量检测等工程建设各方主体和中介机构执行建筑"四节"强制性条文的监管。各地要抓紧制定当地的施工图设计文件审查和工程实施阶段的监督要点，做好施工图审查、工程实施监管和竣工验收备案工作。要加强对新建建筑特别是公共建筑执行建筑"四节"标准情况的监督检查。

（七）加快科技创新。要通过科技创新为发展节能省地型住宅和公共建筑提供技术支撑。积极组织科技攻关，努力开发利用适合国情、具有自主知识产权的适用技术和建筑新材料、新技术、新体系以及新型和可再生能源，鼓励研究开发节能、节水、节材的技术和产品。注重加快成熟技术和技术集成的推广应用。认真落实国家中长期科学和技术发展规划纲要中有关城乡现代节能与绿色建筑等专项规划。加强国际合作，积极引进、消化、吸收国际先进理念和技术，增强自主创新能力。抓紧编写《绿色建筑技术导则》。加快墙体材料革新，特别是注重解决墙体改革工作中的关键技术和技术集成问题，加快高强钢和高性能混凝土的推广应用工作。建立健全建筑"四节"科技成果推广应用机制，尽快把科技成果转化为现实生产力。

（八）研究制定经济激励政策措施。要探索政府引导和市场机制推动相结合的方法和机制，研究制定产业经济和技术政策。会同有关部门研究对新建建筑推广"四节"和既有建筑节能改造给予适当的税收优惠政策，对示范项目给予贴息优惠政策；研究适当延长墙改专项基金的征收时间，扩大使用范围，促进墙改基金支持节能省地工作；研究推进水价改革，促进节约用水。鼓励社会资金和外资投资参与既有建筑改造等。大力推进市政公用行业改革，深化供热体制改革。严格执行污水垃圾收费制度。改革有关奖项的评审办法，把执行建筑"四节"的情况作为评审内容。

（九）抓好试点示范工作。从"绿色建筑创新奖"起步，完善该奖的评价体系，由点到面，逐步推广。要积极开展统筹城乡规划布局，节约用地的试点。各地要研究通过产业现代化促进发展节能省地型住宅和公共建筑建设。按照"减量化、再利用、资源化"原则，确立适合本地区的节能省地型住宅和公共建筑的产业化发展模式和建筑体系，建立与之相适应的工业化结构体系和通用部品体系。要抓好一批供热管网改造、城市绿色照明、政府公共建筑节能改造、新型和可再生能源资源应用工程等示范项目及新材料、新工艺和新体系的试点示范，有条件的城市应当组织成片新建和改造地区建筑"四节"的综合示范。政府公共建筑要率先进行节能改造。

（十）建立健全法规制度。在提出修订有关法律、法规建议和制定规章时，要研究建立有利于促进发展节能省地型住宅和公共建筑，推进建筑"四节"工作的制度。

四、切实加强对发展节能省地型住宅和公共建筑工作的领导

（十一）加强组织领导。各地建设行政主管部门要进一步提高认识，转变观念，把推进建筑"四节"工作作为当前和今后一个时期一项重要工作，切实抓紧、抓实、抓出成效。要制定发展节能省地型住宅和公共建筑规划，并争取纳入当地国民经济和社会发展规划，认真组织实施。要研究建立相应的工作机制，确定专门机构和专人负责，加强与有关部门的协调和沟通，认真研究解决推进工作中的难点和热点问题，制订相应的政策和措施，并加强督促检查。结合对工程质量的执法检查，强化对新建建筑执行"四节"情况的监督。

（十二）切实抓好宣传培训工作。各地建设行政主管部门要开展多种形式的宣传活动，普及建筑"四节"知识，提高全社会对发展节能省地型住宅和公共建筑重要性的认识，树立良好的节约能源资源的意识和正确的消费观，形成良好的社会氛围。要加强培训，提高管理人员和专业技术人员对发展节能省地型住宅和公共建筑的法律法规、标准规范、政策措施、科学技术的综合水平和能力，总结推广好的经验与做法，逐步深化发展节能省地型住宅和公共建筑的工作。

中华人民共和国建设部
二〇〇五年五月三十一日

关于加强大型公共建筑工程建设管理的若干意见

建质〔2007〕1号

各省、自治区建设厅、发展改革委、财政厅、监察厅、审计厅，直辖市建委、规划局（规委）、发展改革委、财政局、监察局、审计局：

　　大型公共建筑一般指建筑面积2万平方米以上的办公建筑、商业建筑、旅游建筑、科教文卫建筑、通信建筑以及交通运输用房。随着我国经济和社会快速发展，大型公共建筑日益增多，既促进了经济社会发展，又增强了为城市居民生产生活服务的功能。国家对大型公共建筑建设管理不断加强，逐步走上法制化轨道。但当前一些大型公共建筑工程，特别是政府投资为主的工程建设中还存在着一些亟待解决的问题，主要是一些地方不顾国情和财力，热衷于搞不切实际的"政绩工程"、"形象工程"；不注重节约资源能源，占用土地过多；一些建筑片面追求外形，忽视使用功能、内在品质与经济合理等内涵要求，忽视城市地方特色和历史文化，忽视与自然环境的协调，甚至存在安全隐患。这些问题必须采取有效措施加以解决。为进一步加强大型公共建筑建设管理，特提出以下意见：

一、贯彻落实科学发展观，进一步端正建设指导思想

　　1. 从事建筑活动，尤其是进行大型公共建筑工程建设，要贯彻落实科学发展观，推进社会主义和谐社会建设，坚持遵循适用、经济，在可能条件下注意美观的原则。要以人为本，立足国情，弘扬历史文化，反

映时代特征，鼓励自主创新。要确保建筑全寿命使用周期内的可靠与安全，注重投资效益、资源节约和保护环境，以营造良好的人居环境。

二、完善并严格执行建设标准，提高项目投资决策水平

2．坚持对政府投资大型公共建筑工程立项的科学决策和民主决策。大型公共建筑工程的数量、规模和标准要与国家和地区经济发展水平相适应。项目投资决策前，建设单位应当委托专业咨询机构编制内容全面的可行性研究报告；应当组织专家合理确定工程投资和其他重要技术、经济指标，精心做好工程建设的前期工作。

3．建立和完善政府投资项目决策阶段的建设标准体系。建设主管部门要重点加强文化、体育等大型公共建筑建设标准的编制，完善项目决策依据。总结国内外大型公共建筑建设经验，按照发展节能省地型建筑的要求，大型公共建筑工程要在节能、节地、节水、节材指标方面起到社会示范作用，并适时修订完善标准。

4．严格执行已发布的建设标准。国家已发布的建设标准、市政工程投资估算指标、建设项目经济评价规则，是编制项目建议书和可行性研究报告的重要依据，建设单位要严格执行。建设主管部门和发展改革主管部门要加强对标准实施情况的监督检查，建立和完善强制性标准的实施和监管机制。

5．严格履行固定资产投资项目管理程序。各级发展改革等主管部门要按照《国务院关于投资体制改革的决定》要求，加强对大型公共建筑项目的审批、核准或者备案管理。

6．加强对政府投资大型公共建筑工程造价的控制。有关主管部门要规范和加强对政府投资的大型公共建筑工程可行性研究投资估算、初步设计概算和施工图预算的管理，严格执行经批准的可行性研究投资估算

和初步设计概算，可行性研究报告批复的建设规模，原则上在初步设计等后续工作中不得突破。建设单位应积极推行限额设计，并在设计招标文件中予以明确。

三、规范建筑设计方案评选，增强评审与决策透明度

7. 加强城市规划行政管理部门对大型公共建筑布局和设计的规划管理工作。大型公共建筑的布局要符合经批准的城市规划；大型公共建筑的方案设计必须符合所在地块的控制性详细规划的有关规定；做好城市设计，并作为建筑方案设计的重要参考依据。大型公共建筑设计要重视保护和体现城市的历史文化、风貌特色。

8. 鼓励建筑设计方案国内招标。政府投资的大型公共建筑，建设单位应立足国内组织设计方案招标，避免盲目搞国际招标。组织国际招标的，必须执行我国的市场准入及设计收费的有关规定，并给予国内外设计单位同等待遇。

9. 细化方案评审办法。要在现有的建筑工程设计招标投标办法以及我国入世承诺的基础上，研究制订有关大型公共建筑工程方案设计招投标的管理办法，以进一步明确方案设计的内容和深度要求，完善方案设计评选办法，确保招标的公开、公平、公正。

10. 明确方案设计的评选重点。方案设计的评选首先要考虑建筑使用功能等建筑内涵，还要考虑建筑外观与传统文化及周边环境的整体和谐。对政府或国有企事业单位投资的大型公共建筑项目，参与投标的设计方案必须包括有关使用功能、建筑节能、工程造价、运营成本等方面的专题报告，防止单纯追求建筑外观形象的做法。

11. 建立公开透明的专家评审和社会公示制度。建设单位要进一步明确大型公共建筑设计方案评审专家的条件和责任。大型公共建筑必须

依照有关法律法规实行公开招标，其方案评审专家应由城市规划、建筑、结构、机电设备、施工及建筑经济等各方面专家共同组成，评委名单和评委意见应当向社会公示，征求社会意见，接受社会监督，提高方案评审的透明度。对于政府投资的有重大社会影响的标志性建筑，应通过一定方式直接听取公众对设计方案的意见。

12．进一步明确和强化项目业主责任。政府投资的大型公共建筑工程必须明确项目建设各方主体，落实责任。当建设单位采用经专家评审否定的设计方案时，应当向主管部门和专家委员会说明理由。

13．加强方案评选后的监督管理。政府投资的大型公共建筑方案设计确定的建设内容和建设标准不得超出批准的可行性研究报告中提出的各项经济技术指标要求，应满足初步设计阶段控制概算的需要。如果中标的设计方案在初步设计时不能满足控制概算的需要，主管部门应责成建设单位重新选定设计方案。

14．提高工程设计水平。设计单位要贯彻正确的建设指导思想，突出抓好建筑节能、节地、节水、节材和环保，提高原创设计能力和科技创新能力，不断提高设计水平。建设单位应鼓励不同的设计单位联合设计，集体创作，取长补短。鼓励对大型公共建筑工程的初步设计进行优化设计，提高投资效益。

四、强化大型公共建筑节能管理，促进建筑节能工作全面展开

15．新建大型公共建筑要严格执行工程建设节能强制性标准。贯彻落实《国务院关于加强节能工作的决定》，把能耗标准作为建设大型公共建筑项目核准和备案的强制性门槛，遏制高耗能建筑的建设。新建大型公共建筑必须严格执行《公共建筑节能设计标准》和有关的建筑节能

强制性标准,建设单位要按照相应的建筑节能标准委托工程项目的规划设计,项目建成后应经建筑能效专项测评,凡达不到工程建设节能强制性标准的,有关部门不得办理竣工验收备案手续。

16. 加强对既有大型公共建筑和政府办公建筑的节能管理。建设主管部门要建立并逐步完善既有大型公共建筑运行节能监管体系,研究制定公共建筑用能设备运行标准及采暖、空调、热水供应、照明能耗统计制度。要对政府办公建筑和大型公共建筑进行能效测评,并将测评结果予以公示,接受社会监督,对其中能耗高的要逐步实施节能改造。要研究制定公共建筑能耗定额和超定额加价制度。各地应结合实际,研究制定大型公共建筑单位能耗限额。

五、推进建设实施方式改革,提高工程质量和投资效益

17. 不断改进大型公共建筑建设实施方式。各级发展改革主管部门、财政主管部门和建设主管部门要积极改革政府投资工程的建设管理模式。对非经营性政府投资项目加快推行"代建制",即通过招标等方式,选择专业化的项目管理单位负责建设实施,严格控制项目投资、质量和工期,竣工验收后移交给使用单位。同时,对大型公共建筑,也要积极推行工程总承包、项目管理等模式。建立和完善政府投资项目的风险管理机制。制定鼓励设计单位限额设计、代建单位控制造价的激励政策。

六、加强监督检查,确保各项规定的落实

18. 加强对大型公共建筑质量和安全的管理。参与大型公共建筑建设的有关单位要严格执行施工图审查、质量监督、安全监督、竣工验收等管理制度,严格执行工程建设强制性标准,确保施工过程中的安全,

确保整个使用期内的可靠与安全，确保室内环境质量，确保防御自然灾害和应对突发事件的能力。

19．加强对大型公共建筑工程建设的监督检查。大型公共建筑项目建设期间，建设行政主管部门要会同其他有关部门定期对大型公共建筑工程建设情况进行检查，对存在的违反管理制度和工程建设强制性标准等问题，要追究责任，依法处理。政府投资的大型公共建筑项目建成使用后，发展改革、财政、建设、监察、审计部门要按各自职责，对项目的规划设计、成本控制、资金使用、功能效果、工程质量、建设程序等进行检查和评价，总结经验教训，并根据检查和评价发现的问题，对相关责任单位和责任人作出处理。

20．加强对中小型公共建筑建设的管理。对于2万平方米以下的中小型公共建筑，特别是社区中心、卫生所、小型图书馆等，各地要参照本意见精神，切实加强对其管理，以保障公共利益和公共安全。

各地要根据本意见的精神，结合当地实际制定加强大型公共建筑工程建设管理的实施意见和具体办法，并加强监督检查，将本意见的各项要求落到实处，切实提高我国大型公共建筑工程建设管理水平。

中华人民共和国建设部
中华人民共和国国家发展和改革委员会
中华人民共和国财政部
中华人民共和国监察部
中华人民共和国审计署
二〇〇七年一月五日

建设部关于加强稽查工作的指导意见

(征求意见稿 二〇〇六年十二月二十八日)

各省、自治区建设厅、直辖市建委及有关部门,计划单列市建委(建设局)、新疆生产建设兵团建设局:

为深入贯彻实施国务院《全面推进依法行政实施纲要》精神,切实转变政府职能,推动各地建设行政主管部门建立健全稽查制度,实施城市规划督察员制度,促进建设系统监督体制和机制建设,现就加强稽查工作提出以下指导意见:

一、充分认识加强稽查工作的重要意义

(一)加强稽查工作,是实践"三个代表"重要思想、落实科学发展观、构建社会主义和谐社会的重要内容,是整顿规范市场经济秩序、推行依法行政的重要举措,是政府转变职能,建立决策、执行、监督相协调工作机制的必然要求。党中央、国务院十分重视建设领域执法监督工作,胡锦涛总书记、温家宝总理等中央领导多次作出指示,强调要加强对规划实施的监督管理,整顿规范建筑市场和房地产市场秩序。国发[2002]13号、国办发[2001]81号、国办发[2006]37号等一系列文件,明确要求建立完善城乡规划管理监督制度,切实加大建筑市场监管力度,严肃整治房地产市场违规行为。

近些年来,建设部和部分地区建设行政主管部门相继开展了稽查制

度建设的探索和实践,对遏制建设领域的违法违规行为发挥了明显的作用。但必须看到,在经济社会和城镇化快速发展的关键时期,建设领域违法违规行为时有发生,有些还比较严重,违反规划、恶意拖欠、野蛮拆迁、破坏景区等问题屡禁不止,违法行政行为也比较突出,建设领域执法监督、规范市场秩序的任务还十分繁重。加大稽查工作力度,建立高效的稽查工作体系,推行城市规划督察员制度,有利于加强对城乡规划、建筑市场、房地产市场和风景名胜区等领域的监督管理,切实履行好建设行政主管部门的政府监管职能,有利于将监管关口前移,把矛盾解决在基层、化解在萌芽状态,有利于规范市场的各方主体行为,维护正常的市场秩序,保护广大人民群众的合法权益,对落实中央宏观调控政策,促进城乡建设的健康、有序和可持续发展都显得非常重要。

二、明确稽查工作的指导思想、工作目标和工作机制

(二)指导思想。以邓小平理论和"三个代表"重要思想为指导,用科学发展观统领全局,切实转变政府职能,从注重法律法规的制订向既注重法律法规的制订,又注重执法监督转变;从注重违法违规行为的事后监督检查,向注重事中、事前监督检查转变。以城乡规划、建筑市场、房地产市场和风景名胜区等领域的热点、难点和重点问题为突破口,加强监督管理,规范市场秩序,推动建设事业健康、有序和可持续发展,促进构建社会主义和谐社会。

(三)工作目标。2007年的主要任务是推动各省级建设行政主管部门建立稽查制度和城市规划督察员制度。到2010年,争取建立起覆盖建设系统、分级负责与层级监督相结合的稽查工作体系,基本形成发现及时、反馈快速、查处有力的事前事中监督和事后查处相结合的工作机制,违法违规行为得到有效遏制,市场的各方主体行为逐步规范,市场

环境得到明显改善。

（四）工作机制。稽查机构在自身的职责和权限范围内，通过上级领导批办、相关部门移送、受理投诉举报和直接发现线索等途径，经主管领导批准确立稽查案件；组织开展调查了解案件过程和基本情况、核实违法违规事实、取得相关证据等调查取证工作；查实的案情要依据法律法规的规定，提出具体的处理意见或建议；根据处理决定跟踪稽查案件的结果，定期督办。同时，参与建设领域专项稽查，对稽查过程中反映出的行业管理、市场监管等方面的问题，提出改进完善的政策或法制建议，并对发现的重要案件依法组织专案稽查。

三、加强稽查工作的主要任务和要求

（五）加强组织领导。各地建设行政主管部门要高度重视稽查工作，充分认识建设系统改革和发展中面临的新形势和新任务，切实转变政府职能，发挥稽查工作对规范市场秩序的重要作用，改进监管体制机制。要根据本地实际，制订贯彻实施本意见的具体方案，将加强稽查工作列入重要议事日程。已建立稽查制度的，要注重及时总结和推广工作经验，改进和完善稽查工作机制，推进稽查工作的不断深入。尚未建立稽查制度的，要积极争取当地政府和编办、人事、财政等部门的支持，尽快确立负责稽查工作的机构和人员，将稽查工作责任落到实处。

（六）完善稽查规章制度建设。建设部抓紧研究制订《建设稽查工作管理办法》，明确稽查机构的地位、性质、职责范围及权限、稽查程序和管理制度等问题。要建立稽查信息统计制度，研究制定反映稽查和举报投诉的指标体系，逐步形成全国及各省互通的稽查统计网络。各地建设行政主管部门应加强调研工作，结合本地实际制订相应的办法或规定，为稽查工作提供法规政策保障。要根据稽查工作的性质和特点，制定相应的稽查工作制度,对稽查工作程序、内容、职责范围及权限等进行管理规范。

(七)加大稽查工作力度。稽查机构要紧紧围绕建设行政主管部门的中心工作,有针对性地组织开展稽查工作,重点查处违反城乡规划法规的重大案件;继续查处在建设工程招标投标、质量安全等方面的违法违规行为;严肃查处扰乱房地产市场秩序的违法违规行为;严厉查处违反经批准的规划开发建设、城镇房屋违法拆迁、拖欠工程款等影响社会稳定的大案要案;加强对风景名胜区规划执行情况的监督检查。

(八)推行城市规划督察员制度。各地要按照《国务院关于加强城乡规划监督管理的通知》(国发[2002]13号)、《国务院办公厅转发建设部关于加强城市总体规划工作的意见通知》(国办发[2006]12号)、《建设部关于建立派驻城乡规划督察员制度的指导意见》(建规[2005]81号)的要求,抓紧制定工作方案和计划,做出周密安排和部署,积极争取省级政府尽快协调编办、财政、监察等部门,在编制、经费、业务协作等方面予以支持,建立城市规划督察员制度,完善和创新规划监管体制。城市规划督察员主要督察城市总体规划等的编制和调整是否符合法定权限和程序;重点建设项目的规划许可是否符合法定程序;包括"四线"在内的城市总体规划强制性内容的确定和执行情况;国家历史文化名城保护规划和国家重点风景名胜区总体规划的编制和执行情况;群众举报和投诉城乡规划等重大问题的处理情况等。

(九)加强层级监督和指导。要建立建设行政主管部门和稽查机构内部监督管理机制,加强层级监督,促使稽查工作实现程序化、标准化、公开化,防止权力的滥用。上级稽查机构要加强对下级稽查机构在执行法定程序、使用规范法律文书、加强队伍建设、建立稽查信息统计制度等方面的指导。

建设部关于建立派驻城乡规划督察员制度的指导意见

建规〔2005〕81号

各省、自治区建设厅,直辖市规划局(规委):

为深入贯彻《国务院关于加强城乡规划监督管理的通知》(国发[2002]13号)要求,不断加强对城乡规划管理的监督检查,总结推广四川等地派驻城乡规划督察员制度试点工作作法与经验,规范和引导各地派驻城乡规划督察员制度的建立和完善,提出如下意见:

一、充分认识建立派驻城乡规划督察员制度的重要意义

建立派驻城乡规划督察员制度,是深入贯彻《国务院关于加强城乡规划监督管理的通知》的具体要求,贯彻落实中共中央《建立健全教育、制度、监督并重的惩治和预防腐败体系实施纲要》的重要举措,对于在城乡规划领域实践"三个代表"重要思想,落实科学发展观,构建社会主义和谐社会,维护城乡规划的严肃性,更好发挥城乡规划作用等,具有重要的意义。这项制度的建立,强化了城乡规划的层级监督,有利于形成快速反馈和及时处置的督察机制,及时发现问题,减少违反规划建设带来的消极影响和经济损失;有利于推动地方规划管理部门依法行政,促进党政领导干部在城乡规划决策方面的科学化和民主化。

二、明确建立派驻城乡规划督察员制度的基本思路

派驻城乡规划督察员制度是在现有的多种监督形式的基础上建立的一项新的监督制度。其核心内容是通过上级政府向下一级政府派出城乡规划督察员，依据国家有关城乡规划的法律、法规、部门规章和相关政策，以及经过批准的规划、国家强制性标准，对城乡规划的编制、审批、实施管理工作进行事前和事中的监督，及时发现、制止和查处违法违规行为，保证城乡规划和有关法律法规的有效实施。

建立派驻城乡规划督察员制度，应当从省级人民政府向下一级人民政府派出城乡规划督察员开始。督察工作要努力拓宽省级政府的城乡规划监督渠道，主要促进所在地实行自身有效的规划管理为目标。派出城乡规划督察员的日常管理工作应当由省级规划行政主管部门负责，不得给当地政府及其城乡规划管理部门增加负担。

城乡规划督察员有权对当地政府制定、实施城乡规划的情况，当地城乡规划行政主管部门贯彻执行城乡规划法律、法规和有关政策的情况，查处各类违法建设以及受理群众举报、投诉和上访的情况进行督察。

城乡规划督察员要重点督察以下几方面内容：城乡规划审批权限问题；城乡规划管理程序问题；重点建设项目选址定点问题；历史文化名城、古建筑保护和风景名胜区保护问题；群众关心的"热点、难点"问题。城乡规划督察员特别要加大对大案要案的督察力度。

城乡规划督察员应当本着"到位不越位、监督不包办"的原则，不妨碍、替代当地城乡规划行政主管部门正常的行政管理工作，在不违反有关法律的前提下，实施切实有效的监督。一般以参加会议、查阅资料、调查研究等方式，及时了解规划编制、调整、审批及实施等情况。当地政府及有关单位应积极配合，及时准确地提供有关具体情况。应采取公布城乡规划督察员联系方式、设立举报箱等措施鼓励单位、社会组织和

个人向城乡规划督察员反映情况，检举、揭发违反规划的行为。

对于督察中发现的违反城乡规划的行为，城乡规划督察员应当及时向当地政府或有关部门提出督察意见，同时将督察意见上报省级人民政府及城乡规划行政主管部门。当地政府及有关部门应当认真研究督察意见，及时向城乡规划督察员反馈意见，做到有错必纠。对市（县）政府拒不改正的，应请求由省级人民政府及其城乡规划行政主管部门责令改正，并建议省级人民政府就城乡规划督察员反映的问题组织调查，并召开由派驻的城乡规划督察员主持的听证会，提出处理意见或直接处理。

要高度重视城乡规划督察员的选派工作。城乡规划督察员应当具有强烈的社会责任感，能够坚持原则，忠实履行职责；熟悉城乡规划政策法规，具备城乡规划建设方面的专业知识和比较丰富的实际工作经验。既可从省级城乡规划行政主管部门、规划院，也可从其他城市或当地城乡规划工作者中选派，但一般应当熟悉被派驻城市的基本情况。

城乡规划督察员应严格遵守督察纪律，不夸大、掩饰督察发现的问题，应定期向派出政府城乡规划行政主管部门书面汇报工作。对督察工作不力、违反工作纪律的城乡规划督察员，一经发现，要及时解聘。构成犯罪的，移交司法机关处理。各省（区、市）应当根据当地的实际需要详细界定城乡规划督察员的职责权限、责任。

三、加强领导，确保派驻城乡规划督察员制度健康发展

建立健全派驻城乡规划督察员制度是一项全新的工作，特别在起步阶段，面临着诸多矛盾和困难。各省、自治区建设厅、直辖市规划局（规委）要以创新的思维、改革的勇气、科学的态度、周密的安排，积极稳妥推进。要主动向省（区、市）委、省（区、市）政府汇报，同时加强与人事、财政、监察等相关部门及有关市（县）政府的协调工作，及时开展调研、

沟通，摸清情况，找准问题，统一认识，争取各方面的支持。

城乡规划督察工作涉及面广，做好这项工作，需要社会各界的支持，要注意把握正确的舆论导向，组织更为有效的公众参与。同时城乡规划督察工作政策性强，要加强对城乡规划督察员的管理和定期培训，对督察工作进行及时的总结和引导。

各地要切实加强对建立派驻城乡规划督察员制度的领导。已经建立派驻城乡规划督察员制度的省（区、市），要不断总结经验，逐步完善。尚未建立派驻城乡规划督察员制度的省（区、市），要抓紧制定工作方案，向省（区、市）委、省（区、市）政府汇报，并经批准后实施。各地在建立派驻城乡规划督察员制度中遇到的问题，可及时与我部联系，并于今年年底，将本省（区、市）工作进展情况报我部。

中华人民共和国建设部
二〇〇五年五月十九日